정보자원의 기술과 메타데이터

Resource Description and Metadata

현대정보관리학총서 39

정보자원의 기술과 메타데이터

Resource Description and Metadata

[개정판]

남태우 · 이승민 공저

한국도서관협회

Resource Description and Metadata

Taewoo Nam

(Emeritus Professor, Dept. of Library & Information Science, Chung-Ang University),

Seungmin Lee

(Associate Professor, Dept. of Library & Information Science, Chung-Ang University).

국립중앙도서관 출판예정도서목록(CIP)

정보자원의 기술과 메타데이터 = Resource description and metadata
남태우, 이승민 공저 -- 개정판. -- 서울 : 한국도서관협회, 2018
XX ; V, 345p. ; 25cm. -- (현대정보관리학총서 ; 39)

권말부록 : 분야별 메타데이터 표준 ; 자료유형별 메타데이터 표준
참고문헌과 색인수록
ISBN 978-89-7678-365-3 93020 : ₩24,000
메타데이터, metadata

024.318- KDC 6
025.3- DDC 23 CIP2018022570

개정판 서문

현재 우리는 디지털 정보의 시대에 살고 있다. 정보기술의 발전과 함께 수많은 정보가 디지털 형태로 생성되고 있으며, 생성된 정보를 수록하고 전달하기 위한 정보매체도 나날이 진화하고 있다. 특히, 디지털 형태로 웹 상에 존재하는 정보는 과거와는 비교할 수 없을 정도로 그 양이 폭증하고 있으며, 이들 웹 정보를 활용하는 것은 기존의 인쇄형태의 정보를 활용하는 것 못지않게 그 효용성이 커지고 있다. 이러한 정보환경의 급속한 변화로 인해, 웹 정보자원의 기술이나 조직화·체계화에 대한 중요성 역시 점점 더 커지고 있다.

메타데이터는 디지털 정보, 웹 상의 정보를 체계적으로 기술하고 조직하기 위한 주된 도구로 사용되고 있다. 현재 메타데이터는 폭발적으로 성장하고 계속해서 복합화하는 디지털 정보를 기술할 수 있는 훌륭한 해결책으로 인식되고 있다. 그래서, 다양한 유형의 정보자원을 조직·관리하는데 있어 가장 중요한 개념 중의 하나로 자리잡고 있다. 특히, 수많은 정보가 웹 상에서 활용 가능한 유비쿼터스 컴퓨팅의 시대에서, 우리는 매일같이 메타데이터를 활용하면서 정보활동을 이루어가고 있다. 이제 메타데이터는 단순히 '데이터에 대한 데이터'에 그치지 않고, 특정 정보개체가 지니고 있는 복잡한 특성들을 효과적으로 표현해 주는 포괄적인 정보도구로 사용되고 있다.

메타데이터는 그 등장과 함께 문헌정보학계에서 큰 화두로 자리매김을 해왔다. 메타데이터라는 개념이 문헌정보학계의 전면에 나선 이후, 메타데이터는 정보자원의 기술과 조직에 있어서의 근원적인 개념으로 다양한 분야에 널리 적용되고 있다. 특히, 웹 상의 디지털 정보자원의 수가 계속해서 증가하고 이와 관련한 데이터 및 정보의 처리가 급속하게 진화하는 환경에서는 그 중요성이 더욱 더 커지고 있다. 또한, 소셜미디어, 디지털 아카이브, 빅데이터 등 정형화된 혹은 비정형화된 정보자원을 조직·처리·관리하는 분야에서도 메타데이터는 다양한 방식으로 활용되고 있다. 이렇게 메타데이터는 그 적용 분야가 문헌정보학계, 도서관계뿐만 아니라 데이터와 정보를 다루는 모든 분야로 폭넓게 확장되고 있으며, 메타데이터를 구축하여 정보자원을 기술하고 조직하기 위한 방안도 다양한 측면에서 연구되고 있다.

본 개정판은 이러한 메타데이터 환경의 변화를 보다 충실하게 반영하기 위해 진행되었다. 특히, 메타데이터를 실제적으로 구현하고 이를 정보자원에 적용하는 부분과 관련한 내용을 추가적으로 설명하였으며, 현재 문헌정보학계 및 도서관계에서 그 이용이 점차 확대되고 있는 'Metadata Object Description Schema (MODS)'의 데이터 요소 및 이의 활용과 관련한 내용을 전면적으로 보완하였다.

전체적으로는 메타데이터의 개념적 정의, 메타데이터의 실제적 구현 과정에 중점을 두고 개정하였으며, 다양한 유형의 메타데이터를 어떻게 활용할 수 있는지를 상세하게 기술하였다. 이와 함께, 전통적 도서관 목록에서부터 이어져 온 정보자원의 기술이 현재의 메타데이터라는 형태로 구현되는데 필요한 사항들에 대해서 세부적으로 논하였다.

개정판을 준비하면서, 급변하는 정보환경에 대응하는 메타데이터의 진화를 보다 상세하게 기술하고자 하였으나, 메타데이터의 기술적인 성장, 급속하게 확대되는 메타데이터의 적용 분야 등을 충분하게 담아내지 못한 아쉬움이 많이 남는다. 하지만, 급증하는 데이터와 정보를 처리하는 정보도구로서의 메타데이터의 중요성을 인식하고, 앞으로의 정보환경의 진화에 있어서의 메타데이터의 역할을 제고하는데 본 개정판이 조금이나마 도움이 되기를 바라는 마음이다.

2018년 8월

저자 쓰다

초판 서문(Preface)

메타데이터는 데이터에 대한 구조화된 데이터이다. 메타데이터라는 용어는 1990년대 중반 이후부터 문헌정보학계에서 널리 사용되어 왔으며, 특히 웹 상의 디지털 정보자원이 급증하기 시작한 이후 큰 주목을 받아 왔다. 하지만, 메타데이터라는 개념은 도서관에 소장된 장서를 관리하기 위해 도서관 목록이 작성되던 시기부터 계속해서 사용되어 온 개념이며, 정보환경의 변화와 함께 지속적으로 진화를 거듭해 온 것이다.

현재 메타데이터는 디지털 정보자원뿐만 아니라 전통적인 인쇄형태의 정보자원까지 포괄하는 광범위한 개념으로 사용되고 있다. 메타데이터는 정보자원을 기술하고 관리하는 모든 분야에 적용되고 있으며, 정보자원의 기술과 조직·관리에 있어서 필수적인 개념으로 자리 잡고 있다. 또한, 디지털 정보자원이 급증하는 현재의 정보환경에서 메타데이터의 중요성은 날로 커지고 있다.

이 책에서는 그 중요성이 점차 증대되고 있는 메타데이터에 대해 그 근본적인 개념, 발생 배경 및 개념적 진화, 메타데이터의 구축 등에 대해 포괄적으로 다루고 있다. 특히, 문헌정보학 측면에서의 메타데이터에 대한 일반적인 설명뿐만 아니라 정보자원의 기술과 조직에 있어서의 메타데이터의 역할 및 기능에 중점을 두고 논의하고 있다. 또한, 메타데이터를 실제로 구현하여 메타데이터 레코드를 작성하기 위한 실제적인 과정까지도 다루고 있다. 이러한 측면에서, 이 책은 크게 3개 부분으로 나누어 볼 수 있으며, 총 11개의 장으로 구성된다.

첫 번째 부분에서는 메타데이터의 의미 및 근본적인 개념에 대해 포괄적으로 다루고 있다. '1장 메타데이터의 배경'에서는 일상생활에서 우리가 사용하고 있는 것들을 메타데이터의 측면에서 풀어가고 있다. 여기에서는 메타데이터를 이해하는데 필요한 기본적인 개념들을 제공해 주고 있으며, 이를 문헌정보학 측면에서의 메타데이터와 연결시켜 주고 있다. '2장 문헌정보학과 메타데이터'는 전통적인 도서관 목록으로부터 비롯된 메타데이터의 근본적인 개념에 대해서 살펴보고, 문헌정보학 측면에서 메타데이터가 어떤 의미를 지니고 있는지에 대해서 집중적으로 논하고 있다. '3장 메타데이터의 함의'는 메타데이터라는 용어의 기원으로부터 메타데이터의 의미 변화, 메타데이터의 본질적인 의미를 다루고 있으며, 현재의 정보환경에 적용할 수 있도록 메타데이터의 의미를 재정립하고 있다.

두 번째 부분에서는 메타데이터의 실제적 구현을 위해 필요한 사항들에 대해 논하고 있다. 4장에서는 메타데이터의 실제적 구현인 메타데이터 스키마에 대해 살펴보고, 메타데이터 스킴, 메타데이터 스키마, 메타데이터 표준이 지닌 각각의 의미 및 이들 사이의 관계를 설명하고 있다. 이와 함께, 메타데이터의 의미를 실제로 적용할 수 있도록 메타데이터를 구축하는 프로세스를 다루고 있다. 5장에서는 메타데이터가 수행하는 기능을 의미적 측면, 일반적 측면, 문헌정보학적 측면으로 구분하여 상세하게 살펴보고 있으며, 각각의 기능을 효과적으로 수행하기 위해 구축된 메타데이터 스키마의 유형을 메타데이터 타이폴로지로 구분하여 설명하고 있다. '6장 메타데이터 구성요소'에서는 메타데이터 스키마를 구축하는데 필요한 사항들을 포괄적으로 다루고 있으며, 메타데이터 요소 세트(metadata element set)의 구성, 각각의 메타데이터 요소에 적용할 수 있는 내용규칙(content rules), 메타데이터 요소의 값을 설정하기 위한 값의 범위(value space), 메타데이터 요소를 적용하기 위한 네임스페이스(namespace) 등으로 구분하여 상세하게 설명하고 있다. 이들 메타데이터를 구성하는 항목들은 표준화된 구문을 통해서 표현되어야 하는데, 메타데이터 구문에 대해서는 7장에서 다루고 있다. 메타데이터를 실제적으로 구현하는데 적용할 수 있는 메타데이터 인코딩 구문을 그 발전 순서에 따라 SGML, HTML, XML, XHTML로 구분하여 살펴보고, 현재 메타데이터 스키마 구축을 위한 표준 구문으로 사용되고 있는 RDF 구문의 적용 방식 등에 대해 논하고 있다.

세 번째 부분에서는 현재 문헌정보학계에서 널리 사용되고 있는 메타데이터 표준에 대해서 살펴보고 있다. 8장에서는 가장 대표적인 메타데이터 표준의 하나인 Dublin Core에 대해서 다루고 있다. Dublin Core의 배경 및 발전과정, Dublin Core에서 적용하고 있는 메타데이터 요소인 Dublin Core Metadata Element Set(DCMES), 세분화 요소(refinement) 및 인코딩 스킴(encoding scheme) 등에 대해서 상세하게 논의하고 있으며, Dublin Core 메타데이터를 실제 정보자원의 기술에 적용하는 방식에 대해서도 설명하고 있다. 9장에서는 메타데이터 표준 가운데 도서관계에서 널리 사용되고 있는 Metadata Object Description Schema(MODS)에 대해 설명하고 있다. MODS의 배경 및 고유한 특징, MODS를 실제적으로 구현해 주는 구문구조, 문헌정보학계에서 MODS가 지니고 있는 의의 등에 대해서 다루고 있다. 현재 문헌정보학계에서는 Dublin Core, MODS 이외에도 다양한 메타데이터 표준들이 사용되고 있는데, 이에 대해서는 '10장 주요 메타데이터 표준'에서 설명하고 있다. CDWA, VRA Core, METS 등의 메타데이터 표준이 지닌 의미, 탄생 배경 및 이들 메타데이터 표준을 구현하기 위한 구문규칙 등에 대해서 논하고 있다. 하지만, 이들 메타데이터 표준은 각각 고유한 특성을 지니고 있으며, 이질적인 구조와 구문규칙, 요소들을 채용하고 있다. 이러한 이질성을 최소화하고 생성된 메타데이터 레코드의 상호교환을 보장하기 위한 방안으로 여러 가지 메타데이터 상호운용성 접근방안이 제안되어 왔으며, 이에 대해서는 '11장 메타데이터 상호운용성'에서 심도 깊게 논하고 있다.

이 책을 집필하는 과정에서 가장 중점을 둔 부분은 메타데이터 분야에 입문하면서 마주하게 되는 근본적인 의문점들에 대해서 상세하게 설명하는 것이다. 대부분의 메타데이터 관련 연구서에서는 메타데이터와 관련된 커다란 이슈들에 대해서는 상세하게 다루고 있지만, 메타데이터에 처음 입문하는 사람들이 직면하는 개념적인 모호함이나 메타데이터를 실제로 구현하는 과정에서 마주하게 되는 의문점 등에 대해서는 명확한 설명을 제시하지 못하고 있다. 이러한 사항들은 저자가 메타데이터 분야에 대한 연구를 시작하면서부터 지속적으로 직면해 왔던 사항들이며, 대학에서 메타데이터 강의를 수강하는 대부분의 학생들이 마주하게 되는 어려움이다. 이 책은 이러한 세부적인 의문사항들을 해결해 주고, 메타데이터에 대한 근본적인 이해도를 높여줄 수 있는 실제적인 안내서로 사용될 수 있도록 집필되었다. 또한, 아직까지 국내에는 메타데이터에 대한 종합적인 연구서가 없기 때문에, 이러한 역할을 수행할 수 있는 기본적인 지침서가 될 수 있을 것으로 기대된다.

하지만, 메타데이터의 기본적인 사항에 집중하다 보니 메타데이터의 다양한 측면, 현재 계속해서 등장하고 있는 새로운 메타데이터 어플리케이션 등에 대한 논의가 충분하게 이루어지지는 않았다는 아쉬움이 남는다. 이러한 점으로 인해 이 책을 출간하는 시점에서 많은 자책과 부끄러움이 앞서고 있다. 이러한 부족한 부분은 계속해서 보완할 것을 약속드린다.

이 책은 저자가 처음 메타데이터 분야에 입문하면서부터 계속해 온 오랜 기간에 걸친 연구의 결과이다. 그 과정에서 일일이 열거할 수 없을 정도로 많은 분들이 도움을 주었고, 아낌없는 조언과 관심을 기울여 주었다. 지면을 통해서나마 도움을 주신 모든 분들께 감사의 말씀을 전하고자 한다.

2014. 10.

저자 쓰다

개정판 발간을 축하드리며

우리 학회는 정보관리 분야의 학문과 기술 발전에 기여하기 위하여 1985년부터 '현대정보관리학 총서'를 발간하고 있습니다. 근간에 문헌정보학계와 도서관 현장에서는 기존의 인쇄정보는 물론 전자정보를 함께 수용할 수 있는 정보자원의 기술(記述)원칙이 필요하게 되었습니다. 특히 정보자원을 다루는 다양한 분야에서 자체적인 기술(記述) 원칙과 규칙을 설계하여 사용하고 있는 상황에서, 기존 인쇄정보의 정보조직에 더하여 전자정보를 유기적으로 수용할 수 있는 토대를 마련하기 위한 정보관리 분야의 선도적인 노력이 절실하게 요구되고 있습니다.

메타데이터는 정보자원을 체계적으로 기술(記述)하고 조직하기 위한 주된 도구로서 다양한 유형의 정보자원을 조직・관리하는데 있어 가장 중요한 개념 중의 하나입니다. 엄청난 양의 다양한 정보가 웹상으로 생산 및 유통되는 디지털 환경에서, 우리 모두는 상시적으로 메타데이터를 활용하면서 정보관리를 수행하고 있습니다. 이처럼 메타데이터가 정보자원의 기술(記述)과 조직에 있어서의 근원적인 개념으로 다양한 분야에 널리 적용되고 있는 가운데, 역사적으로 정보조직의 주역이었던 문헌정보학 분야에서 그 중요성이 더욱 더 커지고 있습니다.

이러한 시대적 상황에서 우리 학회는 2014년 남태우 교수와 이승민 교수가 집필한 '정보자원의 기술과 메타데이터'를 현대정보관리학 총서로 발간한 바 있습니다. 이 역작은 다양한 형태의 정보자원의 통합과 활용을 위한 메타데이터 관련 지식과 기술을 다루고 있어 문헌정보학 분야와 함께 다른 학문분야를 아우르는 것은 물론 학문적・실무적으로도 크게 기여할 수 있는 중요한 총서입니다. 이번에 급변하는 정보자원의 기술(記述)과 메타데이터 환경의 변화를 보다 충실하게 반영하기 위한 총서의 개정판이 발간된다는 소식을 전하게 되어 너무나 반가운 마음입니다. 특히, 개정판에서는 메타데이터를 실제적으로 구현하고 이를 정보자원에 적용하는 부분과 관련한 내용을 추가하였고, 현재 문헌정보학계 및 도서관계에서 그 이용이 점차 확대되고 있는 'Metadata Object Description Schema(MODS)'의 데이터 요소 및 이의 활용과 관련한 내용을 전면적으로 보완하고 있습니다. 이러한 개정판은 정보조직 환경의 변화에 적극적으로 대응하고자 하는 저자들의 의지와 노력의 결실이라고 할 수 있으며, 나아가 정보관리 분야의 학문적·기술적 발전에 큰 도움이 될 것입니다.

2018년 8월

한국정보관리학회

학회장 김 판 준

총서발간을 축하드리며

인류는 정보기기의 발전과 통신기술의 발달에 따라 사회 각 분야에서 많은 변화요인을 마주하고 있습니다. 그렇지만 세상이 아무리 변해도 변치 않는 것이 있습니다. 전문학회가 해당 분야의 학문적 발전을 진흥하고 장려하는 일입니다. 우리 한국정보관리학회는 학회의 학술적 소명을 다하기 위해 정기적인 학술발표대회 개최를 비롯하여 학회지 발간, 현대정보관리학회 총서 발간, 타 학회와의 공동세미나 개최 등과 같은 여러 가지 학회사업을 함께 수행하고 있습니다.

특히, 우리 학회는 정보관리 학술분야와 실무현장에서 정보처리 및 서비스 향상을 위한 기술적 발전이라는 목표를 달성하기 위해 1985년부터 현대정보관리학 총서를 발간하고 있습니다. 초창기의 총서는 우리나라 문헌정보학 분야의 국내 서적이 절대적으로 부족한 시기에 학교와 현장에서 학문적 단비로서의 역할을 수행하였고, 그 후 전문성이 더욱 심화된 명실상부한 정보관리학분야의 전문 서적으로 한국정보관리학회의 학술적 위상을 보여주는 기준이 되었습니다.

한편, 문헌정보학계와 도서관 현장에서는 전자자원을 비롯한 멀티미디어 자원, 웹 자원의 출현으로 인해 전통적인 목록체계와는 다른 새로운 관점의 목록체계와 기술원칙이 필요하게 되었습니다. 현재 정보자원을 다루는 다양한 분야에서는 특정 유형의 자료기술 체계와 원칙을 자체적으로 수립하고, 해당 분야의 자료적 특성과 기관적 특성에 따라 서로 다른 기술규칙을 설계하여 운용하고 있는 실정입니다.

이와 같은 다양한 관점의 체계와 원칙의 혼재로 인해, 기존의 책자형 자원의 정리기준을 고수하면서도 새로운 자원의 정리기준을 수용하기 위한 전문사서의 노력이 그 어느 때보다 절실히 필요한 시점이 되었습니다. 그럼에도 불구하고, 우리나라에서는 문헌정보학 관점에서 주요 메타데이터를 조망하고 그 기준을 설정할 수 있는 자료가 상대적으로 부족한 실정입니다. 현대 도서관 이용자들은 책자형 자료 이외에도 다양한 웹 자원, 심지어는 원자료(raw data)도 적극적으로 수집하여 활용하고 있습니다. 따라서, 특정 정보 자원의 통합과 정교한 검색 등이 그 어느 때보다 다양한 관점에서 이루어지고 있습니다. 이는 다양한 메타데이터의 필요성과 함께 통합적 운용이 필요함을 의미합니다.

우리 학회는 이러한 시대적 상황을 고려하여 남태우 교수와 이승민 교수가 집필한 '정보자원의 기술과 메타데이터'를 현대정보관리학 총서로 발간하게 되었습니다. 이 총서는 다양한 형태의 정보자원의 통합과 활용을 위한 메타데이터 관련 지식과 기술을 다루고 있어 문헌정보학 분야와 함께 다른 학문분야를 아우르는 것은 물론 학문적으로도 실무적으로도 크게 기여할 수 있는 중요한 총서임을 확신합니다.

끝으로 이러한 학술적 역작을 준비하고 발간하기까지의 두 분의 학문적 노고와 성과를 진심으로 축하드립니다.

2014년 10월

한국정보관리학회

학회장 남 영 준

목 차

제3장 메타데이터의 함의

제4장 메타데이터 스키마

제5장 메타데이터의 기능 및 유형

제8장 Dublin Core

제9장 Metadata Object Description Standard

제11장 메타데이터 상호운용성

〈표 목차〉

〈그림 목차〉

제1장 메타데이터의 배경

1.1 정보환경의 변화와 정보조직

1.2 일상생활 속의 메타데이터

1.3 정보자원의 진화와 메타데이터

1.4 메타데이터와 정보조직

제 1 장 메타데이터의 배경

1.1 정보환경의 변화와 정보조직

현재 우리는 고도화된 지식정보사회에 살고 있다. 지식과 정보의 중요성은 날로 커지고 있으며, 정보가 없이는 안정적인 사회생활을 영위할 수 없을 정도로 정보의 활용이 우리들의 생활에 미치는 영향력이 증대하고 있다. 물론 과거에도 다양한 정보가 존재하였으며, 정보를 이용해서 삶의 질을 높이거나 보다 효율적인 방식으로 생활하기도 하였다.

하지만 현재와 같이 엄청난 양의 정보가 생성되는 정보환경에서 정보는 곧 힘이고 재화이며, 능력을 나타내는 척도가 되고 있다. 많은 정보를 지니고 있으면 그만큼 더 많은 것들을 소유할 수 있는 환경이 된 것이다. 이러한 정보환경에서, 우리 일상생활의 모든 것은 정보와 관련되어 있으며, 우리는 정보를 생산·소비하고 정보를 통해 재화를 획득하면서 삶을 영위하고 있다.

지식정보사회에서는 정보가 사회를 지탱하는 힘이자 원동력이 되고 있으며, 매일매일 생산되는 정보의 양 또한 기하급수적으로 증대하고 있다. 과거에는 정보의 생산이 특정 계층의 집단으로 한정되어 있었으며, 생산되는 정보 또한 인쇄형태로 이루어져 있었기 때문에 생산의 속도가 제한적이었다. 하지만 디지털 기술의 발전 및 웹(World Wide Web)의 보급으로 인해 생성되는 정보의 유형이 인쇄형태뿐만 아니라 디지털 형태로 확대되어 왔으며, 정보 생산량의 증가 또한 빠른 속도로 진행되고 있다.

그렇지만 생산되는 정보의 양이 급격하게 증가하면서, 필요한 정보를 적시에 정확하게 찾아내는 일이 점차 어려워지게 되었다. 생산되는 정보 가운데에는 우리가 필요로 하는 정보도 있지만, 나와는 상관없는 정보 또한 상당수 존재하고 있다. 수많은 불필요한 정보로 인해 내게 필요한 정보가 어디에 있는지를 확인하는 것조차도 어려운 상황이 되었으며, 필요한 정보만을 수집한다고 해도 그 많은 정보를 모두 다 수집할 수는 없을 정도로 정보의 양이 폭증하고 있다. 이렇게 너무 많은 정보가 혼재함으로 인해 사람들은 정보의 범람 속에서 혼란을 느끼기도 하며, 잘못된 정보를 입수하여 일상생활뿐만 아니라 학문연구에 지장을 초래하기도 한다.

이렇게 변화하는 정보환경에서, 필요로 하는 정확한 정보를 찾아 적시에 활용하기 위한 방안으로써의 정보의 조직이 그 어느 때보다도 중요한 의미를 지니게 되었다. 정보의 조직은 우리의 일상생활에서도 빈번하게 이루어지고 있으며, 우리는 우리 자신도 모르는 사이에 조직화된 정보 속에서 필요한 정보를 찾고 이를 활용하며, 관련된 정보를 스스로 생산해 내고 있다.

정보의 조직은 도서관 등과 같이 대규모의 정보자원을 다루는 기관에서는 그 의미가 더욱 크게 자리 잡고 있다. 이들 기관에서는 다양한 정보를 보다 효과적으로 수집·조직·관리하기 위한 여러 가지 도구들을 개발·활용하고 있으며, 이를 통해 이용자의 요구에 적합한 정보를 신속하게 제공해 주고 있다.

과거에는 도서관 분류, 목록 등과 같은 서지시스템을 활용해서 도서관을 중심으로 한 정보조직 활동이 이루어져 왔다. 하지만 이들 방식은 대부분이 전통적인 인쇄형태의 정보를 위해 고안된 것이기 때문에 디지털 형태의 정보가 폭증하는 현재의 정보환경에서는 여러 가지 측면에서 한계에 직면하고 있다. 이에 기존의 서지시스템들이 지닌 한계를 극복하고 보다 효과적인 정보서비스를 제공하기 위해 현재의 정보환경에 적합한 새로운 서지적 도구에 대한 요구가 지속적으로 발생하였다. 이러한 요구를 충족시키기 위한 방안으로 1990년대 중반에 등장한 것이 메타데이터이다.

메타데이터라는 용어가 문헌정보학계에 본격적으로 등장한 지 이제 20여 년의 시간이 흘렀다. 하지만 메타데이터는 아주 오래전부터, 어찌 보면 인류의 역사와 함께 생성된 개념이며, 우리의 일상생활의 근저에는 우리가 인지하지도 못하는 사이에 메타데이터가 자리 잡고 있다. 현재와 같이 디지털화된 정보가 폭발적으로 증가하고 있는 환경에서 메타데이터는 우리의 일상생활을 포함한 사회 전 분야에 걸쳐 적용되고 있다. 특히, 인터넷을 통한 정보검색이나 활용에 있어서는 그 적용 범위가 광범위하게 확대되고 있으며, 시맨틱 웹(Semantic Web)이나 Web 2.0 등과 같은 진보된 기술에 있어서도 메타데이터는 핵심적인 기반으로 인식되고 있다.

1.2 일상생활 속의 메타데이터

메타데이터라는 용어는 1995년부터 본격적으로 사용되기 시작하였으나,[1] 메타데이터의 개념은 오래전부터 우리의 일상생활 속에 존재해 왔다. 메타데이터를 이용해서 우리가 필요로 하는 것들을 보다 효과적으로 탐색해 왔으며, 특히 현재와 같은 웹 환경에서는 메타데이터의 효용성이 극대화되어 메타데이터 자체가 정보를 활용하고 조직하는데 있어 필수불가결한 도구로 사용되고 있다. 다만, 메타데이터는 눈에 보이지 않기 때문에 그 존재에 대해서 인식하지 못했을 뿐이며, 우리는 여전히 여러 분야에 걸쳐 메타데이터를 활용하고 있다.

메타데이터는 광의의 의미에서 '데이터에 대한 데이터(data about data)'로 정의되고 있지만, 일반적으로는 '특정 정보 개체를 기술하고 설명해서 해당 개체에 대한 정보를 제공해 주는 것'으로 설명할 수 있다. 이 정의는 메타데이터의 의미를 추상적으로 설명한 것이지만, 이렇게 추상적인 메타데이터의 개념이 우리의 일상생활에서 실제적으로 구현된 예로 지하철 노선도를 들 수 있다.

지하철은 현실 세계에서는 방대한 규모로 구축되어 있으며, 그 구성 또한 상당히 복잡하게 이루어져 있다. 이 복잡한 지하철 노선은 지하철 노선도라고 하는 간단한 픽토그램의 형태로 표현되고 있다. 지하철 노선도는 현실 세계의 지하철 노선을 그 거리나 위치에 따라 실제적으로 표현해 주지는 못하지만, 지하철역 및 지하철 노선에 관한 정보를 구체적으로 제공해 줌으로써 사람들이 지하철 노선을 실제로 이용하는데 도움을 주고 있다. 결국 지하철 노선도는 실제 지하철 노선을 간단한 형식으로 표현해 준 '특정 개체에 대한 데이터'라고 할 수 있다.

[1] Steven J. Miller. 2011. *Metadata for Digital Collections: A How-To-Do-It Manual*. New York, NY: Neal-Schuman Publishers, Inc., p.25.

(그림 1-1) 일상생활에서의 지하철 노선

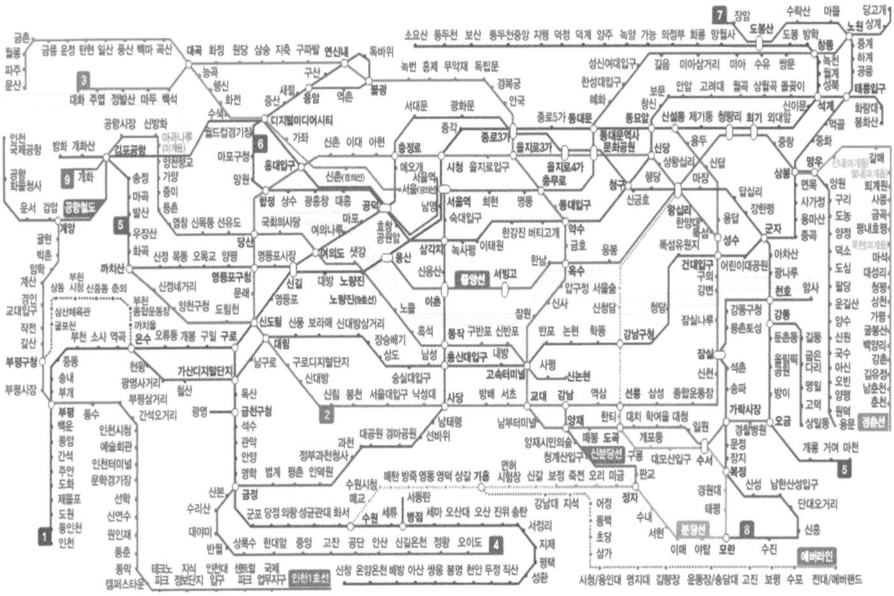

(그림 1-2) 메타데이터로서의 지하철 노선도

(그림 1-2)의 예에서와 같이, 지하철 노선도는 실제 지하철 노선과는 완전히 다른 개념도이다. 지하철역 사이의 거리도 다르고, 역의 위치도 실제와는 다르게 배치되어 있다. 하지만 이 노선도는 사람들이 지하철 노선을 보다 쉽게 활용할 수 있도록 하기 위한 고유의 목적을 충분히 충족시켜 주고 있다.

특히, 특정 지역을 처음 방문한 사람이라도 이 지하철 노선도를 통해 원하는 곳을 찾아갈 수 있도록 여러 가지 정보를 제공해 줄 수도 있다. 또한, 어느 역에서 지하철을 환승할 수 있으며, 어느 방향으로 이동해야 하는지도 알려주는 기능을 한다. 이러한 지하철 노선도는 일상생활에서의 메타데이터의 기능을 설명해 주는 좋은 예라고 할 수 있다.

메타데이터의 또 다른 예로 식료품에 부착되어 있는 성분함량표를 들 수 있다 (그림 1-3 참조). 성분함량표는 식표품 안에 들어있는 음식물의 구성성분을 보여주고 있다. 이것은 음식물이라고 하는 사물을 그 구성요소별로 분석해서 표현해 주는 음식물에 대한 데이터이다. 사람들은 이 성분함량표를 보고 식료품에 담겨있는 음식물이 내가 필요로 하는 것인지 여부를 확인할 수 있게 된다. 결국 이 성분함량표는 식료품 안에 담겨있는 내용물에 대한 메타데이터라고 할 수 있다.

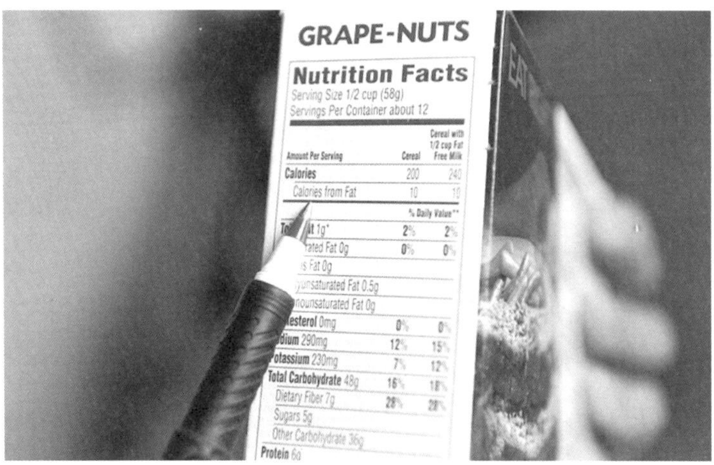

(그림 1-3) 메타데이터로서의 성분함량표

이외에도 메타데이터는 하나의 개체가 지닌 여러 가지 측면 가운데 특정 측면만을 자세하게 표현해 주는 기능을 수행하기도 한다. 이러한 관점에서, (그림 1-4)와 (그림 1-5)는 메타데이터가 특정 대상을 어떻게 표현해 주는지를 보여주고 있다.

(그림 1-4)에서는 특정 야구선수의 신장, 몸무게 등을 설명해 주고 있으며, 이 데이터를 통해서 사람들은 해당 야구선수의 신체적인 특성에 대한 개략적인 정보를 얻을 수 있다. 이는 비록 간단한 정보이기는 하지만, 해당 개체가 지닌 특정 측면, 즉 신체적인 측면을 기술하여 이와 관련된 정보를 제공해 주고 있기 때문에 이 역시 간단한 형태의 메타데이터라고 할 수 있다.

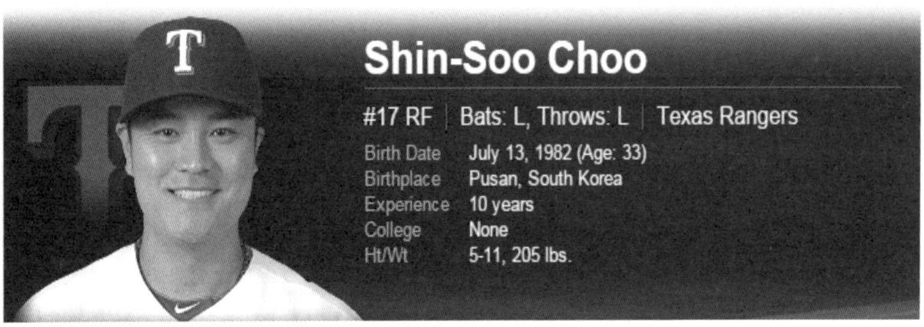

(그림 1-4) 야구선수에 대한 메타데이터 I[2]

또 다른 측면에서의 메타데이터로 야구선수의 야구 기록을 들 수 있다. 타율, 홈런, 안타 등의 야구 기록은 신체적인 측면이 아닌 야구 기록적인 측면에서 해당 야구선수를 설명해 주는 것이다. 이는 동일한 개체가 지닌 또 다른 측면, 즉 야구 기록 측면에서의 메타데이터라고 할 수 있다.

[2] Official Site of Major League Baseball. Retrieved August 3, 2018 from http://m.mlb.com/player/425783/shin-soo-choo

Shin-Soo Choo Stats

Batting Fielding

CAREER BATTING STATISTICS

YEAR	TEAM	GP	AB	R	H	2B	3B	HR	RBI	BB	SO	SB	CS	AVG	OBP	SLG	OPS	WAR
2005	SEA	10	18	1	1	0	0	0	1	3	4	0	0	.056	.190	.056	.246	-0.1
2006	CLE	45	146	23	43	11	3	3	22	18	46	5	3	.295	.373	.473	.846	1.4
2006	SEA	4	11	0	1	1	0	0	0	0	4	0	0	.091	.167	.182	.349	-0.3
2006	Total	49	157	23	44	12	3	3	22	18	50	5	3	.280	.360	.452	.812	1.1
2007	CLE	6	17	5	5	0	0	0	5	2	5	0	1	.294	.350	.294	.644	0.1
2008	CLE	94	317	68	98	28	3	14	66	44	78	4	3	.309	.397	.549	.946	3.4
2009	CLE	156	583	87	175	38	6	20	86	78	151	21	2	.300	.394	.489	.883	5.2
2010	CLE	144	550	81	165	31	2	22	90	83	118	22	7	.300	.401	.484	.885	5.6
2011	CLE	85	313	37	81	11	3	8	36	36	78	12	5	.259	.344	.390	.734	1.5
2012	CLE	155	598	88	169	43	2	16	67	73	150	21	7	.283	.373	.441	.814	3.1
2013	CIN	154	569	107	162	34	2	21	54	112	133	20	11	.285	.423	.462	.885	4.2
2014	TEX	123	455	58	110	19	1	13	40	58	131	3	4	.242	.340	.374	.714	0.1
2015	TEX	149	555	94	153	32	3	22	82	76	147	4	2	.276	.375	.463	.838	3.5
Total	**Total**	**1125**	**4132**	**649**	**1163**	**248**	**25**	**139**	**549**	**583**	**1045**	**112**	**45**	**.281**	**.382**	**.455**	**.837**	--
Season Averages		**102.0**	**375.6**	**59.0**	**105.7**	**22.5**	**2.3**	**12.6**	**49.9**	**53.0**	**95.0**	**10.2**	**4.1**	**.281**	**.382**	**.455**	**.837**	--

(그림 1-5) 야구선수에 대한 메타데이터 II[3]

이와 같이, 동일한 개체가 지닌 여러 가지 측면을 기술하기 위해서 다양한 메타데이터가 사용될 수 있지만, 모든 메타데이터는 특정 개체가 지닌 속성이나 특성, 기능 등을 명확하게 설명해 주고 이에 대한 정보를 제공해 준다는 공통점을 지니고 있다. 하지만 우리가 일상적으로 사용하는 메타데이터는 특정 기능을 보다 효율적으로 수행할 수 있도록 보조해 주는 도구로서의 의미를 더 많이 지니고 있다.

예를 들면, (그림 1-6)은 지구의 모습을 보여주고 있는데 반해, (그림 1-7)은 경도와 위도 등 우리가 실질적으로 지구를 활용하는 방식을 표현해 준다. 실제 지구에는 경도나 위도 등의 선이 존재하는 것은 아니지만, 이는 측량을 하거나 항해를 하는 사람들이 업무를 수행하는데 도움이 될 수 있는 방향으로 개발된 도구로서의 기능을 수행하게 된다. 즉, 위도와 경도는 우리가 지구라고 하는 특정 대상을 효과적으로 활용할 수 있도록 보조해 주는 데이터인 메타데이터로서의 의미를 지니게 된다.

---

[3] Official Site of Major League Baseball. Retrieved August 3, 2018 from http://m.mlb.com/player/425783/shin-soo-choo

(그림 1-6) 현실세계에서의 지구

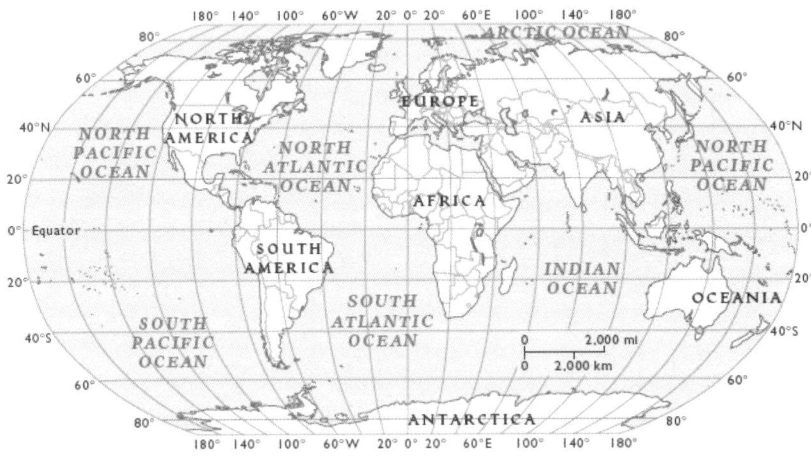

(그림 1-7) 위도와 경도를 이용해 표현한 지구[4]

[4] Geography Webquest. Retrieved January 21, 2016 from http://googleearthgeographywebquest.wikispaces.com

동일한 지구를 대상으로 하고 있지만, 이와는 다른 방식으로 지구가 지닌 속성이나 특성을 표현한 메타데이터도 구축되고 있다. (그림 1-8)은 지구상의 소금의 분포도를 보여주는 메타데이터이다. 이는 위도와 경도라는 도구를 사용하지는 않지만, 소금의 분포를 표현하는데 가장 적합한 방식을 사용하여 소금의 분포를 파악하고자 하는 이용자들이 유용하게 사용할 수 있는 도구로서의 기능을 수행하고 있다.

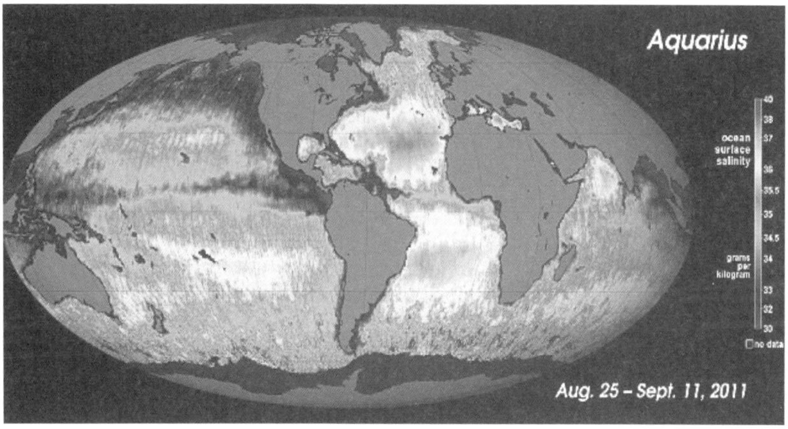

(그림 1-8) 소금의 분포를 이용해 표현한 지구[5]

이와 같이 우리는 일상생활에서 매우 빈번하게 메타데이터를 활용하고 있다. 메타데이터를 이용하여 필요로 하는 정보를 보다 용이하게 입수하고 있으며, 우리의 삶을 보다 효과적으로 영위하고 있다.

하지만 메타데이터가 무엇인지, 메타데이터의 효용성이 무엇인지를 정확하게 알고 있는 사람들은 그다지 많지 않다. 이러한 메타데이터의 효용성을 확인할 수 있는 가장 직접적인 예로 전화번호부를 들 수 있다.

전화번호부는 그 자체로서 하나의 방대한 메타데이터라고 할 수 있다. 전화번호부 안에는 이름, 전화번호, 주소 등 개인 혹은 기업과 관련된 특정 정보들이 구조화된 방식으로 수록되어 있으며, 사람들은 이 정보를 이용해서 자신이 원하는 사람이

[5] Mail Online, Retrieved January 21, 2016 from http://www.dailymail.co.uk/sciencetech/article-2042116/Nasa-unveils-map -salt-levels-seas-world-transform-understanding-weather.html

나 기업을 찾아낼 수 있다. 이 정보들은 해당 개체에 대한 간략한 정보를 제공해 주고 있으며, 사람이나 기업을 찾기 위한 도구로 사용되고 있다.

이것이 바로 메타데이터이며, 메타데이터의 기능인 것이다. 여기에서 한 가지 고려해야 할 것은 사람들이 전화번호부를 이용하는 목적은 연락처를 찾기 위한 것이라는 점이다. 따라서 전화번호부에는 특정 개인이나 기업이 지닌 여러 가지 측면 가운데 연락처와 관련된 데이터만이 수록되어 있다. 이는 해당 개인이나 기업의 관점에서 볼 때는 부분적인 데이터일 뿐이지만 전화번호부를 이용하는 사람들에게는 부분적인 데이터가 아닌 충분한 데이터가 된다.

이와 같이 메타데이터는 특정 개체에 대한 간략한 혹은 상세한 정보를 제공해 줌으로써, 해당 개체를 손쉽게 찾아내고 활용할 수 있도록 지원하는 도구로서의 기능을 수행하고 있다.

1.3 정보자원의 진화와 메타데이터

인터넷의 보급 및 정보기술의 발전으로 인해, 모든 사람들이 정보를 생산하고 가공·소비할 수 있는 환경이 정착되고 있다. 과거에는 정보의 생산이 특정 계층 혹은 학계로 한정되어 있었으나, 현재는 컴퓨터 및 웹을 이용해 모든 사람들이 정보를 생산할 수 있게 되었으며, 생산되는 정보의 양 또한 급속하게 증가하고 있다.

정보의 생산은 전통적인 인쇄매체의 형태로 이루어지기도 하지만, 웹 상에서도 디지털 형태의 정보 생산이 활발하게 이루어지고 있다. 사람들은 웹을 이용해 자신이 원하는 정보에 접근하고 활용하며 이를 가공하여 또 다른 정보를 생산해 내고 있다.

특히, 1990년대 중반 이후 웹의 상용화와 급속한 발전을 통해, 이전까지의 인쇄매체 중심의 아날로그 정보환경이 웹 정보자원 중심의 디지털 정보환경으로 전환되어 왔다. 이러한 정보환경의 변화와 함께 디지털 형식으로 된 정보자원의 양이 급속하게 증가해 왔으며, 이는 도서관을 둘러싼 환경을 급격하게 변화시키는 계기가 되었다.

인쇄매체와 디지털 매체는 모두 정보를 수록하고 전달하기 위한 수단이라는 공통된 목적을 지니고 있다. 하지만 도서관은 이들 정보자원이 수록하고 있는 내용과 함께 그 형식적인 측면 또한 다루고 있으며, 이러한 이유로 정보자원의 형태적인 변화 및 다양화는 도서관의 업무환경을 근본적으로 변화시키고 있다. 특히, 웹 상에서 운용되는 디지털 정보자원이 도서관 장서의 범주에 포함되면서, 도서관의 환경은 기존의 아날로그 중심에서 벗어나 웹 상에서의 정보활동으로까지 확대되어 왔다.

웹 상에서의 정보활동은 디지털 형태의 정보자원을 중심으로 이루어지고 있으며, 웹 자체를 거대한 정보저장소로 변모시키고 있다. 웹 상에는 사람들이 찾고자 하는 정보의 간략한 형태뿐만 아니라 전문(full-text)까지도 존재하고 있으며, 텍스트 이외에도 다양한 멀티미디어 형태의 정보가 제공되고 있다.

이러한 웹의 유연성 및 확장성은 사람들의 다양한 정보요구를 충족시켜 주고 있으며, 웹 정보자원이 지닌 동적인 특성은 여러 가지 형태의 정보를 복합적으로 제공해 줌으로써 사람들이 정보를 활용하는데 있어서의 효율성을 높여주고 있다. 하지만 이러한 장점에도 불구하고, 현재 디지털 형태의 정보를 활용하는데 있어서는 여러 가지 한계 또한 존재하고 있다.

디지털 정보의 양적 증대는 사람들이 필요로 하는 정보를 찾을 수 있는 기회를 증대시켜 준다는 점에서는 여러 가지 장점을 가진다. 하지만 부정확한 정보 혹은 신뢰성 없는 정보를 생산해 냄으로써 역효과를 가져오기도 한다. 이러한 상황을 극복하고 필요한 정보에 대한 접근성을 확보하기 위해 디지털 정보자원을 명확하게 기술하기 위한 다양한 노력이 이루어져 왔지만, 정적인 인쇄매체를 기술하기 위해 고안된 기존의 서지도구들은 디지털 정보자원이 지닌 동적인 특성을 충분하게 기술하는데 있어서 여러 가지 한계에 직면하고 있다. 이로 인해서 웹을 통해 자신이 원하는 정확한 자료를 효율적으로 찾는 일은 점점 더 어려워지고 있다.

이러한 문제를 해결하기 위해 MAchine Readable Cataloging(MARC) 등과 같은 기존의 서지도구를 변화된 환경에 적합한 새로운 방식으로 대체해야 한다는 요구가 지속적으로 제기되어 왔다. 또한, 정보자원의 기술을 위한 여러 가지 방안들이 계속해서 개발되어 왔으며, 디지털 정보자원의 보다 효과적인 기술과 관리를 위해 메타데이터의 개념이 새로운 서지도구의 형태로 등장하였다.

문헌정보학 분야에서는 서지적 도구로서의 메타데이터에 대한 연구가 1990년대 중반 이후 활발하게 이루어져 왔으며, 현재 메타데이터는 사람들의 정보활동을 효과적으로 지원할 수 있는 방안의 하나로 인식되고 있다. 하지만 메타데이터의 의미는 전통적인 도서관 목록의 개념과는 다르게 계속해서 변화·발전하고 있으며, 메타데이터의 형태 또한 정보자원의 진화와 더불어 계속해서 그 모습을 혁신해 가고 있다.

1.4 메타데이터와 정보조직

정보를 '특정 상황에서 그 가치가 평가된 데이터'라고 한다면, 정보의 조직화는 '정보를 이용자와 이용 목적, 이용 환경에 맞도록 분류하고 일정한 원칙에 따라 체계화하는 일련의 과정'을 의미한다고 볼 수 있다.[6] 정보의 조직화는 축적된 정보가 소량인 경우에는 그 필요성이 크지 않을 수 있다.

하지만 도서관 등과 같이 대량의 정보를 대상으로 하는 기관에서는 체계적인 방법으로 정보를 조직화하지 않을 경우 축적된 정보를 관리하는데 많은 어려움이 발생할 수밖에 없다. 이러한 상황에 대처하기 위해, 도서관계에서는 도서관학과 문헌정보학이라는 학문을 통해 지적 기반(intellectual foundation)을 마련하여 정보를 조직화할 수 있는 기틀을 마련하게 되었다.[7]

하지만 정보기술의 발전으로 인한 정보의 급증, 정보 형태의 다양화 등으로 인해 도서관의 정보환경이 급격하게 변화하면서, 이전까지의 도서관의 정보조직화를 위한 방안이나 지적 기반에 대한 변화가 불가피하게 되었다.[8] 특히, 디지털 도서관이라는 개념의 정착 및 웹 기반 정보서비스의 광범위한 보급은 이에 요구되는 정보의 조직화와 지적 기반의 변화를 더욱 급격하게 이끌어내고 있다.

---

[6] Elaine Svenonius. 2003. *The Intellectual Foundation of Information Organization*. MA: MIT Press, pp.7-10.

[7] Elaine Svenonius. 2003. *The Intellectual Foundation of Information Organization*. MA: MIT Press, pp.16-18.

[8] Elaine Svenonius. 2003. *The Intellectual Foundation of Information Organization*. MA: MIT Press, pp.1-2.

이와 관련하여, Ayres는 전통적인 인쇄매체 환경에서 필수적이었던 목록규칙은 컴퓨터가 자동적으로 링크와 제어를 수행하는 기계적 환경에서는 더 이상 필요하지 않다고 주장하면서, 기존의 목록규칙이 온라인 환경을 반영해서 변모되어야 할 것을 제안하였다.[9]

이러한 지적 기반의 근본적인 변화는 도서관의 장서 구성 및 정보서비스의 방식에도 변화를 가져오게 되었다. 인쇄형태를 중심으로 하던 도서관의 정보자원은 디지털 형태의 정보자원을 도서관 장서의 범주에 포함시킴으로써 점차 다양화되는 양상을 보이게 되었으며, 현재 도서관계에서는 디지털 형태의 정보자원 구입에 상당한 비용을 지출하고 있다. 특히, 디지털 정보자원의 양적인 증가는 디지털 정보자원이 기존의 인쇄자원과 대등한 위치에 놓이거나 점차적으로 이를 대체하는 현상을 가져오고 있다. 이와 함께, 상당수의 이용자들이 기존의 인쇄형태의 정보자원보다는 웹에서 직접 이용할 수 있는 디지털 정보자원을 더 선호함으로써 도서관의 중심축이 점차 디지털 형태의 정보자원으로 옮겨가는 추세가 나타나고 있다.

이에 따라 도서관에서의 전통적인 지적 기반은 점차 다양화되는 도서관 정보자원의 형태에 맞춰 그 역할이 변화되어 왔으며, 이러한 변화를 수용할 수 있도록 지속적으로 변모되어 왔다.[10] 특히, 인쇄형태의 정보자원뿐만 아니라 디지털 정보자원을 포괄적으로 기술할 수 있는 새로운 서지적 도구로서의 메타데이터의 등장은 디지털화하는 정보환경에서 정보자원의 조직·기술·관리를 지원할 수 있는 새로운 지적 기반으로서의 의미를 갖게 되었다.

메타데이터는 디지털의 개념이 적용된 정보자원이 등장하면서부터 사용되기 시작한 용어이며, 일반적으로 디지털 형태의 정보자원에 대한 구조화된 데이터를 의미하는 개념으로 사용되고 있다.[11] 하지만 메타데이터의 개념이 도서관 환경에 적용되면서, 정보자원의 형태가 인쇄형태이든 디지털이든 관계없이 정보자원을 기술

[9] F. H. Ayres. 1990. Duplicates and Other Manifestations: A New Approach to the Presentation of Bibliographic Information. *Journal of Librarianship and Information Science*, 22(4), p.241.

[10] Cliff Wootton. 2013. *Developing Quality Metadata: Building Innovative Tools and Workflow Solutions*. MA: Focal Press, p.12.

[11] 윤세진, 오경묵. 2002. 메타데이터간 상호운용성을 위한 비교 연구: MARC, Dublin Core, ONIX 메타데이터 요소를 중심으로. 『한국도서관·정보학회지』, 33(2), pp.279-280.

하여 조직하는 도구로 사용되는 것은 모두 메타데이터의 개념에 포함되는 것으로 인식되고 있다. 메타데이터의 이러한 의미적 확장은 도서관계의 전통적인 지적 기반에 그 근거를 두고 있다.

오랜 기간 동안 도서관계에서 사용해 온 전통적인 서지도구인 카드목록이나 Online Public Access Catalog(OPAC) 등은 그 형태는 계속해서 진화해 왔지만, 이는 모두 정보자원을 체계적으로 조직함으로써 정보자원의 식별과 검색을 지원해 준다는 지적 기반에 그 기초를 두고 있다. 이러한 전통적인 서지도구의 지적 기반으로써의 기능은 현재와 같은 웹 환경에서도 그대로 적용되고 있으며, 도서관 환경에 접목된 메타데이터 역시 다양한 유형의 정보자원을 보다 효과적으로 조직하고 검색하여 활용할 수 있도록 하기 위한 지적 기반으로서의 목적을 지니고 있다.

결국, 메타데이터는 디지털 정보자원이 급증하는 현재의 정보환경에서 디지털 정보자원뿐만 아니라 전통적인 인쇄형태의 정보자원까지 포괄하는 광범위한 개념으로 사용되고 있으며, 정보자원을 기술하고 관리하는 모든 분야에 적용되고 있다. 이제 메타데이터는 온톨로지(ontology), 시맨틱 웹(semantic web) 등을 구현하기 위한 기반 기술로 사용될 정도로 정보자원의 기술과 조직·관리에 있어서 필수적인 개념으로 자리 잡고 있으며, 정보조직에 있어서의 메타데이터의 중요성은 날로 커지고 있다.

제2장 문헌정보학과 메타데이터

제 2 장 문헌정보학과 메타데이터

2.1 도서관 환경에서의 메타데이터

우리 자신이 인식하지도 못하는 사이에 광범위하게 사용하고 있는 메타데이터는 과연 무엇인가? 어떻게 사용되고 있으며, 누가 어떻게 메타데이터를 만들어 내는가? 메타데이터라는 개념은 언제 생겨났으며, 어떤 이유로 우리 생활의 필수불가결한 도구가 되었는가? 문헌정보학에서는 왜 메타데이터를 필수적인 요소로 인식하고 있는가?

메타데이터와 관련된 이러한 실제적인 의문들에 대한 답은 우리가 잘 알고 있는 도서관 목록에서 찾아볼 수 있다. 도서관 목록은 도서관에 소장되어 있는 각각의 자료들에 대한 정보를 제공해 주고 있으며, 우리는 도서관 목록을 통해서 나에게 필요한 자료가 무엇인지 확인하고 해당 자료를 검색해서 활용하게 된다.

이와 같이 도서관 목록은 사람들이 도서관 소장 자료를 활용할 수 있도록 각각의 자료에 대한 정보, 즉 메타데이터를 제공해 줌으로써 사람들의 정보활동을 지원해 주고 있다. 하지만 도서관의 소장 자료가 조직되어 있지 않거나 이에 대한 정보가 제공되지 않는다면, 그 속에서 내가 필요로 하는 정보를 찾기 위해서는 많은 시간과 노력을 들여야 할 것이다.

이와 마찬가지로, 엄청난 양의 디지털 정보가 존재하는 웹 상에서 내가 원하는 정보를 찾기 위해 모든 웹사이트를 찾아다니는 것 또한 아마도 거의 불가능한 일일 것이다. 이러한 어려움을 해결해 줄 수 있는 방안의 하나로 사용되는 것이 메타데이터이며, 도서관 환경에서도 정보를 검색하고 활용하는 모든 행위들은 도서관 소장

자료에 대한 데이터, 즉 메타데이터를 기반으로 이루어지고 있다.

도서관 환경에 메타데이터를 적용하는 과정은 정보의 조직에서 그 연원을 찾을 수 있다. 정보조직은 정보자원에 수록된 내용 및 정보자원의 형태 등과 관련된 정보를 체계적으로 정리함으로써 필요한 정보자원을 적시에 식별·검색·활용할 수 있도록 지원해 주는 지적 과정이다. 정보의 조직은 도서관 목록의 형태로 시작하였지만, 정보환경의 변화와 함께 지속적으로 진화하면서 현재는 메타데이터 등과 같은 형태로 나타나고 있다. 그 형태는 계속해서 진화를 거듭하고 있지만, 근본적인 원리나 개념, 기능 등은 정보조직의 초창기에서와 동일하게 적용되고 있다.

도서관 환경에서의 메타데이터는 도서관 장서 혹은 웹 상의 디지털 정보자원과 관련된 정보를 간략한 형태로 기술해 주며, 이를 기반으로 보다 효과적인 정보검색을 지원해 준다. 정보자원의 기술은 관련된 정보를 하나로 묶어주는 기반을 마련해 주는 것이며, 이를 통해 필요한 정보를 보다 효과적으로 활용할 수 있도록 해준다. 이와 같이 메타데이터는 디지털 환경에서 다양한 정보자원을 조직화하는데 있어 중요한 역할을 담당하고 있으며, 정보와 관련된 대부분의 분야에서 큰 영향을 미치고 있다.

2.2 서지기술사항으로서의 메타데이터

문헌정보학 측면에서의 메타데이터의 대표적인 예로 도서관 혹은 서점에서 제공하는 도서에 대한 서지기술사항을 들 수 있다. 온라인 서점에서의 도서 검색을 예로 들어보면, 온라인 서점의 웹사이트에서는 이용자가 검색한 도서에 대한 간략한 서지정보를 제공해 주고 있다. 이 서지기술사항을 살펴보면 해당 도서 전체를 읽지 않아도 그 안에 담겨있는 내용이 어떤 것인지 어느 정도는 확인할 수 있다.

또한, 이 서지기술사항은 해당 도서가 수록하고 있는 내용을 서명, 저자, 주제분야, 발행정보 등과 같은 여러 가지 측면에 따라 각각의 항목으로 구분하여 제공하고 있다. 여기에서 해당 도서를 기술하는데 사용된 내용들은 문헌정보학 측면에서 사용하는 메타데이터의 간략한 형태라고 볼 수 있다(그림 2-1 참조).

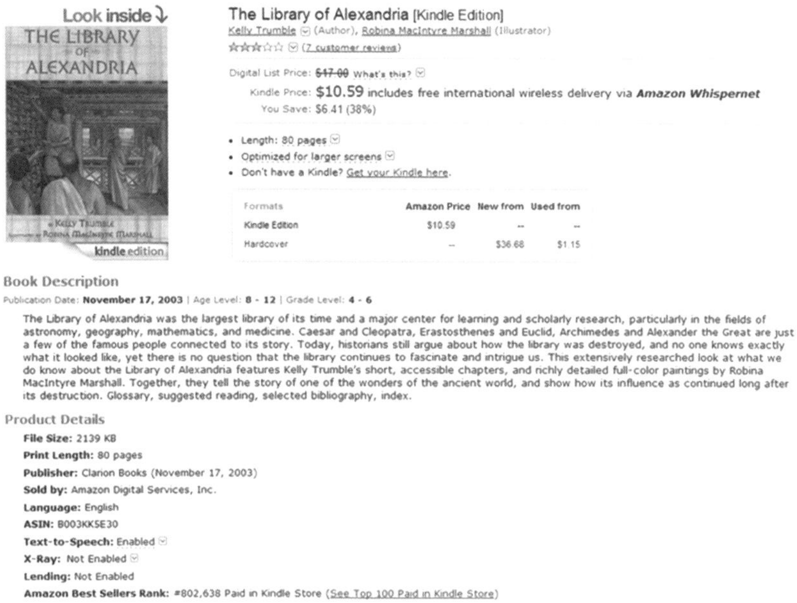

The Library of Alexandria [Kindle Edition]

Kelly Trumble (Author), Robina MacIntyre Marshall (Illustrator)

(7 customer reviews)

Digital List Price: ~~$17.00~~ What's this?

Kindle Price: **$10.59** includes free international wireless delivery via ***Amazon Whispernet***

You Save: $6.41 (38%)

- Length: 80 pages
- Optimized for larger screens
- Don't have a Kindle? Get your Kindle here.

Formats	Amazon Price	New from	Used from
Kindle Edition	$10.59	--	--
Hardcover	--	$36.68	$1.15

Book Description

Publication Date: **November 17, 2003** | Age Level: **8 - 12** | Grade Level: **4 - 6**

The Library of Alexandria was the largest library of its time and a major center for learning and scholarly research, particularly in the fields of astronomy, geography, mathematics, and medicine. Caesar and Cleopatra, Erastosthenes and Euclid, Archimedes and Alexander the Great are just a few of the famous people connected to its story. Today, historians still argue about how the library was destroyed, and no one knows exactly what it looked like, yet there is no question that the library continues to fascinate and intrigue us. This extensively researched look at what we do know about the Library of Alexandria features Kelly Trumble's short, accessible chapters, and richly detailed full-color paintings by Robina MacIntyre Marshall. Together, they tell the story of one of the wonders of the ancient world, and show how its influence as continued long after its destruction. Glossary, suggested reading, selected bibliography, index.

Product Details

File Size: 2139 KB
Print Length: 80 pages
Publisher: Clarion Books (November 17, 2003)
Sold by: Amazon Digital Services, Inc.
Language: English
ASIN: B003KK5E30
Text-to-Speech: Enabled
X-Ray: Not Enabled
Lending: Not Enabled
Amazon Best Sellers Rank: #802,638 Paid in Kindle Store (See Top 100 Paid in Kindle Store)

(그림 2-1) 온라인 서점에서의 도서 서지기술사항

이와는 조금 다른 측면에서, 웹 검색엔진 역시 메타데이터를 활용하고 있는 어플리케이션의 하나로 볼 수 있다. 웹 상에서 정보를 찾을 때 우리는 흔히 포털사이트 혹은 검색엔진을 이용해서 키워드를 입력한다. 대부분의 검색엔진은 웹사이트 내에 조직화되어 있는 키워드와 색인어들을 대상으로 검색을 수행하며, 특정 웹사이트의 키워드 혹은 색인어가 이용자가 입력한 키워드와 일치할 경우 해당 웹사이트를 검색결과로 제공해 준다. 이때 웹사이트의 콘텐츠를 기술해 주는 키워드 혹은 색인어를 해당 웹사이트에 대한 메타데이터라고 볼 수 있다.

(그림 2-2)에서는 블로그 사이트에서 제공하는 메타데이터의 예를 보여주고 있다. 이 예에서 메타데이터는 '태그(tag)'의 형태로 나타나고 있는데, 이들 태그는 해당 블로그 페이지에 수록된 내용을 간단한 키워드의 형식으로 기술해서 이용자가 키워드를 입력했을 때 검색되도록 하는 메타데이터라고 할 수 있다.

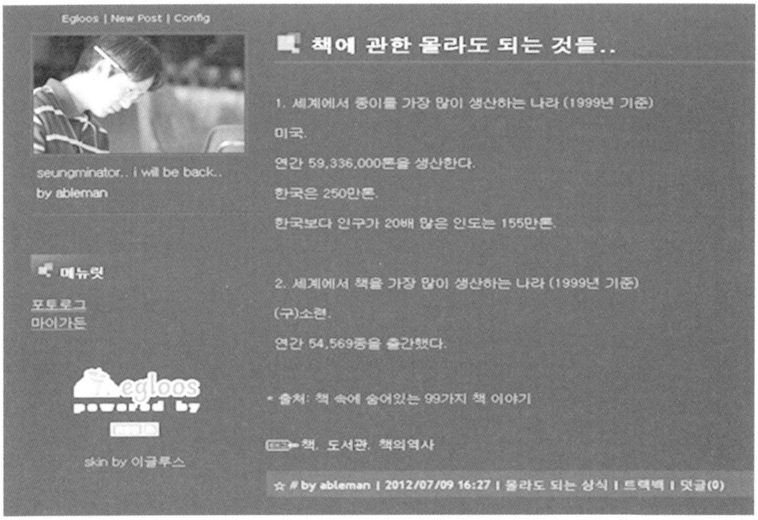

(그림 2-2) 블로그 사이트에서의 메타데이터

이와 같이 우리가 일상생활에서 사용하는 메타데이터와 문헌정보학 측면에서의 메타데이터는 모두 같은 의미를 지니고 있으며 동일한 기능을 수행하고 있다. 차이가 있다면 문헌정보학에서의 메타데이터는 정보자원을 주된 대상으로 삼고 있으며, 정보자원을 효과적으로 기술하고 검색하는 과정에 주로 적용된다는 것이다. 이러한 측면에서 보면, 현재 도서관계에서 널리 사용되고 있는 MARC 레코드도 도서관에 소장된 정보자원을 기술해 주는 메타데이터의 일종이라고 볼 수 있다.

이렇게 우리는 일상에서 메타데이터를 자주 접하면서 생활하고 있다. 하지만 우리가 메타데이터를 쉽게 인식하지 못하는 이유는 메타데이터는 비가시적인 것이며 정보자원에 수록된 콘텐츠의 이면에서 해당 정보자원을 기술해 주는 기능을 하기 때문이다. 눈에 보이는 정보에 대한 정보, 눈에 보이는 데이터에 대한 데이터, 이것이 메타데이터이다.

2.3 메타데이터의 기원

디지털 정보자원이 급격하게 증가하고 정보자원의 유형이 다양해짐에 따라, 메타데이터는 문헌정보학, 컴퓨터공학, 통계학 등 여러 분야에서 널리 사용되고 있으며, 사회 전반에 걸쳐서 그 영향력이 점차 증대하고 있다. 하지만 메타데이터가 여러 가지 방식으로 응용되면서 메타데이터에 대한 수많은 정의들이 내려지게 되었고, 이는 메타데이터가 무엇인지에 대한 잘못된 인식과 혼란을 초래하는 결과를 가져오게 되었다.

메타데이터가 지닌 의미를 명확히 정립하기 위해서는 메타데이터라는 개념이 어떻게 생겨나게 되었는지 그리고 어떤 과정을 거쳐 현재의 의미로 사용되고 있는지를 살펴보는 것이 선행되어야 한다. 메타데이터라는 용어는 1990년대 중반 이후 널리 사용되기 시작하였지만, 메타데이터의 개념이나 메타데이터를 생성 · 유지 · 활용하는 기법들은 전통적인 도서관 목록의 역사와 맞물려 있다.

도서관은 다양한 정보자원을 소장하고 있으며, 표제 · 저자 · 주제 등 각각의 소장 장서가 지닌 여러 가지 측면들을 구조화된 방식으로 기술하여 제공하고 있다. 이러한 소장 장서에 대한 정보는 도서관 목록의 형식으로 기록되며, 이용자들은 도서관 목록을 통해서 자신이 원하는 정보를 검색하고 활용할 수 있게 된다. 결국 도서관 목록은 도서관이 소장하고 있는 정보자원에 대한 간략한 형식의 데이터라고 할 수 있다.

이러한 도서관 목록의 기능은 메타데이터의 일반적인 정의인 '데이터에 대한 데이터'와 일맥상통하는 것이다. 따라서 도서관 목록 역시 일종의 메타데이터이며, 도서관 목록의 개념이 현재의 메타데이터라는 개념을 이끌어 낸 기반이 되는 것이라고 볼 수 있다. 이러한 이유로, 메타데이터라는 용어가 만들어지기 이전에 도서관계에서 수행해 왔던 서지적 작업 및 도서관 목록의 발전 과정을 살펴보는 것이 메타데이터를 이해하는데 도움이 될 것이다.

2.3.1 전통적인 도서관 목록

도서관 장서에 대한 목록을 작성하는 작업은 고대 이집트의 알렉산드리아 도서관(Library of Alexandria)에서부터 시작되었다. 기원 전 이집트 마케도니아(Macedonia)에 건축된 알렉산드리아 도서관의 사서였던 Callimachus(BC 305~235)는 알렉산드리아 도서관에 소장된 70여만 장서를 체계적으로 관리하기 위해 최초의 도서관 목록인 '피나크스(Pinakes) 목록'을 구축하였다.

이 목록은 알렉산드리아 도서관에 소장된 장서의 표제를 수록한 120여 개 이상의 파피루스 스크롤(scrolls)로 이루어져 있는데, 이는 각각의 장서에 수록된 내용 및 저자에 대한 사항을 기술해 놓은 것으로 알려져 있다.[1] 이러한 측면에서 볼 때, '피나크스 목록'은 소장 장서와 관련된 내용을 간략하게 기술해 놓은 데이터로서, 실제적으로 이 목록이 현재 우리가 메타데이터라고 부르는 최초로 기록된 서지데이터라고 볼 수 있다.

(그림 2-3) 도서관 목록으로서의 기능을 수행한 스크롤[2]

[1] Lionel Casson. 2002. *Libraries in the Ancient World*. London: Yale University Press, pp.39-41.
[2] Lionel Casson. 2002. *Libraries in the Ancient World*. London: Yale University Press, p.39.

이후 서유럽에서 도서관 목록은 수도원 도서관(monastery library)을 중심으로 성장하였고, 근대에 들어 대학도서관에서 학문 연구를 지원하는 과정을 통해 상당한 발전을 이루었다. 14세기까지의 목록은 도서의 표제, 서가 상의 위치 등과 같은 도서관 소장 장서에 대한 간단한 데이터를 서지적 형식으로 기재하는 방식이 주를 이루었다. 16세기 들어 서지데이터를 기재하는 방식에 알파벳순 배열이 적용되기 시작하였지만, 이 당시의 목록은 소장 장서에 대한 인벤토리(inventory)로 주로 사용되었으며, 도서관 전체 장서를 관리하거나 특정 도서를 찾기 위한 목적으로는 거의 사용되지 않았다.

목록의 중요한 측면 가운데 하나라고 볼 수 있는 목록규칙은 Anthony Panizzi가 대영박물관도서관(British Museum Library)을 위해 개발한 〈91 Rules〉(1841)에서 그 기원을 찾아볼 수 있다. 이 시기까지의 목록은 초기 형태의 매우 단순한 '데이터에 대한 데이터'로서의 메타데이터라고 볼 수 있다.

이후 미국에서는 1876년에 Charles A. Cutter가 목록규칙인 〈Rules of a Dictionary Catalog〉를 출판하였으며, 1967년에는 〈Anglo-American Cataloguing Rules(AACR)〉가 발행되었다. 1969년에는 International Federation of Library Associations and Institutions(IFLA)에서 〈International Standard Bibliographic Descriptions (ISBD)〉를 제정하였으며, 이는 이후 AACR 2판(AACR2)에 통합되었다.

AACR2는 정보자원을 기술하는데 필요한 항목 및 이를 적용하는 규칙들을 규정하고 있으며, 각각의 기술사항을 사용하는 순서와 각 항목들을 구별하기 위한 구두법을 채용하고 있다. 이 시기부터는 정보자원이 수록하고 있는 내용을 구체적인 규칙과 원칙에 따라 기술하였으며, '데이터에 대한 데이터'로써의 기술사항이 국제적으로 표준화되어 메타데이터의 생성이 본격화된 시기라고 볼 수 있다.

특히, 이들 목록규칙은 도서관 목록을 상호 교환할 수 있는 기반을 마련해 주었다는 의의를 지니고 있다. 하지만 이는 당시에 사용되었던 아날로그 방식의 정보자원에 적용하기 위해 고안된 것이며, 자동화된 방식에 적용하기 어렵다는 한계를 지니고 있었다.

2.3.2 기계가독형 목록

1960년대 들어 도서관 목록에 컴퓨터가 도입되기 시작하였으며, 서지레코드의 데이터 형식을 위한 새로운 표준인 MAchine Readable Cataloging(MARC)이 제정되었다. 1966년에 미국의회도서관(Library of Congress)에서 개발한 MARC는 컴퓨터를 이용하여 모든 유형의 도서관 장서를 기술할 수 있는 형식을 마련함으로써 자동화된 도서관 운영 및 정보의 조직화를 가능하게 하였다.

MARC는 전통적인 카드목록에 수록되는 내용을 보다 신속하게 생성하고 처리하기 위한 목적으로 고안되었다. 하지만 도서관계 현장에서는 MARC를 서지레코드를 상호 교환하는 수단으로 사용하였으며, 이를 통해 서지데이터를 생성하는데 소요되는 시간과 비용을 절감할 수 있었다. 또한, MARC는 기계화된 방식의 목록형식이기 때문에, 여러 도서관의 목록을 한번에 검색할 수 있는 환경을 구축하게 되었다.

하지만 MARC가 도서관 업무에 적용되던 당시에도, 정보자원 자체는 아날로그 형식인 인쇄형태에 기반하고 있었으며, 정보자원을 기술하는 환경 역시 카드목록 시스템을 벗어나지 못하고 있었다. 이러한 환경적인 제한에도 불구하고, 표준화된 방식으로 정보자원을 기술할 수 있으며 자동화된 방식을 통해 여러 도서관의 목록을 상호 교환할 수 있었다는 점에서 MARC는 정보자원에 대한 데이터로서의 메타데이터의 기능을 한 단계 더 발전시켜 준 서지도구로서의 의미를 지니고 있다.

1990년대 후반 들어 텍스트의 전문(full-text)이 인쇄매체의 형태를 벗어나 웹 상에 저장되고 이를 디지털 방식으로 전송하는 것이 가능해지면서 디지털 도서관(digital library)이라는 새로운 개념의 도서관이 등장하였다. 이는 이전까지 도서관을 지배하고 있던 아날로그 환경이 디지털 환경으로 변화하는 계기가 되었다. 이와 함께 MARC의 기능 및 의미가 급속도로 확장되면서 자동화된 정보조직 체계에 대한 필요성이 주목을 받기 시작하였다. 이후 웹의 발전 및 보급과 함께 Online Public Access Catalog(OPAC)가 등장하였으며, 이를 통해 정보자원에 대한 서지적 기술사항이 디지털화되고 웹을 통해 도서관 목록을 이용하는 것이 가능하게 되었다.

이러한 목록의 변화는 도서관을 둘러싼 정보환경의 변화와 함께 이루어져 왔다. 생산되는 정보의 양이 빠른 속도로 증가하였으며, 이로 인해 정보자원을 기술해 주는 서지레코드의 양도 급격하게 증대하게 되었다. 이러한 양적인 증가는 목록의 데이터베이스화를 가져오게 되었다.

목록의 디지털화와 데이터베이스의 적용은 도서관에서 사용하던 전통적인 목록 규칙들이 디지털적인 환경에 맞도록 진화하는 계기를 마련하게 되었으며, 도서관에 소장된 정보자원을 기술하여 2차적인 데이터를 생성해 내는 '데이터에 대한 데이터'로서의 메타데이터의 기능을 정착시키게 되었다. 이후 등장한 Functional Requirements for Bibliographic Records(FRBR), Resource Description and Access(RDA) 등과 같은 진화된 서지적 도구들은 메타데이터의 개념을 기반으로 하여 보다 확장된 기술규칙을 제공해 주고 있다.

이와 같이, 도서관 목록의 형태는 알렉산드리아 도서관의 '피나크스 목록'에서부터 컴퓨터를 이용한 MARC에 이르기까지 정보기술의 발전과 함께 변화를 거듭해 왔지만, 정보자원에 대한 데이터를 제공해 준다는 목록의 근본적인 원리는 변하지 않고 있다.

2.4 메타데이터의 등장과 도서관

Charles C. Jewett 등과 같은 도서관 사상가들은 정보자원을 기술해 주는 도서관 목록이 도서관 소장자료의 리스트일 뿐만 아니라 이용자들의 정보요구를 충족시켜 줄 수 있는 도구로서의 기능을 수행해야 한다고 주장하였다.[3] 당시에는 생성되는 정보의 양이 많지 않았으며 정보자원을 이용하는 사람들의 수도 상대적으로 소수였기 때문에, 정보자원의 저자·표제·주제 등을 간략하게 기술해 주는 단순한 형태의 도서관 목록만으로도 이용자의 정보요구를 충분히 충족시켜 줄 수 있었다. 하지만, 개인용 컴퓨터의 등장 및 이후 네트워크의 발전과 보급이라는 정보환경의 변화는

[3] Charles Coffin Jewett. 1853. *On the Construction of Catalogues of Libraries*, 2nd ed. Washington, D.C.: Smithsonian Institution, p.10.

도서관 소장자료에 대한 간략한 데이터를 제공해 주었던 목록의 개념을 근본적으로 변화시키게 되었다.

정보 폭발(information explosion), 정보 과잉(information overload)이라는 말이 등장할 정도로 하루하루 생성되는 정보의 양이 엄청나게 증가하였으며, 정보의 형태도 기존의 인쇄매체 중심에서 디지털화된 멀티미디어로 급속하게 진화하게 되었다. 이와 함께 상당한 양의 정보가 이미 웹 상에 올려져 있었으며, 인터넷에 접속할 수만 있으면 도서관을 방문하지 않고도 필요로 하는 정보를 활용할 수 있는 환경이 조성되었다. 이로 인해 도서관은 전통적인 인쇄매체 중심의 정적인 정보의 저장소로 인식되었으며, 사람들이 실제 활용하는 것은 웹 상의 동적인 정보공간으로 바뀌어 왔다.

이러한 급변하는 환경에 대응하기 위해 도서관은 소장 장서의 목록을 웹 환경에 맞게 변화시켜야 하는 상황에 직면하게 되었다. 즉, 소장자료에 대한 서지레코드를 수록한 정적인 데이터베이스에서 웹 상의 정보자원과 하이퍼링크로 연결될 수 있는 데이터로 진화해야 할 필요성이 대두되었다.[4]

이에 도서관계는 기존의 도서관 목록이 직면한 한계를 극복하고 진화하는 이용자의 요구에 대응할 수 있는 새로운 서지적 도구의 개발에 착수하였으며, 그 결과 1990년대 중반에 메타데이터라는 새로운 도구를 구축하게 되었다. 웹의 등장은 전통적인 도서관에 메타데이터가 적용되는 커다란 계기를 마련하였으며, 메타데이터는 인쇄매체 중심의 정적인 목록에서 디지털 매체 중심의 동적인 정보자원 기술사항으로의 진화라는 변화를 가져왔다.

도서관에서 메타데이터를 적용하는 방식은 컴퓨터가 발명되기 훨씬 이전부터 존재해 왔다. 이전까지는 컴퓨터 처리방식이 없어도 사람이 읽고 이해할 수 있는 방식으로 데이터를 표현하는데 전혀 문제가 없었다. 하지만 웹의 등장과 함께, 도서관에서는 사람이 이해하는 데이터를 어떻게 하면 컴퓨터가 처리할 수 있도록 할 것인가라는 현실적인 문제에 직면하게 되었다. 이것은 폭증하는 정보를 수작업으로 처리할 수 없다는 상황과 직결되는 것이었으며, 증가하는 정보의 양만큼 다양해지는 이용자의 정보요구에 대처해야 하는 상황인 것이었다.

[4] Karen Coyle. 2010. *Understanding the Semantic Web: Bibliographic Data and Metadata.* Chicago: American Library Associations, pp.5-6.

과거에는 서지레코드의 상호 교환을 통해서 증가하는 정보의 양에 대처해 왔으나, 서지레코드 제작에 필요한 비용이나 레코드 갱신 등에서 발생하는 문제는 도서관이 직면한 현실적인 문제가 되었다. 이러한 상황에서 메타데이터는 각각의 정보자원에 대한 데이터를 웹을 이용해 공유할 수 있는 방법을 제시해 주었으며, 도서관은 메타데이터를 통해 웹이라고 하는 공간에서 많은 양의 정보를 다른 도서관 혹은 수많은 이용자들과 공유할 수 있게 되었다.

제3장 메타데이터의 함의

3.1 메타데이터의 어원
3.2 메타데이터의 정의
3.3 메타데이터의 의미 변화 및 개념적 혼란
3.4 메타데이터의 본질적 의미
3.5 메타데이터의 새로운 함의

제 3 장 메타데이터의 함의

3.1 메타데이터의 어원

메타데이터(metadata)는 그리스어의 '*meta*'와 라틴어의 '*datum*'이 결합된 용어이다. 메타데이터라는 용어에 대한 설명이나 정의는 이 두 가지 용어가 합쳐져서 형성된 것이며, 이 용어들 또한 본래의 의미와는 다르게 각각의 의미가 변형되어 적용되고 있다.[1]

어원적으로, (μετά-에서 유래된) 'meta-'라는 용어는 고대 라틴어에서 비롯되었다. 이 용어는 다양한 의미를 지니고 있는데, 'meta'가 하나의 단어로 사용될 경우 '~사이에', '~와 함께', '~의 뒤에' 라는 의미를 지니며, 접두사로 사용될 경우에는 '~의 위에', '~를 넘어서는' 또는 '~보다 포괄적인', '~보다 근본적인'이라는 의미로 사용된다.[2] 현대 라틴어와 영어에서의 'meta'는 '초월적이거나 높은', '보다 본질적인 특성' 등을 의미하고 있다.[3] 하지만 이 용어는 여러 분야에 걸쳐 광범위하게 응용되면서 특정 상황에 맞게 그 의미가 조금씩 변형되어 왔다.

---

[1] Tony Gill. 2000. Metadata and the World Wide Web. In Bace, Murthe, et al. 2000. *Introduction to Metadata: Pathways to Digital Information*. Online Edition, Version 2.1. Retrieved May 20, 2014 from http://www.getty.edu/research/conducting_research/standards/intrometadata/metadata.html

[2] Merriam-Webster Dictionary. 2007. Online Edition. Retrieved April 20, 2014 from http://www.m-w.com/dictionary/interoperability

[3] Diane I. Hillmann. 2005. *Dublin Core Metadata Initiative: Using Dublin Core*. Retrieved November 26, 2013 from http://dublincore.org/documents/usageguide/

형이상학에서의 'meta'는 '보다 높은 수준의 특성' 또는 '보다 근본적인 종류'를 지칭하며, 컴퓨터공학 분야에서는 '보다 근원적인 정의 또는 기술사항'을 의미하는데 사용되고 있다.[4] 최근에는 '다른 개념으로부터 추출한 추상적인 관념'이라는 의미를 나타내는데 사용되기도 한다.[5] 이를 종합해 보면, 'meta'라는 용어는 '어떤 영향력을 발휘하며 근본적인 배경에 존재하는 것'이라는 의미를 함축하는 것으로 볼 수 있다.

'data'는 라틴어 '*datu*'에서 유래되었는데, 이는 '어떤 주어진 것' 또는 '사실이라고 알려진 것' 등을 의미하며, 추리나 추론을 위한 기반으로 사용되는 사실적인 정보를 지칭한다.[6] 이러한 사전적인 의미와 유사하게, McCrank는 "추론에 사용될 수 있는 가장 작은 정보의 단위에 주어지는 사실이나 사항"으로 'data'를 정의하고 있다.[7] 컴퓨터공학 분야에서의 'data'는 단순한 사실이나 사실적인 정보 또는 주어진 기록, 특히 분석을 위해 조직된 정보라는 의미를 지니고 있다.[8] 이러한 의미를 종합해 보면, 'data'는 텍스트, 이미지 또는 기록 등과 같은 특정 형태의 정보단위로 그 의미를 이해할 수 있다.[9]

메타데이터라는 용어의 의미는 'meta'와 'data'가 지닌 의미의 조합에 그 기반을 두고 있다. 넓은 의미에서 보면, 메타데이터는 무언가에 대해서 설명을 하고 그에 대한 정보를 제공해 준다는 점에서 일종의 데이터라고 볼 수 있다. 하지만 메타데이터의 의미는 단순한 사실적 정보로서의 데이터보다는 조금 더 고차원적인 것이다.

---

[4] Public Library Association. 2007. *Metadata: Always More Than You Think*. Retrieved March 19, 2014 from http://www.pla.org/ala/pla/plapubs/technotes/metadata.cfm

[5] Conrad Taylor. 2007. Metadata's Many Meanings and Uses: Briefing Paper. *Catalogue & Index*, February 2007. Retrieved March 5, 2014 from http://communities.cilip.org.uk/blogs/catalogueandindex/archive/2007/02/20/metadata-s-meanings-and-uses.aspx

[6] Oxford English Dictionary. 2007. Online Edition. Retrieve April 20, 2014 from http://dictionary.oed.com/cgi/entry/00307096?query_type=word&queryword=meta&first=1&max_to_show=10&sort_type=alpha&result_place=4&search_id=rpyw-Lc3mds-3152&hilite=00307096

[7] Lawrence McCrank. 2002. *Historical Information Science*. Medford, N.J.: Information Today, p.627.

[8] Conrad Taylor. 2007. Metadata's Many Meanings and Uses: Briefing Paper. *Catalogue & Index*, February 2007. Retrieved March 5, 2014 from http://communities.cilip.org.uk/blogs/catalogueandindex/archive/2007/02/20/metadata-s-meanings-and-uses.aspx

[9] David Hanks. 2007. *All About Metadata: An Instruction for Digital Photographers*. Retrieved January 29, 2014 from http://www.davidhanks.com/AllAboutMetadata.pdf

또한, 메타데이터는 단독으로 사용되지 않으며, 그것이 기술해 주는 무언가와 항상 관련되어 있다는 점에서도 데이터와 차이를 보이고 있다. 이러한 차이점들은 'data'에 'meta'라는 의미가 추가되면서 생겨난 복합적인 특성이라고 볼 수 있다. 이러한 특성으로 인해서, 메타데이터는 하나의 간단한 문장으로는 명확하게 설명할 수 없는 복잡한 개념이 되었으며, 상황에 따라 여러 가지 다른 의미로 적용되고 있다.

3.2 메타데이터의 정의

(대문자 M으로 시작하는) 메타데이터(Metadata)는 1969년 Jack E. Myers에 의해서 만들어진 용어이다.[10] Myers는 자신이 개발한 'MetaModel'을 실행하는데 필요한 소프트웨어의 이름으로 이 용어를 사용하였으며, 이 제품을 개발하고 판매하기 위해 설립한 자신의 회사(The Metadata Company)에 메타데이터라는 명칭을 사용하였다. 이 때까지는 메타데이터라는 용어에 특별한 의미가 부여된 것은 아니었으며, Myers가 메타데이터(Metadata)라는 용어를 사용하기 전까지는 메타데이터(metadata), 메타데이터(meta data) 혹은 메타-데이터(meta-data) 등의 용어는 존재하지 않았다.[11]

처음으로 메타데이터라는 용어에 특별한 의미를 부여한 것은 1988년 미국항공우주국(National Aeronautics and Space Administration: NASA)에서 발행한 〈Directory Interchange Format Manual〉 초판으로 알려져 있다.[12] 하지만 NASA에서 발행한 매뉴얼 이전에도 메타데이터에 특정 의미를 부여해서 사용한 예가 나타나고 있다.

1973년, Sundgren은 자신의 박사학위논문[13]에서 메타데이터(metadata)라는 용어를 사용하였다. 그는 자신의 데이터베이스 모델(infological data base model)에 수록된

[10] Priscilla Caplan. 2003. *Metadata Fundamentals for All Librarians*. Chicago, IL: American Library Association, p.1.

[11] Jane Greenberg. 2005. Understanding Metadata and Metadata Schemes. *Cataloging & Classification Quarterly*, 40(3/4), p.19.

[12] Priscilla Caplan. 2003. *Metadata Fundamentals for All Librarians*. Chicago, IL: American Library Association, p.1.

[13] Bo Sundgren. 1973. *An Infological Approach to Data Bases*. Doctoral Dissertation. School of Economics, University of Stockholm, Sweden.

일련의 데이터를 표현하기 위해서 메타-정보(meta-information)와 메타데이터(metadata)의 개념을 제안하였다. 이 모델에서 Sundgren은 메타-정보를 "데이터베이스에 수록된 정보의 내용에 대한 양질의 정보 및 부가적인 정보"라고 설명하였으며, 메타데이터를 "메타-정보를 표현한 데이터"라고 정의하였다.[14] 이 정의에 따르면, 메타-정보는 데이터베이스 내에 수록된 내용을 표현하는 정보이며, 메타데이터는 메타-정보를 기술해 주는 데이터이다. 이러한 메타-정보와 메타데이터에 대해 Sundgren은 각기 다른 개념으로 생각했으나, 이 두 가지 개념은 모두 '정보가 수록하고 있는 내용에 대한 데이터 또는 정보'라고 정의할 수 있다.

2년 후, Sundgren은 메타-정보와 메타데이터의 개념을 보다 명확하게 구체화시켰다. 그는 데이터베이스에 수록된 정보의 내용을 '정보 위의 정보(information on information)'와 '메타-정보(meta-information)'의 두 가지 유형으로 구분하였다. 또한, 그는 '정보 위의 정보'를 메타-정보의 하나의 중요한 카테고리로 정의하였는데, 이를 "데이터베이스에 수록된 내용을 설명하고 기술해 주는 양질의 모든 정보"를 의미하는 것으로 사용하였다. 이러한 측면에서 그는 메타-정보를 메타데이터라고 명명하고 이를 "메타-정보를 표현한 데이터"라고 정의하였다.[15] 따라서 메타데이터는 정보 위의 정보, 메타-정보, 정보에 대한 데이터의 표현 등으로 포괄적으로 정의될 수 있다.

1977년, Date는 메타데이터를 "데이터에 대한 데이터(data about data)"로 정의하였다. 그에 따르면, 메타데이터는 데이터 사전(data dictionary)에 수록되는 것이며, 단순한 미가공 데이터라기보다는 데이터베이스 시스템에 수록된 개체를 기술해 주는 데이터로 메타데이터를 설명하였다.[16] 이러한 의미에서 메타데이터는 데이터베이스 내의 개체를 기술해 주는 데이터의 한 유형이며, 데이터 사전의 일부분으로서의 기능을 한다고 볼 수 있다.

---

[14] Bo Sundgren. 1973. *An Infological Approach to Data Bases*. Doctoral Dissertation. School of Economics, University of Stockholm, Sweden, p.104.

[15] Bo Sundgren. 1975. *Theory of Data Bases*. First Edition. New York: Petrocelli/Charter, p.59.

[16] C. J. Date. 1977. *An Introduction to Database Systems*. Reading, MA: Addison-Wesley Publications, p.149.

1982년에 McCarthy가 정의한 메타데이터 역시 '데이터에 대한 데이터'라는 정의에 기반을 두고 있으며, "데이터의 내용에 대해 체계적으로 기술한 정보 및 여러 가지 방식으로 검색되고 조정되며 표현될 수 있는 체계화된 조직 구조"로 메타데이터를 정의하였다.[17] McCarthy가 정의한 메타데이터의 가장 큰 특징은 기존의 메타데이터에 대한 정의에 '구조'라는 개념을 추가함으로써 메타데이터의 의미를 확장한 것이다. 이러한 측면에서 보면, 메타데이터는 단순하고 구조화되지 않은 데이터 기술사항이 될 수도 있고, 여러 가지 데이터베이스를 통제하는데 사용되는 데이터 사전과 같은 체계적인 구조가 될 수도 있다.

이전의 정의들과는 다르게 Durrell은 메타데이터 자체의 의미보다는 메타데이터가 어떻게 사용되는지에 중점을 둔 기능적인 측면에서 메타데이터를 정의하였다. 그는 메타데이터를 "기술된 개체를 식별하거나 발견·평가·관리하는데 도움을 줄 수 있는 정보를 수록한 구조화되고 부호화된 데이터"라고 정의하였으며,[18] 데이터베이스 상에서 유지되는 데이터의 한 유형으로 설명하였다.

1986년, Shelley는 데이터와 정보에 신속하면서도 간편하게 접근하고자 하는 새로운 정보요구가 발생하고 있다고 주장하면서, 이러한 정보요구를 충족시키기 위해서는 메타-정보라고 하는 새로운 유형의 정보가 필요하다고 주장하였다. Shelley는 메타-정보를 '정보에 대한 정보(information about information)'라고 정의하였는데,[19] 이 메타-정보의 개념은 데이터 기술사항뿐만 아니라 재가공되고 재처리된 데이터 및 통합된 데이터 세트까지 포함하고 있다. 따라서 이 정의는 이전까지의 메타데이터의 정의에 변환된 데이터와 정보라는 개념을 추가함으로써 기존의 정의를 확장한 것이라고 볼 수 있다.

[17] John L. McCarthy. 1982. Metadata Management for Large Statistical Databases. In *Proceedings of the 8th International Conference on Very Large Databases*. Saratoga, CA: VLDB Endowment, p.235.

[18] William R. Durrell. 1985. *Data Administration: A Practical Guide to Data Administration*. TX: McGraw-Hill, p.3.

[19] P. E. Shelley. 1986. Resolution Committee Report. In *Proceedings of the 3rd International Conference on Geoscience Information*, June 1-6, 1986. Adelaide, South Australia, vol. 2, p.116.

반면 Krockel & Westbrook은 메타데이터를 데이터를 변환하는 하나의 과정으로 보고 있다. 이들 역시 메타데이터를 '데이터에 대한 데이터'라고 정의하고 있기는 하지만, 여러 정보자원으로부터 축적된 데이터를 기계가독형태로 변환하는 기능에 중점을 두고 있다.[20] 이 정의에서는 메타데이터를 데이터라고 보지는 않으며, 오히려 수치, 테이블, 그래픽 등과 같은 축적된 데이터를 기계가독의 형식으로 변환하는 구조화된 코딩 시스템(coding system)의 일부로 간주하고 있다.

National Aeronautics and Space Administration(NASA)는 1988년, 〈Directory Interchange Format Manuals〉에서 메타데이터를 "일련의 데이터에 대한 기술"이라고 정의하였다.[21] 이 정의에 따르면 메타데이터는 이용자 안내서에 수록된 데이터 및 디렉토리, 목록, 인벤토리(inventory) 등과 같은 데이터 세트(data set)를 기술하는 정보라고 볼 수 있다. NASA는 데이터 세트를 기술하는 정보는 모두 메타데이터로 간주하였으며,[22] 이 정의는 데이터 기술사항뿐만 아니라 정보 사이의 관계까지 포괄함으로써 기존의 메타데이터의 개념을 확장하고 있다.

지금까지 살펴본 메타데이터의 정의를 시대별 및 기능별로 정리해 보면 다음 〈표 3-1〉과 같다.

---

[20] H. Krockel & J. H. Westbrook. 1987. Computerized Materials-Information Systems. Philosophical Transactions of the Royal Society of London, Series A. *Mathematical and Physical Sciences*, 322(1567), p.373.

[21] National Aeronautics and Space Administration(NASA). 1990. *Directory Interchange Format Manual*, version 3.0. Greenbelt, MD: NASA/GSFC National Space Science Data Center (NSSDC), p.F-10

[22] National Aeronautics and Space Administration(NASA). 1991. *Directory Interchange Format Manual*, version 4.0. Greenbelt, MD: NASA/GSFC National Space Science Data Center(NSSDC), p.F-12.

〈표 3-1〉 메타데이터 정의의 변화[23]

연도	연구자	정 의	기 능
1969	Myers	소프트웨어 제품	-
1973	Sundgren	정보 위의 정보	데이터베이스에 수록된 정보의 내용에 대한 정보
1975	Sundgren	정보 위의 정보	데이터의 표현에 대한 정보
1977	Date	데이터에 대한 데이터	데이터베이스에 수록된 개체를 기술해 주는 데이터의 한 유형
1982	McCarthy	데이터의 내용에 대해 체계적으로 기술한 정보	데이터베이스를 통해서 검색, 조정, 표현될 수 있는 구조화된 데이터 기술사항
1985	Durrell	데이터베이스에 수록된 개체의 특성을 기술하는 데이터	데이터 운영 상에서 유지되는 구조화되고 부호화된 데이터
1986	Shelley	정보에 대한 정보	데이터 기술사항뿐만 아니라 재가공되고 재처리된 데이터 및 통합된 데이터 세트(data set)
1987	Krockel & Westbrook	데이터베이스에 수록된 데이터가 지니는 기본적인 정보 단위	데이터를 기계가독형태로 변환하는 과정
1988	NASA	일련의 데이터에 대한 기술	데이터 세트(data set)를 기술하는 모든 정보 및 정보 사이의 관계를 수용하는 데이터

〈표 3-1〉에 나타난 바와 같이, 메타데이터는 '데이터에 대한 데이터' 혹은 '정보에 대한 정보'라는 포괄적인 정의로부터 시작하여 데이터베이스에 수록된 각각의 데이터에 대한 기술사항으로 그 의미가 구체화되었으며, 그 이후로는 메타데이터라는 용어가 적용되는 상황에 따라 구조화된 데이터, 데이터 변환의 과정 등으로 그 의미가 다르게 사용되어 왔다. 하지만 이러한 정의들은 공통적으로 메타데이터를 특정 정보 혹은 정보 단위에 대한 기술사항으로서의 기능을 수행하는 것으로 설명하고 있으며, 이전의 정의에 데이터 사이의 관계를 기술하는 기능이 추가됨으로써 그 의미가 확장되어 사용되고 있다.

[23] 남태우, 이승민. 2010. 메타데이터의 의미론적 확장에 관한 연구. 『한국문헌정보학회지』, 44(4), p.379.

3.3 메타데이터의 의미 변화 및 개념적 혼란

일반적으로 '데이터에 대한 데이터'로 정의되는 메타데이터는 데이터베이스 관련 분야에서 처음으로 등장하였으며, 초창기에는 특정 데이터에 대한 간단한 기술사항을 의미하는 것으로 사용되었다. 하지만 메타데이터의 개념이 통계학, 사회학 등 다양한 분야에 적용되면서 메타데이터의 본질적인 의미가 데이터베이스에 수록된 데이터나 데이터 세트(data set)를 기술하는 정보를 지칭하는 것으로 점차 변형되고 확장되었다.

특히 NASA에서 메타데이터에 대한 정의를 내린 이후, 메타데이터라는 용어는 여러 분야에서 광범위하게 사용되기 시작하였으며, 각 분야의 고유한 목적을 충족시키기 위해 메타데이터의 의미가 서로 다른 방식으로 재해석되었다. 또한, 메타데이터의 대상은 기술된 데이터나 정보, 변환된 데이터, 또는 정보단위 사이의 관계를 표현한 것과 같은 모든 유형의 정보를 포함하는 것으로 확대되었다.

도서관계에서도 메타데이터의 개념을 도입하여 다양한 형태의 정보자원, 특히 웹상의 디지털 정보자원을 기술하고 식별·검색·활용하는데 적용하기 시작하였다. 하지만, 메타데이터의 근본적인 개념은 도서관계에서 도서관 목록 등의 형태로 오래 전부터 존재해 왔던 것이며, 저자·표제·주제 등 정보자원이 지닌 세부적인 특성들을 일관성있는 방식으로 기술하기 위한 서지적 도구로 활용되고 있다.

이렇게 메타데이터라는 용어가 특정 분야의 목적에 맞게 변형되어 사용되면서, 메타데이터가 근본적으로 무엇을 의미하는지 그리고 어떤 기능을 수행하는지에 대한 혼란을 초래하게 되었다. 그 결과, 메타데이터는 간단하고 명확하게 설명할 수 없는 복합적인 개념이 되었으며, 메타데이터라는 용어를 둘러싼 모호함이 가중되게 되었다. 이러한 메타데이터의 개념적인 모호함은 메타데이터의 실제적인 구현인 메타데이터 스키마, 메타데이터 표준의 의미적인 혼란으로 이어지고 있다.

메타데이터는 다양한 정보자원이 지닌 여러 가지 특성들을 표현해 주는 일련의 요소들로 이루어진 메타데이터 스키마(metadata schema) 형식으로 구축된다. 메타데이터 스키마가 특정 커뮤니티에서 광범위하게 사용되면 이는 메타데이터 표준

(metadata standard)으로 정립되어 해당 분야에서 하나의 표준적인 메타데이터 스키마로 사용된다. 하지만 정보자원의 유형이 다양해지면서, 하나의 메타데이터 표준으로 모든 유형의 정보자원을 충분하게 기술하고 관리하는 것은 거의 불가능하게 되었다.

하나의 메타데이터 표준은 특정 유형의 정보자원을 기술하는데 적합한 항목들을 제공해 줄 수는 있다. 하지만 모든 유형의 정보자원을 기술하기 위해서는 메타데이터 표준이 많은 수의 요소들을 수록해야 하며, 이들 요소들을 체계적으로 조직하기 위한 복잡한 구조가 필요하게 된다. 이러한 복잡성을 피하고 특정 분야에서 사용하는 정보자원을 충분하게 기술할 수 있는 환경을 구축하기 위해, 여러 커뮤니티에서는 자신들만의 고유한 메타데이터 표준을 개발하여 사용하게 되었다.

특정 분야에 특화된 메타데이터 표준을 이용하는 것은 고유한 특성을 지닌 정보자원을 보다 상세하고 정확하게 기술할 수 있도록 해주며, 해당 분야의 특정한 목적을 충족시키는데 효과적일 수 있다. 하지만 이러한 장점에도 불구하고, 메타데이터 표준의 다양화는 고유한 특성을 지닌 이질적인 메타데이터 표준의 급증이라는 문제를 일으키고 있다. 이러한 메타데이터의 문제는 다양한 유형의 정보자원을 기술하고 이의 조직·관리·운용 등을 지원하는 문헌정보학 분야에서는 더욱 더 큰 어려움을 초래하고 있다.

문헌정보학 분야에서 사용된 최초의 메타데이터 표준은 1995년에 개발된 Dublin Core이다. 메타데이터의 개념은 도서관 목록이 생성된 이후로 도서관계에서도 지속적으로 사용되어 왔지만, 이는 주로 인쇄형태의 자료를 대상으로 한 것이며, 웹 상의 디지털 정보자원을 대상으로 하는 본격적인 메타데이터는 Dublin Core로부터 시작되었다고 볼 수 있다.

Dublin Core 이전에도 Text Encoding Initiative(TEI) Header 등과 같은 메타데이터가 개발되기도 하였으나, 이는 특정 분야에서만 사용된 메타데이터였기 때문에 범용적인 메타데이터 표준은 Dublin Core로부터 시작된 것으로 인식되고 있다. Dublin Core 이전인 1994년에 Categories for the Description of Works of Art(CDWA)라는 메타데이터 표준의 초판이 발표되기도 했지만, 2000년에 CDWA 2.0 버전이 발표될 때까지는 CDWA는 널리 사용되는 표준이 아니었다(〈표 3-2〉 참조).

〈표 3-2〉 메타데이터 표준의 생성[24]

메타데이터 표준	구축 연도	발표 연도	대상 정보자원
TEI Header	1987	1994	전자정보
Dublin Core	1995	1995	네트워크 상의 정보
EAD	1995	1996	고문서
CDWA	1994	1994(2000)	예술작품
VRA Core	1995	1996	시각정보
GILS	1994	1997	정부간행물
CIMI	1995	1998	문화정보

Dublin Core 이전의 메타데이터 표준들은 네트워크 상의 디지털 정보자원만을 대상으로 구축되었지만, 현재는 디지털 형태의 정보자원뿐만 아니라 디지털 이외의 형식으로 된 정보자원까지도 기술하는 것으로 메타데이터의 적용 범위가 확장되어 왔다((그림 3-1) 참조).

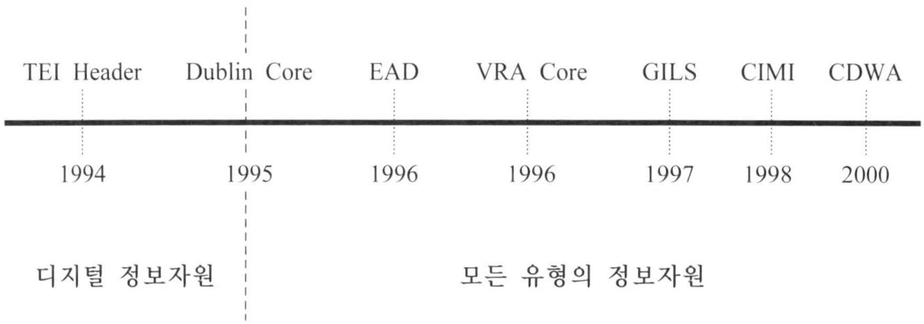

(그림 3-1) 메타데이터 표준의 대상 정보자원의 유형 변화[25]

[24] 남태우, 이승민. 2010. 메타데이터의 의미론적 확장에 관한 연구. 『한국문헌정보학회지』, 44(4), p.382.
[25] 남태우, 이승민. 2010. 메타데이터의 의미론적 확장에 관한 연구. 『한국문헌정보학회지』, 44(4), p.382.

(그림 3-1)에 나타난 바와 같이, 대상이 되는 정보자원의 유형이 확대됨과 동시에 메타데이터의 목적과 기능 또한 다양해지게 되었다. 이로 인해 디지털 형태의 정보자원을 기술하는 것 이외의 여러 가지 기능을 지닌 수많은 메타데이터 표준이 발표되었지만, 이는 결과적으로 메타데이터가 무엇인지에 대한 개념적인 혼란을 일으키게 되었다. 특히, 웹 상의 디지털 정보자원을 기술하기 위해 구축된 가장 보편적인 메타데이터 표준인 Dublin Core가 기술의 대상이 되는 정보자원을 모든 유형의 정보자원으로 확장한다고 발표하면서 이러한 개념적인 혼란은 더욱 가중되었다.

메타데이터에 대한 개념적인 혼란을 해결하지 않은 상태에서 여러 커뮤니티들은 상이한 메타데이터 표준들을 계속해서 구축해 왔다. 이들 메타데이터 표준의 대부분은 특정한 목적을 충족시키기 위해 구축된 것이며, 다른 메타데이터 표준들과 호환되지 않는 이질적인 특성들을 지니고 있었다. 이로 인해 특정 커뮤니티가 구축한 메타데이터 표준은 다른 커뮤니티에서는 사용되지 못하는 비효율성을 가져오게 되었다. 이러한 결과는 단순한 서지적 구조와 메타데이터 사이의 개념적인 구분 없이 정보자원을 기술하는 것이면 모두 다 메타데이터로 간주하는 상황을 초래함으로써 메타데이터의 의미와 기능을 왜곡시키고 있으며, 정보자원을 기술하고 관리하는데 있어서의 메타데이터의 적용에 어려움을 가져오고 있다.

3.4 메타데이터의 본질적 의미

1977년 Date의 정의 이후, 메타데이터는 '데이터에 대한 데이터'로 널리 알려지게 되었지만, 이 정의는 메타데이터가 지닌 복합적인 특성을 정확하게 설명하기에는 모호한 점이 많은 것이 사실이다. 이에 여러 커뮤니티에서는 메타데이터가 무엇인지를 명확하게 이해하고 메타데이터가 지닌 개념적인 모호성을 제거하기 위해서 메타데이터의 개념을 구체화하고 세분하여 설명하고 있다. 이렇게 정의된 개념들은 크게 메타데이터의 일반적인 측면과 문헌정보학적인 측면의 두 가지 범주로 나누어서 생각해 볼 수 있다.

3.4.1 일반적인 측면에서의 메타데이터

여러 커뮤니티에서는 해당 커뮤니티의 상황에 적합하도록 그리고 자신들의 고유한 목적을 충족시킬 수 있도록 메타데이터에 대한 특화된 정의를 내리고 있다. 이러한 정의들은 '데이터에 대한 데이터'라는 메타데이터의 근본적인 개념으로부터 영향을 받고 있기는 하지만, 메타데이터가 지닌 각기 다른 측면에 초점을 맞추고 있다.

1) 웹 정보자원의 기술로서의 메타데이터

정보자원의 수가 급격하게 증가하고 그 유형이 웹 상의 디지털 형태로 진화하면서, 메타데이터는 데이터베이스에 수록된 데이터를 기술해 주는 정보로서, 그리고 이들 데이터를 관리하기 위한 도구로서 사용되기 시작했다.[26] 하지만 Berners-Lee나 Qin과 같은 일부 연구자들은 메타데이터로 기술하는 데이터의 범위를 웹 상의 디지털 정보자원으로 한정하여 사용할 것을 주장하였다.

Berners-Lee는 메타데이터를 정의하면서 웹 정보자원에 대한 정보 혹은 일반적으로 컴퓨터가 처리할 수 있는 유형의 정보로 그 범위를 한정하였다.[27] 그는 메타데이터 정의의 핵심으로 '기계가독형'이라는 개념을 언급하였으며, 이에 기반해서 보면 메타데이터는 컴퓨터로 인식하여 처리할 수 있는 웹 정보자원에 대한 기술사항으로 설명할 수 있다.

또한 Qin은 메타데이터를 "네트워크 상의 정보자원을 보다 쉽게 검색할 수 있도록 해주는 것"이라고 정의하면서, 하이퍼텍스트 문서에 포함된 기계가독형의 기록이나 개체에 대한 기록화라고 설명하고 있다.[28] 이러한 관점에서 보면, 메타데이터는 네트워크 상에 존재하는 정보자원을 효과적으로 검색할 수 있도록 웹 상의 기계가독형 정보를 기술하는데 사용되는 것이라고 볼 수 있다.

---

[26] Priscilla Caplan. 2003. *Metadata Fundamentals for All Librarians*. Chicago, IL: American Library Association, p.3.

[27] Tim Berners-Lee. 1997. *Metadata Architecture*. Retrieved August 5, 2014 from http://www.w3.org/DesignIssues/Metadata.html

[28] Jian Qin. 2000. Representation and Organization of Information in the Web Space: From MARC to XML. *Informing Science*, 3, p.84.

이들 정의에서는 메타데이터를 기계가독형 자원, 디지털 자원, 네트워크 자원, 그리고 하이퍼텍스트 문서에 포함된 정보 등과 같은 웹 상의 정보자원을 기술하는데 사용되는 것으로 한정하고 있다. 이 정의들은 컴퓨터공학 관점에서 바라본 제한적인 정의이기는 하지만, 메타데이터라는 개념의 본질에 기반하여 메타데이터의 의미와 기능을 구체적으로 설명해 주고 있다.

2) 구조화된 데이터로서의 메타데이터

이전의 정의들에 따르면, 메타데이터는 웹 상의 디지털 정보자원에 대한 데이터로 그 의미가 한정되고 있다. 이러한 제한된 관점에 기반해서, Zeng & Qin은 메타데이터를 컴퓨터가 처리할 수 있는 특정 구조를 지닌 데이터라고 설명하고 있다.[29] 이 정의에 따르면, 메타데이터는 구조화된 형식으로 구성된 데이터에 대한 데이터 혹은 정보를 의미한다.

이와 유사한 관점에서 Day는 구조화된 메타데이터는 기계가독형이 될 수 있으며 여러 가지 다양한 프로세스를 지원할 수 있다고 주장하였고,[30] Borbinha는 메타데이터를 다양한 정보자원에 대한 구조화된 정보라고 정의하였다.[31] 이를 종합해 보면 메타데이터는 구조화되어야 하며, 구조화되지 않은 메타데이터는 컴퓨터를 이용해서 처리할 수 없기 때문에 아무런 의미를 지니지 않게 되는 것이다.

이와는 달리 기능적인 관점에서의 정의들도 제안되었는데, 메타데이터는 특정 정보자원과 관련된 기능을 지원해 주는 구조화된 데이터라는 것이다.[32] 이 정의에 따르면, 메타데이터는 정보자원에 대한 구조화된 표현을 통해서 해당 정보자원을 조직하고 관리, 검색하기 위한 도구로서의 기능을 하게 된다.

---

[29] Marcia Lei Zeng & Jian Qin. 2008. *Metadata*. New York, NY: Neal-Schuman Publishers, Inc., pp.8-9.

[30] Michael W. Day. 1999. Image Retrieval: Combining Content-Based and Metadata-Based Approaches. *Ariadne*, 19. Retrieved August 1, 2014 from http://www.ariadne.ac.uk/issue38/guy/

[31] Jose Borbinha. 2004. Authority Control in the World of Metadata. *Cataloging & Classification Quarterly*, 38(3/4), p.108.

[32] Jane Greenberg. 2003. Metadata and the World Wide Web. In *Encyclopedia of Library and Information Science*. New York: Marcel Dekker, Inc. (Volume 72 Supplement 35, 1876-1888), p.245.

이러한 정의들은 메타데이터의 역할과 기능을 구체화하고 있다는 점에서 이전의 정의들에 비해 보다 명확하게 메타데이터의 의미를 설명하고 있다. 또한 이 정의들은 구조화되어 있지 않거나 기계가독형 데이터가 아닌 것들을 메타데이터의 범주에 포함시키지 않음으로써 메타데이터 자체의 범위를 보다 명확하게 설정해 주고 있다.

3) 데이터 기술로서의 메타데이터

초창기의 메타데이터는 디지털 형태의 웹 정보자원을 기술하기 위해서 고안되었다. 이러한 개념은 웹 환경에서 정보를 효율적으로 검색하는데 있어 필수적인 것으로 인식되고 있으며, 그렇기 때문에 메타데이터는 정보검색 과정의 하나의 기반으로 인정받고 있다.[33] 데이터의 기술은 오랜 기간 동안 지속된 메타데이터의 기본적인 기능이며, 데이터 기술사항으로서의 메타데이터는 정보자원의 특성과 특징 등을 기술함으로써 원 데이터(raw data)의 의미를 (사람과 컴퓨터 모두를 포함한) 이용자에게 이해시키는데 중점을 두고 있다.

이러한 측면에서, 메타데이터는 웹 상의 정보를 구성하는 항목들을 표현하기 위한 구조화된 기술사항으로 설명할 수 있다. 또한 데이터 기술사항은 원 데이터가 지닌 세부적인 사항들을 설명해 주는 또 다른 유형의 데이터이며, 해당 데이터에 대한 구체적인 표현으로서의 기능을 하게 된다.

이와는 조금 다른 측면에서 메타데이터는 데이터의 추출을 의미하기도 하며, 원 데이터가 지니고 있는 내용을 보다 세부적으로 기술해 주는 한 단계 높은 차원의 데이터 추출이라고 정의되기도 한다.[34] 이와 관련해서, El-Sherbini & Klim은 메타데이터를 데이터 저장소, 데이터 어플리케이션, 시스템 등에 존재하는 보다 높은 수준에서의 데이터를 추출한 결과로 설명하고 있다.[35]

[33] Magda El-Sherbini. 2001. Metadata and the Future of Cataloging. *Library Review*, 50(1), p.20.
[34] Arun Sen & Varghese S. Jacob. 1998. Industrial-Strength Data Warehousing. *Communications of the ACM*, 41(9), p.29.
[35] Magda El-Sherbini & George Klim. 2004. Metadata and Cataloging Practices. *The Electronic Library*, 22(3), p.240.

이들 정의들은 원 데이터의 내부에 존재하는 세부사항에 대한 데이터 추출로 메타데이터의 기능을 설명하고 있다. 이러한 측면에서 보면 메타데이터는 실질적인 데이터는 아니지만, 실제 데이터와 직접적 혹은 간접적으로 관련된 정보를 제공해 주게 된다.

4) 메커니즘으로서의 메타데이터

컴퓨터공학 또는 공학분야에서의 메타데이터의 정의는 일반적인 정의에 비해 보다 구체적인 측면을 다루고 있다. 이들 분야는 컴퓨터가 데이터를 처리할 수 있도록 하기 위한 메커니즘으로서의 기능에 중점을 두고 있으며, 가공되지 않은 원 데이터를 컴퓨터가 처리할 수 있는 데이터로 변환하는 과정으로 메타데이터를 설명하고 있다. 이러한 측면에서 보면 메타데이터는 컴퓨터가 인식할 수 있도록 웹 정보자원을 기술해 놓은 정보 혹은 하이퍼텍스트(hypertext) 안에 수록된 다른 사항들에 대한 정보를 의미한다.[36]

이러한 정의는 웹 정보자원에 대한 기술사항이 컴퓨터가 처리할 수 있는 형태로 변환되어야 한다는 의미를 함축하고 있다. 이에 따르면, 메타데이터는 디지털 형태의 문서나 데이터를 기술하는데 사용되는 방법으로 정의할 수 있는데, 여기에서 의미하는 방법은 정보가 지닌 의미를 표현하기 위한 메커니즘을 지칭하는 것이며, 이는 정보의 검색·관리·활용 등을 촉진하기 위한 기능을 수행하는 것이다.[37]

이러한 정의는 정보가 지닌 의미를 기술하기 위한 과정으로서의 메타데이터에 중점을 둔 것이다. 이는 데이터나 정보 그 자체를 반영하는 것은 아니며, 오히려 데이터의 구조 혹은 메타데이터를 생성하는 과정과 관련된 것이다. 따라서 메커니즘으로서의 메타데이터는 데이터 기술사항이라는 기능을 뒷받침하는 데이터 변환 프로세스를 의미한다고 볼 수 있다.

---

[36] Jian Qin. 2000. Representation and Organization of Information in the Web Space: From MARC to XML. *Informing Science*, 3, p.84.

[37] Brasethvik Terje. 1998. A Semantic Modeling Approach to Metadata. *Internet Research: Electronic Networking Applications and Policy*, 8(5), p.379.

3.4.2 문헌정보학에서의 메타데이터

1995년에 Dublin Core가 발표된 이후, 메타데이터는 문헌정보학 분야에서 하나의 중요한 개념으로 자리 잡게 되었다. 하지만 메타데이터가 지닌 근본적인 의미인 '데이터에 대한 데이터'라는 개념은 도서관 장서를 기술하고 조직하는 도서관 목록 이후로 도서관계에서도 계속 존재해 왔던 개념이다.

목록과 메타데이터 사이의 이러한 개념적인 유사성으로 인해 도서관 목록은 일종의 메타데이터로 여겨지기도 했으며, 메타데이터와 목록은 개념적인 구분 없이 오랜 기간 동안 공존해 왔다. 하지만 현재 메타데이터의 개념은 점차 디지털화하는 도서관 환경에 맞도록 계속해서 수정되고 특화되고 있다.

1) 목록으로서의 메타데이터

문헌정보학 분야에서는 도서관 목록과 메타데이터가 지닌 개념적인 유사성 때문에 이 두 가지를 동일한 것으로 간주하기도 한다. Hodge에 따르면, 도서관 환경에서 목록과 메타데이터는 정보자원을 기술한다는 동일한 목적을 지닌 하나의 개념으로 인식되고 있다. 하지만 인터넷 환경의 발전과 함께 목록이라는 용어는 메타데이터라는 용어로 대체되어 왔으며, 이 새로운 환경에서 변화된 것은 단지 그 용어일 뿐 이 두 가지 개념은 동일한 것으로 여겨지고 있다.[38] Baker 또한 도서관 목록과 메타데이터를 동일한 것으로 여기고 있는데, 이 두 가지는 그 형식은 다르지만 모두 정보자원을 기술하는 기능을 하고 있으며 정보자원에 담겨진 세부적인 데이터를 제공해 주는 것이라고 주장하였다.[39] 이러한 관점에서 보면, 메타데이터는 전통적으로 사서들이 목록에 입력했던 정보에 대한 인터넷 시대의 용어일 뿐인 것이다.

---

[38] Gail Hodge. 2005. Metadata for Electronic Information Resources: From Variety to Interoperability. *Information Services & Use*, 25(1), p.39.

[39] Thomas Baker. 2003. *DCMI Usage Board Review of Application Profiles*. Retrieved March 9, 2014 from http://dublincore.org/usage/documents/profiles/index.shtml

메타데이터와 목록의 근본적 원리는 동일하기 때문에, 이들을 동일시하는 것은 어떤 측면에서는 논리상 적합할 수도 있다. 메타데이터와 목록은 정보자원을 효과적으로 검색할 수 있도록 해주며, 여러 가지 관련된 기능들을 수행할 수 있도록 구조화된 데이터를 제공한다는 동일한 목적을 지니고 있기 때문이다. 이러한 기능적인 유사성으로 인해서 메타데이터와 목록은 동일한 개념과 목적을 지닌 서지적 도구로 인식되고 있다.

이와는 달리, 메타데이터와 목록이라는 두 가지 개념은 명확히 구분되어야 한다는 주장 또한 제기되어 왔다. 이러한 주장 가운데 대표적인 것으로는 기술의 대상이 되는 정보자원의 유형에 따라 목록과 메타데이터를 구분해야 한다는 것이다. 즉, 목록은 주로 물리적인 개체를 기술하기 위한 것인 반면, 메타데이터는 디지털 형식의 웹 정보자원만을 대상으로 한다는 것이다.[40][41]

웹 정보자원이 급격하게 증가함에 따라, 도서관 장서에도 이러한 새로운 유형의 정보자원이 대규모로 포함되게 되었다. 하지만 전통적인 도서관 목록 방식은 디지털 형식의 정보자원을 상세하게 기술할 수 없었으며, 이로 인해 도서관계에서는 디지털 정보자원, 특히 웹 정보자원을 정확하게 기술하고 관리할 수 있는 도구로 메타데이터를 적용해 왔다.[42][43] 따라서 메타데이터와 목록은 각기 다른 형태의 정보자원을 기술하기 위한 도구이며 상이한 형식과 구조를 사용하기 때문에, 이 두 가지 개념은 명확히 구분되는 것이라고 볼 수 있다.

이러한 차이점에도 불구하고, 메타데이터는 전통적인 의미의 목록과 상반되는 개념은 아니라고 볼 수 있다. 기술의 대상이 되는 정보자원의 형식은 다르지만, 메타데이터나 목록이라는 접근방식은 모두 정보자원을 기술하는데 있어서 동일한 원리를 적용하는 것이다. 이에 도서관계에서는 도서관에 소장된 정보자원을 기술하는데

[40] Magda El-Sherbini & George Klim. 2004. Metadata and Cataloging Practices. *The Electronic Library*, 22(3), p.240.

[41] Rachel Heery. 1996. Review of Metadata Formats. *Program*, 30(4). Retrieved November 19, 2013 from http://www.ukoln.ac.uk/metadata/review.html

[42] Michael W. Day 2001. Metadata in a Nutshell. *Information Europe*, 6(2), p.11. Retrieved August 5, 2014 from http://www.ukoln.ac.uk/metadata/publications/nutshell/

[43] Guy Tozer. 1999. *Metadata Management for Information Control and Business Success*. Norwood, MA: Artech House, p.10.

사용될 경우 메타데이터를 목록의 변형된 형태로 간주하고 있다.

이와 반대로, 서지레코드 내의 특정 데이터 필드는 디지털 정보자원을 기술하기 위해 고안되었기 때문에, 목록을 메타데이터의 한 유형으로 볼 수도 있다. 이를 종합해 보면, 메타데이터와 목록은 도서관이 소장하고 있는 여러 가지 유형의 정보자원을 기술하는데 있어서 각각이 지닌 단점을 상호 보완하는 도구로 이해할 수 있다.

2) 정보자원의 대체물로서의 메타데이터

문헌정보학 분야에서 사용되는 메타데이터는 정보자원에 대한 기술사항을 제공함으로써 다양한 도서관 활동을 지원해 준다. 이용자들은 정보자원을 기술해 놓은 정보인 메타데이터를 이용해서 해당 정보자원을 보지 않고도 그 내용을 파악하거나 식별 · 활용할 수 있다. 이러한 측면에서 보면, 메타데이터는 정보자원의 내용이나 형식 등을 대신해 주는 대체물(surrogate)로서의 기능을 하는 것으로 이해할 수 있다.

정보자원의 대체물로서의 메타데이터는 정보자원 활용의 여러 가지 측면에서 적용되고 있다. 메타데이터는 정보자원이 지닌 각각의 측면들을 일관성 있게 표현해 줄 수 있는 데이터 요소들로 구성되어 있으며, 이들 요소를 이용해서 기술의 대상이 되는 정보자원을 표준화된 방식으로 상세하게 설명해 주고 있다.[44]

이를 통해, 사람들은 정보자원을 식별 · 검색할 수 있으며, 정보자원을 직접 보지 않고도 해당 정보자원이 자신들이 필요로 하는 것인지 여부를 판단할 수 있게 된다. 또한 메타데이터는 정보자원이 지니고 있는 내용이나 특성을 직접적으로 표현해 주기도 하지만, 정보자원의 이면에 존재하는 정보까지도 제공해 줄 수 있다.

메타데이터는 특정 정보자원과 관련된 다른 정보자원을 상호 연결시켜 주기도 하고, 해당 정보자원에 수록된 내용의 의미와 가치를 재생산하여 기술해 주기도 한다. 따라서 정보자원에 대한 대체물로서의 메타데이터는 정보자원이 직접 제공해 주지 못하는 정보까지도 제공해 줌으로써 해당 정보자원에 대한 다양한 정보를 얻을 수 있는 대체물 또는 그 이상의 기능을 수행할 수 있는 것이다.

[44] Kathleen Burnett, Kwong Bor Ng & Soyeon Park. 1999. A Comparison of the Two Traditions of Metadata Development. *Journal of the American Society for Information Science*, 50(13), p.1210.

이를 종합해 보면, 정보자원의 대체물로서의 메타데이터는 '데이터에 대한 데이터'로서의 단순한 데이터 기술뿐만 아니라 정보자원을 대신할 수 있는 개체로서의 기능까지도 수행하는 것으로 생각해 볼 수 있다. 이러한 측면에서, 메타데이터는 정보자원에 대한 구체화된 표현 혹은 정보자원의 대체물을 생성해 주는 정보로 정의할 수 있다.[45]

메타데이터와 유사하게, 도서관 목록의 서지레코드 또한 정보자원의 대체물을 생산하는 것으로 생각할 수 있다. 서지레코드는 정보자원에 수록된 데이터와 정보를 표준화된 방식으로 제공해 주는 것이며, 따라서 메타데이터와 마찬가지로 해당 정보자원의 대체물로서의 기능을 할 수 있다.

이와 같이 메타데이터와 목록은 모두 정보자원의 대체물을 생산해 내기는 하지만, 메타데이터에 의해 생성된 대체물은 디지털 형태의 정보자원을 대상으로 하는 반면 목록에 의해 생성된 대체물은 인쇄형태의 물리적 정보자원을 주된 대상으로 한다는 점에서 이들 사이의 차이를 확인할 수 있다. 하지만 현재의 정보환경에서는 원 정보자원이 인쇄형태를 지니고 있다 하더라도 대부분의 대체물들은 디지털 형태로 생성되고 있다. 따라서 일부 연구자들은 기술의 대상이 되는 정보자원의 유형과는 상관없이 디지털 형태로 생성되는 대체물로서의 기술사항을 모두 메타데이터의 범주에 포함시킴으로써 메타데이터의 의미를 확장하고 있다.[46]

3.5 메타데이터의 새로운 함의

메타데이터는 적용되는 상황에 따라 다양한 의미를 포괄하게 되는 복합적인 개념이다. 또한 메타데이터의 어떤 측면이 고려되는지, 어떤 목적을 충족시키기 위해 사용되는지에 따라 그 의미와 기능이 다르게 적용되기도 한다. 문헌정보학 분야에서

[45] Jessica Milstead & Susan Feldman. 1999. Metadata: Cataloging by Any Other Name. *Online*, January, p.26.

[46] Karen Coyle. 2005. Understanding Metadata and Its Purpose. *The Journal of Academic Librarianship*, 31(2), p.160.

도 도서관계의 고유한 목적을 충족시키기 위해 메타데이터의 개념을 특화시켜 사용해 왔다.

하지만 메타데이터가 지닌 다양한 측면으로 인해 문헌정보학 분야 내에서도 메타데이터가 무엇인지에 대한 명확하면서도 널리 인정받을 수 있는 정의를 제시하지 못하고 있다. 이에 메타데이터에 대한 다양한 정의에 기반해서 각 정의에 공통적으로 사용된 의미를 확인하고, 이를 문헌정보학 분야에 적합한 개념으로 확장함으로써 문헌정보학 분야에 적용할 수 있는 메타데이터의 의미를 보다 명확하게 설명할 수 있을 것이다. 이러한 관점에서 메타데이터의 확장된 의미를 살펴보면 다음과 같다.

첫째, 메타데이터는 정보자원에 대한 데이터를 기술하고 표현해 주어야 한다. 메타데이터는 일반적으로 정보자원이 지닌 내용이나 특성 등을 기술해 주는 데이터를 의미한다. 정보자원을 기술하거나 표현해 주지 않는다면 메타데이터는 아무런 의미를 갖지 못하게 된다. 따라서 메타데이터는 실질적인 데이터는 아니지만 원 데이터와 직접적 혹은 간접적으로 관련된 정보를 제공해 주는 일종의 데이터이다. 이러한 정보를 제공해 주기 위해서 메타데이터는 특정 정보자원에 대한 표현이나 대체물을 생성해야 한다.

둘째, 문헌정보학 분야에서 사용되는 메타데이터는 모든 유형의 정보자원을 기술할 수 있어야 한다. 메타데이터는 디지털 형태의 웹 정보자원을 기술하기 위해 고안되기는 했지만, 현재는 디지털 정보자원을 포함한 모든 유형의 정보자원을 기술할 수 있는 것으로 그 의미가 확장되어 사용되고 있다. 현재까지도 메타데이터는 웹 상의 디지털 정보자원을 기술하는데 보다 적합한 도구로 인식되고 있기는 하지만, 메타데이터가 웹 정보자원에만 국한되어 사용된다면 이는 도서관의 여러 가지 활동을 충분히 지원할 수 없게 된다. 따라서 문헌정보학 분야에서 사용되는 메타데이터는 그 유형에 상관없이 모든 정보자원을 기술할 수 있어야 한다.

셋째, 메타데이터는 컴퓨터가 처리할 수 있도록 구조화되어야 한다. 이는 메타데이터가 임의적으로 표현된 데이터의 집합이 되어서는 안된다는 것을 의미한다. 메타데이터는 정보자원에 대한 기술사항이 체계적으로 저장될 수 있도록 명확한 구조를 갖추어야 하며, 디지털화된 도서관 활동을 효과적으로 지원할 수 있도록 컴퓨터를 통해 처리될 수 있어야 한다.

이상과 같이 확장된 의미의 메타데이터는 기술의 대상이 되는 정보자원이 무엇인지, 그리고 해당 정보자원이 어떤 내용을 담고 있는지를 명확하게 설명할 수 있을 때만이 메타데이터로서의 의미를 지니게 된다. 특히, 문헌정보학 분야에서 적용되는 메타데이터는 정보자원이 지닌 다양한 측면을 명확하고 풍부하게 기술할 수 있어야 하며, 이를 통해 기술의 대상이 되는 정보자원에 보다 많은 의미를 부여할 수 있어야 한다.

하지만 이러한 메타데이터의 의미와 기능이 고정된 것은 아니다. 새로운 유형의 정보자원이 계속해서 등장하는 현재의 정보환경에서 메타데이터 역시 새로운 변화에 대처할 수 있는 방향으로 지속적으로 발전이 이루어져야 한다. 또한 기술항목으로 사용되는 데이터 요소의 기술방법, 메타데이터 어플리케이션의 개발, 메타데이터 상호운용성 등 현재의 메타데이터가 직면한 여러 가지 문제들을 해결하기 위해서는 메타데이터의 본질적인 의미와 기능에 대한 지속적인 재고가 필요하다.

제4장 메타데이터 스키마

4.1 메타데이터의 구현

4.2 메타데이터 스킴과 메타데이터 스키마

4.3 메타데이터 표준

4.4 메타데이터 구축 프로세스

제 4 장 메타데이터 스키마

4.1 메타데이터의 구현

메타데이터는 특정 정보자원이 지니고 있는 내용과 특징 등을 기술하여 정보자원의 조직·관리·검색 등을 지원하는 '데이터에 대한 구조화된 데이터'로서의 기능을 수행하고 있다. 일반적으로 메타데이터는 정보자원이 수록하고 있는 내용, 정보자원의 물리적 형식, 다른 정보자원과의 관계 등 정보자원을 식별할 수 있는 항목들을 표준화된 방식으로 표현해 주는 데이터 요소들로 구성된다. 따라서, 메타데이터는 기술의 대상이 되는 정보자원과는 독립적으로 존재할 수 있으며, 해당 정보자원에 대한 다양한 접근점을 제공해 주는 구조화된 정보로서의 기능을 한다.

하지만 이러한 설명만으로는 메타데이터가 지닌 의미와 기능을 명확하게 제시해 주지 못하고 있다. 이러한 의미적 모호함을 해소하기 위해, Coyle은 메타데이터를 기능적인 측면에서 보다 구체적으로 설명하고 있다. 이 기능적인 정의는 메타데이터를 크게 구축(constructed), 형성(constructive), 활용(actionable)의 3가지 측면으로 구분하고 있다(〈표 4-1〉 참조).

〈표 4-1〉에서 언급한 기능들을 효율적으로 수행할 수 있는 메타데이터를 구축하기 위해서는 이용자의 정보요구에 대한 분석이 선행되어야 하며, 구축된 메타데이터가 어디에서 어떤 방식으로 활용될 것인지에 대한 이해가 필요하다.

〈표 4-1〉 메타데이터의 기능적 측면[1]

기 능	설 명
구축 (constructed)	메타데이터는 정보자원 자체에서는 나타나지 않는다. 메타데이터는 정보자원을 기술하기 위해 인위적으로 구축되는 것이다.
형성 (constructive)	메타데이터가 급속하게 증가하는 이유는 메타데이터를 이용하고자 하는 목적이 다양하기 때문이며, 메타데이터를 활용하려는 상황 자체가 극명하게 다르기 때문이다. 메타데이터는 특정 문제를 해결하기 위해서 혹은 특정 업무를 수행하기 위해 특정한 상황에 적합한 방향으로 형성된다.
활용 (actionable)	메타데이터의 핵심은 정보자원을 효과적으로 활용하기 위한 것이다. 메타데이터는 이용자의 요구를 충족시켜 줄 수 있는 방식으로 활용되어야 한다.

메타데이터는 정보자원으로 대표되는 특정 개체를 상세하게 기술함으로써 해당 개체를 보다 효과적으로 활용할 수 있도록 지원한다는 근본적인 목적을 지니고 있다. 그렇다면 메타데이터는 정보자원을 어떻게 기술해 주는 것인가? 정보자원이 수록하고 있는 내용을 나열하면 되는 것인가? 정보자원이 수록하고 있는 내용 중 어떤 것을 기술하고 어떤 것은 기술하지 않을 것인가? 기존의 카드목록이나 MARC 등과 같은 도서관 목록 시스템과 메타데이터의 차이는 무엇인가? 메타데이터 스키마(metadata schema)는 이러한 수많은 질문에 대한 공통된 답이 될 수 있을 것이다.

앞서 설명한 바와 같이, 메타데이터는 새롭게 생겨난 개념이 아니다. 이는 도서관이 존재하면서부터 함께 사용해 온 개념이며, 다양한 유형의 정보를 조직하고 식별하고 검색하는데 있어서 필수적인 도구로 사용되어 왔다. 메타데이터의 개념은 기원전부터 현재에 이르기까지 수천 년에 걸쳐 지속되어 왔지만, 그 형태는 정보환경이 변화함에 따라 함께 진화해 왔다. 알렉산드리아 도서관 시대의 피나크스(Pinakes) 목록에서부터 MARC 레코드 그리고 OPAC에 이르기까지 정보자원의 유형 변화와 그 맥을 같이 해왔으며, 현재와 같은 디지털 환경에서는 메타데이터로 구현되는 등 그 형태에 있어서 진화를 거듭해 왔다.

[1] Karen Coyle. 2010. *Understanding the Semantic Web: Bibliographic Data and Metadata*. Chicago: American Library Associations, pp.5-6.

현재 메타데이터는 다양한 상황에서 적용되고 있으며 여러 가지 목적을 충족시키기 위해 사용되기 때문에, 하나의 고정된 개념으로 메타데이터를 인식하기에는 무리가 있다.[2] 또한 정보자원에 대한 데이터로서의 메타데이터는 정보자원의 이면에 존재하며 사람들의 눈에 보이지 않기 때문에, 메타데이터를 실제로 활용하기 위해서는 정보자원에 대한 기술사항이 구조화된 방식으로 구현되어야 한다.

하지만 기술의 대상이 되는 정보자원의 형태가 복잡해지고 다양화하면서, 메타데이터를 구현하는 방식은 하나의 정해진 방식이 아닌 여러 가지 상황에 적합화된 모습으로 진화해 왔다. 이로 인해 메타데이터를 구현하여 활용하는데 있어서도 여러 가지 방식이 발생하게 되었는데, 메타데이터 환경에서는 메타데이터 스킴(metadata scheme), 메타데이터 스키마(metadata schema), 메타데이터 표준(metadata standard) 등의 개념이 메타데이터의 구현에 적용되고 있다.

4.2 메타데이터 스킴과 메타데이터 스키마

메타데이터에 대해서는 여러 가지 측면에서 수많은 연구가 수행되어 왔지만, 메타데이터가 실제로 구현되어 사용되는 메타데이터 스킴, 메타데이터 스키마에 대해서는 제대로 된 논의가 이루어지지 않고 있다. 이에 메타데이터 스키마가 무엇인지, 메타데이터의 실제적인 구현이라고 할 수 있는 메타데이터 표준이 무엇인지, 또한 이들 사이의 차이가 무엇이고 어떻게 사용되는지 등에 대해 살펴보고자 한다.

4.2.1 메타데이터 스킴

일반적으로 스킴(scheme)은 구조화된 프레임워크(structured framework) 혹은 계획, 설계 등을 의미한다. 스킴이라는 단어의 기원은 Kant의 1785년 논문인 〈순수이성비판(Critique of Pure Reason)〉에서 처음 사용되었는데, 이 논문에서 Kant는 스킴을 '경

[2] Jia Liu. 2007. *Metadata and Its Applications in the Digital Library: Approaches and Practices*. Westport, CT: Libraries Unlimited, pp.6-7.

험에 기반한 시스템이며, 경험적인 데이터를 모아놓은 시스템'으로 정의하고 있다. 메타데이터 스킴(metadata scheme)은 이러한 스킴의 정의가 메타데이터의 상황에 적용된 것으로 볼 수 있다.

메타데이터 스킴을 개발하기 위해서는 마크업 언어(markup language), 시소러스(thesaurus), 지식 표현(knowledge representation), 데이터 프로세싱(data processing) 등과 같은 분야의 주제전문가, 기술전문가들이 참여해야 한다. 메타데이터의 구조를 개발하는 사람들은 각각의 분야에서 얻은 경험을 종합하여 구조화된 스킴을 만들게 된다. 이와 같이, Kant의 모델에서 언급한 스킴의 경험적인 측면들은 메타데이터의 구조 및 이를 구성하는 다양한 요소들을 구현하는데에도 적용되고 있다.[3]

메타데이터 스킴은 정보자원을 기술하는데 필요한 항목이나 기술요소가 체계적으로 조합된 구조 혹은 특정 목적을 위해서 정의된 일련의 메타데이터 요소 및 기술규칙 등으로 설명할 수 있다. 하지만 메타데이터 스킴에 대해서는 '데이터에 대한 데이터'와 같이 일반적으로 받아들여질 수 있는 정의를 내리기가 어려운 것이 사실이다. 따라서 메타데이터 스킴의 의미를 보다 명확하게 이해하기 위해서는 메타데이터 스킴이 지닌 일반적인 특징을 살펴보는 과정이 선행되어야 한다.

(1) 정보자원을 활용하는데 필요한 특정 기능을 지원하기 위해 체계적으로 모아놓은 메타데이터 요소의 집합
(2) 정보자원으로부터 추출한 데이터가 값으로 부여될 수 있도록 구조화된 메타데이터 요소의 집합
(3) 기술지침서(specification)의 형태로 구체화된 속성을 지닌 데이터 요소의 집합

메타데이터 스킴이 지닌 일반적인 특징에서 공통적인 부분은 '데이터 요소의 집합'이라는 것이다. 정보자원의 기술항목으로 사용되는 데이터 요소, 즉 메타데이터 요소의 집합이 특정 규칙에 따라 체계적으로 조직되면 이것이 메타데이터 스킴으로서의 기능을 수행하게 된다.

[3] Richard Smiraglia. 2005. *Metadata: A Cataloger's Primer*. Binghamton, NY: Haworth Information Press, pp.22-24.

여기에서 특정 규칙에 해당하는 부분이 기술지침서(specification)이다. 기술지침서는 그 의미가 상당히 다양하고 적용되는 범위도 구체적인 것에서부터 포괄적인 의미에 이르기까지 광범위하지만, 기술지침서의 공통적이면서도 주된 기능으로는 정보자원의 기술에 사용되는 데이터 요소들의 의미를 정의해 주는 것을 들 수 있다. 이러한 측면에서, 메타데이터에서의 기술지침서가 수행하는 기능을 다음과 같이 구분해 볼 수 있다.[4]

(1) 정보자원의 기술에 사용되는 메타데이터 요소 사이의 관계를 정의
(2) 메타데이터 스킴에서 사용되는 메타데이터 요소의 값을 정보자원으로부터 식별 및 추출
(3) 메타데이터의 구조를 위한 프레임워크 제공
(4) 메타데이터 요소의 적용 방식에 대한 기본적인 사항들을 규정
(5) 한정어(qualifiers)를 통해서 메타데이터 요소의 의미를 재정의

문헌정보학 분야에서 스킴이라는 개념은 전통적으로 도서분류표나 Library of Congress Subject Headings(LCSH) 등과 같은 용어 시스템(terminology system)에 주로 적용되어 왔다. 하지만 기술규칙으로서의 기술지침서가 적용되기 시작하면서, 메타데이터 스킴은 정보자원을 기술할 때 필요한 기술항목의 의미를 수록하는 구조 혹은 서지데이터의 구조를 지칭하는 것으로 특화되어 사용되기 시작하였다. 이는 특정 분야에서 사용되는 기술항목들을 단순히 나열하는 것에서 벗어나 보다 높은 수준에서의 구조화된 프레임워크를 의미하며, 데이터 요소의 값을 수록할 수 있는 프레임워크로서의 기능까지도 포괄하는 의미적 범위를 지닌다.

4.2.2 메타데이터 스키마

메타데이터 스킴의 의미를 정리하면 '정보자원의 기술에 사용할 수 있도록 마련된 메타데이터 요소의 집합' 혹은 '정보자원을 기술하는데 필요한 메타데이터 요소

[4] Richard Smiraglia. 2005. *Metadata: A Cataloger's Primer*. Binghamton, NY: Haworth Information Press, pp.24-25.

및 특정 목적을 위해 정의된 규칙의 집합'으로 설명할 수 있다. 이 정의에 따르면, 메타데이터 스킴을 이용해 정보자원에 대한 기술사항을 생성하기 위해서는 정보자원을 기술할 수 있는 메타데이터 요소 및 '정의된 규칙의 집합'이 필요하다.

하지만 메타데이터 스킴을 이용해 실제적으로 정보자원을 기술하기 위해서는 메타데이터 요소를 위치시키고 정의된 규칙에 따라 이들 요소를 표현할 수 있는 구조가 마련되어야 한다. 메타데이터 스킴에 이러한 구조가 부여되면 이는 메타데이터 스키마(metadata schema)로서의 기능을 하게 된다.

즉, 메타데이터 스키마는 정보자원을 기술하기 위해 마련된 일련의 기술규칙으로 이루어지며, 이 규칙은 메타데이터를 구현할 수 있는 구조를 정의해 준다. 이 구조에서는 정보자원이 지닌 여러 가지 속성 가운데 어떤 것이 기술항목으로 선택되어야 하는지, 그리고 이 속성들이 구조화된 형식으로 어떻게 구현되는지 등이 결정된다. 이를 통해, 정보자원을 기술하는데 필요하다고 판단되는 각각의 속성들은 메타데이터 요소로 지정되어 구체화된다.

이와 같이, 메타데이터 스키마는 정보자원의 기술에 사용되는 각각의 메타데이터 요소를 규정하고, 이 요소들의 집합인 요소 세트(element set)를 정해진 규칙에 따라 배열할 수 있는 구조이며,[5] 이를 통해 특정 분야에서 생성되는 지식의 구조를 확인할 수 있도록 고안된 정형화된 구조로서의 기능을 수행한다. 또한 메타데이터 요소 세트와 이를 적용하기 위한 구조는 일관된 방식으로 메타데이터 레코드를 생성할 수 있는 기반이 된다.

정보자원에 대한 기술사항을 제공해 준다는 메타데이터의 근본적인 목적에 기반해서 보면, 메타데이터 스키마는 메타데이터 요소의 집합을 통해 정보자원의 의미적·내용적·형식적 측면을 모두 기술해 줄 수 있는 완전한 구조를 의미한다. 이러한 이유로 메타데이터 스키마는 일반적으로 메타데이터 요소 세트와 동일한 것으로 인식되고 있다. 하지만 메타데이터의 구현이라는 측면에서 보면, 메타데이터 스키마는 메타데이터 요소 세트를 컴퓨터가 처리할 수 있는 방식으로 변환시켜 주는 환경을

---

[5] National Information Standards Organization(NISO). 2004. *Understanding Metadata*. Bethesda, MD: NISO Press. Retrieved July 9, 2014 from http://www.niso.org/standards/resources/UnderstandingMetadata.pdf

제공해 준다. 현재 대부분의 메타데이터 스키마는 HyperText Markup Language (HTML), eXtensible Markup Language(XML) 등과 같은 마크업 언어(markup language)를 이용해서 컴퓨터가 처리할 수 있는 방식으로 메타데이터 요소를 표현해 주고 있다.

하지만 메타데이터를 구축하는 커뮤니티의 목적에 따라서 요소 세트의 구성이나 적용방식은 극히 다르게 나타나기도 한다. 요소 세트에 포함되는 메타데이터 요소의 사용도 필수적인 요소와 선택적인 요소로 나누어지고, 메타데이터 요소의 표현에 있어서도 커뮤니티에 따라 다른 방식이 적용되기도 한다. 메타데이터 요소의 선정이나 적용방식에 있어서의 이러한 차이는 메타데이터 스키마를 구축하는 커뮤니티의 고유한 목적이나 상황에 기인하는 것이다. 이로 인해 하나의 메타데이터 스키마는 특정 커뮤니티에 특화되어 사용된다는 범위적 한계를 지니고 있다. 하지만 커뮤니티에 특화된 메타데이터 스키마는 해당 커뮤니티 내에서 사용되는 공통의 메타데이터 요소를 정의하고, 각 요소의 의미를 결정하며, 요소들 사이의 관계를 규정할 수 있는 환경을 제공해 준다는 장점을 지니고 있다.[6]

이를 종합해 보면, 메타데이터 스킴은 메타데이터 요소의 집합 및 메타데이터 요소를 운용하기 위한 규칙의 집합이며, 이러한 규칙과 요소를 이용해 정보자원을 기술할 수 있는 구조가 구축되면 이 구조 자체가 메타데이터 스키마라고 할 수 있다. 메타데이터 스키마는 정보자원을 기술하는데 필요한 요소들을 선정하고 이들 사이의 관계를 설정해 주는 메타데이터 스킴에 기반을 두고 있으며, 메타데이터 스킴에서 선정된 메타데이터 요소들을 체계화된 구조를 통해 컴퓨터가 처리할 수 있는 방식으로 변환시켜 준다. 즉, 메타데이터 스키마는 정보자원에 대한 데이터를 제공해 주는 메타데이터의 실제적인 구현이라고 볼 수 있다. 하지만 메타데이터를 설명하는데 있어서 메타데이터 스킴, 메타데이터 스키마, 메타데이터 요소 세트는 일반적으로 같은 의미를 지닌 것으로 혼용되고 있다.

[6] CLCTS/CCS/Committee on Cataloging: Description and Access(CC:DA). 2000. *Task Force on Metadata: Final Report*. Retrieved June 19, 2014 from http://www.libraries.psu.edu/tas/jca.ccda/tf-meta6.html

4.3 메타데이터 표준

표준(standard)이라는 용어는 여러 가지 상황에서 다양하게 적용되기 때문에, 그 의미를 일반화시키는 것은 어렵다. 특히, 메타데이터라는 상황에서의 표준은 메타데이터 스킴, 메타데이터 스키마, 메타데이터 요소 세트 등과 혼용되고 있기 때문에 그 의미가 더욱 더 모호해지고 있다.

일반적인 의미에서의 표준을 살펴보면, "사람들 사이에서 일반적으로 이용되고 지속적으로 적용되는 형식이나 프로세스이며, 측정 가능하고 문서화되어 있는 형태"로 정의할 수 있다.[7] 즉, 표준은 사람들 사이에서 보편적으로 사용되고 있어야 하며, 문서화 혹은 구체화된 형태를 지닌 형식이나 프로세스로 이해할 수 있다.

이 정의를 메타데이터에 적용해 보면, 특정 메타데이터 스키마가 여러 커뮤니티에 걸쳐서 보편적으로 사용될 경우, 이 스키마는 메타데이터 표준으로 인정받을 수 있다. 메타데이터 표준(metadata standard)은 정보자원에 수록된 내용과 속성 등을 표준화된 방식으로 기술할 수 있도록 해주는 하나의 일반화된 구조 또는 프레임워크이다.

이는 메타데이터 스키마에도 동일하게 적용되는 특성이며, 이로 인해서 메타데이터 스키마와 메타데이터 표준은 동일한 것으로 인식되기도 한다. 메타데이터 스키마와 메타데이터 표준은 유사한 특성을 지니고 있으며 수행하는 기능도 유사하게 나타나고 있지만, 이들 사이에는 그 실행과 어플리케이션 등에 있어서 몇 가지 다른 측면들이 존재한다.

일반적으로 메타데이터 표준은 여러 커뮤니티에 걸쳐서 공통적으로 사용될 수 있는 표준화된 메타데이터 스키마를 의미한다. 따라서 메타데이터 표준을 생성하기 위해서는 우선 메타데이터 스키마의 구축이 선행되어야 한다. 하지만 구축된 메타데이터 스키마가 모두 다 메타데이터 표준으로 사용되는 것은 아니다. 메타데이터 스키마가 메타데이터 표준으로 사용되기 위해서는 특정 커뮤니티의 범위를 벗어나 여러 가지 상황과 다양한 목적을 지닌 여러 커뮤니티에 걸쳐서 사용될 수 있어야 한다.

---

[7] JISC Digital Media. 2014. *Metadata Standards and Interoperability*. Retrieved August 5, 2014 from http://www.jiscdigitalmedia.ac.uk/guide/metadata-standards-and-interoperability/

구조적인 측면에서 보면, 문헌정보학 분야에서 일반적으로 사용되는 메타데이터 요소들은 표제, 저자, 주제, 발행일 등 정보자원을 기술하는데 있어서 전통적으로 사용되어 오던 속성들이다. 하지만 수록하고 있는 요소의 수는 메타데이터 스키마에 따라 각기 다르게 나타나고 있으며, 그 활용방식 또한 정보자원의 기술에 필수적인 요소인지 선택적으로 사용할 수 있는지, 반복해서 사용할 수 있는지 한 번만 사용해야 하는지, 인코딩 방식은 어떻게 해야 하는지, 어떤 통제어휘를 사용해야 하는지 등 상당히 다양하게 나타나고 있다.[8] 이러한 상황에서, 메타데이터 표준은 각각의 메타데이터 스키마에서 사용되는 일련의 메타데이터 요소 가운데 공통적으로 사용될 수 있는 요소, 각 요소의 의미, 요소들 사이의 관계 등을 일관성 있는 방식으로 표준화시켜 정의해 주는 기능을 한다.[9]

메타데이터 레코드의 생성이라는 측면에서는 메타데이터 스키마와 메타데이터 표준 모두 특정 정보자원에 대한 기술사항을 생성한다는 공통점을 지니고 있지만, 생성된 메타데이터 레코드의 활용에 있어서는 차이를 보이고 있다. 우선 메타데이터 표준은 여러 커뮤니티에 걸쳐서 널리 인정받는 구조와 표준화된 구문규칙을 적용하기 때문에, 메타데이터 표준을 이용해서 생성된 메타데이터 레코드는 모든 커뮤니티에서 일반적으로 받아들여질 수 있다.

반면 메타데이터 스키마는 특정 목적을 충족시키기 위해 고유한 구문규칙을 사용할 수 있으며, 여러 커뮤니티의 요구를 모두 다 충족시킬 필요는 없다. 즉, 메타데이터 스키마와 메타데이터 표준은 모두 구조화된 체계를 지니고 있지만, 메타데이터 표준의 체계와 규칙은 여러 커뮤니티에 걸쳐서 보편적으로 사용될 수 있는 반면, 메타데이터 스키마의 구조는 특정 커뮤니티의 고유한 목적을 충족시키기 위해 구축되는 것이며, 그렇기 때문에 여러 커뮤니티의 다양한 목적을 모두 고려하지는 않는다. 하지만 특정 메타데이터 스키마의 고유한 특성이나 구문규칙들이 여러 커뮤니티에 걸쳐서 적용된다면, 이 메타데이터 스키마는 메타데이터 표준으로 사용될

[8] Arlene G. Taylor. 1999. *The Organization of Information*. Englewood, CO: Libraries Unlimited, p.142.

[9] Jane Hunter. 2001. MetaNet: A Metadata Term Thesaurus to Enable Semantic Interoperability Between Metadata Domains. *Journal of Digital Information*, 1(8). Retrieved August 4, 2014 from https://journals.tdl.org/jodi/index.php/jodi/article/view/33/34

수 있다.

메타데이터 스키마와 메타데이터 표준 사이의 또 다른 차이점으로 메타데이터 표준은 여러 메타데이터 스키마가 지닌 다양한 특성들을 통합해 준다는 것을 들 수 있다. 메타데이터 표준은 여러 커뮤니티의 상이한 목적과 다양한 상황을 고려해야 하기 때문에, 여러 메타데이터 스키마가 지니고 있는 고유한 특성들을 통합하여 이를 메타데이터 구조 내에서 포괄적으로 제공해 준다. 따라서 메타데이터 스키마는 메타데이터 표준의 골격을 부분적으로 형성해 준다고 볼 수 있으며,[10] 정보자원 기술의 과정에서 메타데이터 표준의 기본 단위로서의 기능을 수행한다.[11]

이러한 차이점은 메타데이터를 실행하는 방식에 있어서의 차이를 가져오기도 하는데, 메타데이터 표준은 정보자원에 대한 기술사항들을 통합할 수 있도록 지원해 주는 반면, 메타데이터 스키마는 정보자원의 검색이나 식별, 이용 등에 중점을 두고 있다.[12] 이와 같이, 메타데이터 표준과 메타데이터 스키마는 유사한 기능과 목적, 특성을 지니고 있기는 하지만, 그 활용이나 적용 등의 측면에서 보면 이 두 가지는 서로 다른 것으로 구분되어야 한다.

4.4 메타데이터 구축 프로세스

각각의 정보자원은 수록하고 있는 내용이 각기 다르지만, 해당 정보자원이 지닌 속성들은 일반적으로 저자, 표제, 주제 등과 같은 측면으로 구분할 수 있다. 메타데이터는 정보자원이 지니고 있는 이러한 여러 가지 측면들을 명확하게 기술하고 관리하기 위한 목적으로 구축되고 있으며, 메타데이터 스키마는 정보자원이 지닌 여

[10] Javier Nogueras-Iso, Javier F. Zarazaga-Soria & Pedro R. Muro-Medrano. 2005. *Geographic Information Metadata for Spatial Data Infrastructures: Resources, Interoperability and Information Retrieval*. Secaucus, NJ: Springer-Verlag New York, Inc., p.58

[11] Arlene G. Taylor. 1999. *The Organization of Information*. Englewood, CO: Libraries Unlimited, p.142.

[12] Kimberly S. Lightie. 2003. Using Metadata Standards to Support Interoperability. In Catherine M. Gynn & Stephen R. Acker, eds. *Learning Objects: Contexts and Conversations*. Ohio: Ohio State University, p.47.

러 가지 측면들 가운데 어떤 측면을 기술할 것인지를 사전에 규정하고 정의해 주는 기능을 수행한다.

정보자원이 지닌 각각의 측면들은 메타데이터 스키마에서 메타데이터 요소의 형태로 구현되는데, 이들 요소들은 정보자원으로부터 추출한 값, 즉 요소값을 할당받게 된다. 메타데이터는 요소와 요소값을 통해서 정보자원을 기술해 주고 있으며, 이용자는 메타데이터를 통해 기술된 내용을 이용해서 자신이 원하는 정보자원을 식별·검색·활용할 수 있게 된다.

메타데이터 요소의 설정과 요소값의 할당을 위해서는 정보자원으로부터 추출한 요소의 값을 위치시킬 수 있는 체계화된 구조가 마련되어야 한다. 이 구조는 메타데이터 스키마에서 규정하는 구문규칙에 기반해서 구축되는데, 구문규칙은 정보자원으로부터 추출한 데이터가 일관성 있는 방식으로 표현될 수 있도록 해주며, 정보자원이 지닌 다양한 속성들 사이의 관계를 설정해 준다.

이와 같이 정보자원의 기술을 위해 고안된 구조화된 구문규칙은 메타데이터를 표현하기 위한 프레임워크를 규정해 주게 된다.[13] 또한 정보자원의 기술을 위해 어떤 속성이 선택되어야 하고, 각각의 속성이 어떤 의미를 지니는지, 이들 속성이 구조화된 형식 안에서 어떻게 구현되는지 등을 규정해 준다.[14]

각각의 선택된 속성들 가운데 정보자원의 기술에 필수적이라고 판단되는 속성들은 구문규칙의 기반 위에서 일련의 메타데이터 요소로 설정된다. 이 과정은 메타데이터 레코드가 일관성 있는 방식으로 생성될 수 있도록 지원해 주는 메타데이터 스키마의 구축으로 구현된다.[15] 결국 메타데이터 요소의 설정 및 구조화된 규칙에 기반해서 메타데이터 스키마의 구조가 결정되는 것이며, 이 구조에 따라 메타데이터

---

[13] Jane Greenberg. 2003. Metadata and the World Wide Web. In *Encyclopedia of Library and Information Science*. New York: Marcel Dekker, Inc. (Volume 72 Supplement 35, 1876-1888), p.1876.

[14] Queensland State Archives. 2005. Understanding and Applying Recordkeeping Metadata. *Public Records Alert*, 2. Retrieved November 15, 2013 from http://www.archives.qld.gov.au/publications/PublicRecordsAlert/PRA205.pdf

[15] Mitsuharu Nagamori & Shigeo Sugimoto. 2006. A Metadata Schema Registry as a Tool to Enhance Metadata Interoperability. *TCDL Bulletin*, 3(1). Retrieved October 11, 2013 from http://www.ieee-tcdl.org/Bulletin/v3n1/nagamori/nagamori.html

레코드가 생성되는 것이다.

이를 종합해 보면, 메타데이터 스키마는 메타데이터 요소, 메타데이터 구조 등을 순차적으로 구축한 후 이루어지는 것이며, 메타데이터 스키마는 정보자원에 수록된 내용과 속성들을 표준화된 방식으로 기술하는데 필요한 프레임워크를 제공해 준다.[16]

하지만 메타데이터로 기술하는 정보자원의 유형이 다양해짐에 따라, 하나의 메타데이터 스키마로 모든 유형의 정보자원을 충분하게 기술하는데는 많은 어려움이 따르고 있다. 서로 다른 유형의 정보자원은 기술해야 하는 속성 또한 다르게 나타나며, 그에 따라 정보자원의 각각의 유형에 최적화된 메타데이터 요소 세트가 설정되어야 한다. 이와 관련해서, Gill은 하나의 메타데이터 스키마나 메타데이터 표준이 모든 상황에 적용되거나 모든 목적을 충족시켜줄 수는 없다고 주장하기도 하였다.[17]

또한 메타데이터를 활용하는 목적에 따라서도 여러 가지 상이한 메타데이터 스키마가 생성되고 있다. 정보자원을 기술하는데 중점을 두는 메타데이터 스키마가 구축되기도 하고, 생성된 메타데이터 레코드를 관리하기 위한 메타데이터 스키마가 필요하기도 하다. 이러한 다양한 목적에 따라, 동일한 커뮤니티 내에서도 여러 가지 메타데이터 스키마가 구축·활용되고 있다.

이러한 이유로 여러 커뮤니티들은 자신들의 고유한 목적을 충족시키기 위해 여러 가지의 메타데이터 표준과 메타데이터 스키마를 계속해서 구축해 오고 있다. 하지만 이러한 메타데이터 표준의 무분별한 구축은 상이한 메타데이터 요소, 이질적인 구문규칙, 호환성 없는 구조 등을 지닌 메타데이터 표준의 폭발이라는 문제를 초래하게 되었다.

---

[16] Jane Greenberg. 2003. Metadata and the World Wide Web. In *Encyclopedia of Library and Information Science*. New York: Marcel Dekker, Inc. (Volume 72 Supplement 35, 1876-1888), p.1878

[17] Tony Gill. 2000. Metadata and the World Wide Web. In *Introduction to Metadata: Pathways to Digital Information*. Online edition, version 2.1 Retrieved May 20, 2014 from http://www.getty.edu/research/conducting_research/standards/intrometadata/metadata.html

제5장 메타데이터의 기능 및 유형

제 5 장 메타데이터의 기능 및 유형

5.1 메타데이터의 의미적 기능

메타데이터는 디지털 정보자원, 인쇄형태 정보자원 등 다양한 유형의 정보자원에 대한 데이터를 제공해 줌으로써 해당 정보자원을 효과적으로 조직·관리·검색할 수 있도록 지원해 주는 기능을 수행한다. 또한, 메타데이터가 수행하는 각각의 기능은 네트워크를 통해서 이용할 수 있는 서지레코드의 지적 기반을 구축하는데 있어서도 큰 역할을 담당하고 있다.[1] 하지만 메타데이터가 수행하는 이러한 기능들은 메타데이터를 구축한 커뮤니티의 목적이나 상황에 따라 다양한 측면에서 살펴볼 수 있다.

정보자원의 수가 급증하고 그 유형이 다양해지면서, 정보자원에 대한 데이터로서의 메타데이터가 정확하게 무엇을 의미하는지, 그리고 정보자원의 기술과 조직·관리에 있어서 메타데이터가 어떤 기능을 수행하는지 등에 대한 연구가 지속적으로 수행되어 왔다. 이와 관련해서, Iannela & Waugh는 "메타데이터는 전자적인 형태의 정보자원뿐만 아니라 인쇄형태 정보자원의 이용까지도 활성화시킬 수 있는 다양한 기능을 수행한다"고 주장하고 있다.[2]

이들에 따르면, 메타데이터는 정보자원을 활용하는데 있어서 여러 가지 역할을 수행하고 있지만, 그 가운데에서도 핵심적인 기능은 정보자원을 체계적으로 조직할

---

[1] Jia Liu. 2007. *Metadata and Its Applications in the Digital Library: Approaches and Practices*. Westport, CT: Libraries Unlimited, pp.9-13.

[2] Renato Iannella & Andrew Waugh. 1997. *Metadata: Enabling the Internet*. Retrieved September 19, 2013 from http://archive.dstc.edu.au/RDU/reports/CAUSE97/

수 있으며, 이를 통해 다양한 형태의 정보자원을 보다 효과적으로 활용할 수 있도록 하는 도구로 이용된다는 것이다. 이와 유사하게, Dempsey & Heery는 "메타데이터는 사람과 컴퓨터가 보다 지적으로 정보활동을 수행할 수 있도록 해주는 지식이다"라고 설명하고 있다.[3] 메타데이터의 기능과 관련한 이러한 설명은 McDough의 지식 피라미드(DIKY pyramid)와 그 맥락을 같이 하고 있다((그림 5-1) 참조).

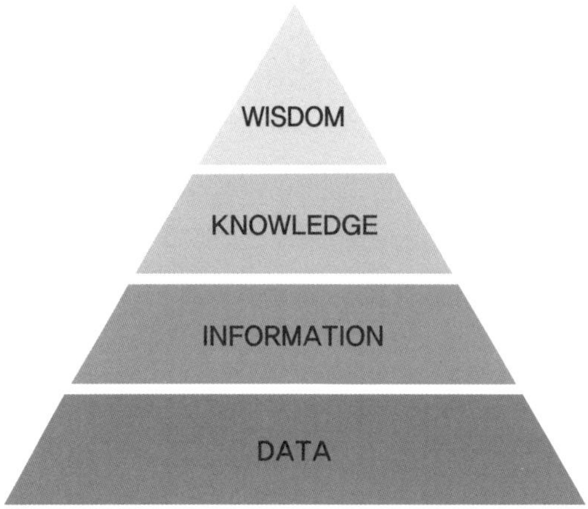

(그림 5-1) 지식 피라미드(DIKW Pyramid)[4]

지식 피라미드의 기반을 형성하고 있는 데이터(data)는 가공되지 않은 자원(resource)으로서 정보(information)를 생성하는 근간이 되며, 데이터를 기반으로 생성된 정보는 사람들이 정보를 활용하는 궁극적인 목적인 지식(knowledge), 지혜(wisdom) 등으로 진화하게 된다. 이러한 관점에서 볼 때, 메타데이터는 정보를 형성하는데 필요한 데이터를 확인하고 이에 접근하기 위한 필수적인 도구로 사용될 수 있다. 또한 다양한 정보를 효과적으로 조직하고 관리하기 위한 과정으로도 사용될 수 있으며, 이는 결과적으로 정보를 지식, 지혜 등으로 발전시키는 기반을 제공해 주는 것이다.[5]

[3] Lorcan Dempsey & Rachel Heery. 1997. *DESIRE: Project Deliverable*. Retrieved March 28, 2014 from http://www.ukoln.ac.uk/metadata/desire/overview/overview.rtf

[4] From Data to Social Wisdom. Retrieved April 15, 2015 from http://seanwood.me/from-data-to-social-wisdom/

[5] Jia Liu. 2007. *Metadata and Its Applications in the Digital Library: Approaches and Practices*.

하지만 메타데이터의 기능은 데이터를 정보로 변환시키는 데에만 국한되는 것은 아니다. 메타데이터는 데이터가 생성되거나 활용되는 상황(context) 및 데이터의 의미를 이해하는 환경 등을 설정함으로써 지식 피라미드를 보다 명확하게 구성하는 기능을 수행하기도 한다(〈그림 5-2〉 참조).

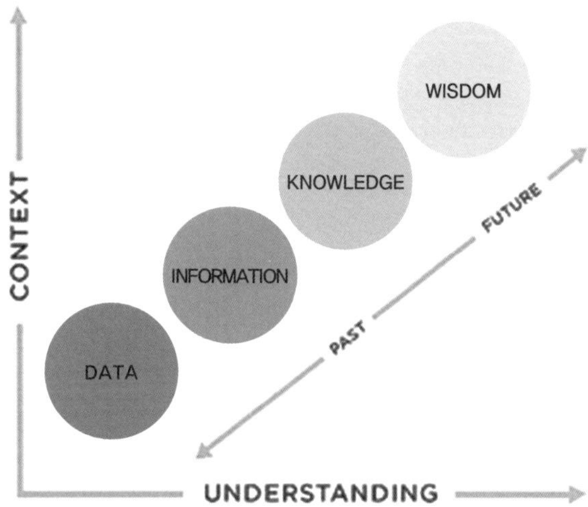

〈그림 5-2〉 지식 피라미드의 진화[6]

지식 피라미드의 근간을 형성하는 데이터는 어떠한 형태로도 존재할 수 있으며, 특정한 의미를 지니지 않는다는 특성을 지니고 있다. 또한 사람들의 이용 여부와는 상관없이 생성되며, 특정 상황에 따라 그 의미가 변하는 상황 의존적인 특성을 지니고 있다. 반면 데이터가 정보, 지식, 지혜로 진화되어 갈수록 특정 상황에 의존하는 것이 아닌 일반적인 상황에 적용될 수 있도록 의미적 범위가 넓어지게 되며, 사람들의 의사결정을 지원하는 과정에서 그 가치가 평가된다는 특성을 지니게 된다.

이를 프로세스적인 관점에서 보면, 과거의 데이터가 정보, 지식 등으로 진화하면서 특정 패턴을 형성하는데, 이 패턴에 대한 적용도가 높아질수록 과거의 특정한 상황

Westport, CT: Libraries Unlimited, p.10.

[6] From Data to Social Wisdom. Retrieved April 15, 2015 from http://seanwood.me/from-data-to-social-wisdom/

에서만 적용되는 것이 아닌 향후의 일반적인 상황에서 활용될 수 있는 일반적인 원리로 진화하게 된다.

메타데이터는 데이터가 형성되는 상황이나 환경 등의 패턴에 대한 설명을 제공함으로써 데이터가 고차원적인 지혜로까지 진화하는데 있어서의 효율성을 도모할 수 있도록 지원해 준다. 메타데이터의 이러한 기능은 정보자원에 대한 기술이라는 측면에서의 일반적인 기능을 의미하는 것이며, 정보자원의 조직·관리·검색 등의 기능으로 구체화되고 있다.

이외에도 메타데이터는 다양한 형태의 정보자원을 효과적으로 활용할 수 있도록 해주는 여러 가지 기능을 수행하고 있는데, 이를 정리해 보면 다음과 같다.[7]

1) 데이터가 내포하고 있는 의미를 간략하게 설명하거나 요약해 주는 기능
2) 이용자가 원하는 데이터를 손쉽게 찾을 수 있도록 검색하는 기능
3) 검색된 데이터가 자신이 원하는 데이터인지 확인할 수 있도록 식별하는 기능
4) 특정 데이터에 대한 접근 권한을 설정하거나 해제하는 기능
5) 데이터가 수록하고 있는 콘텐츠를 적절하게 표현해 주는 기능
6) 데이터가 여러 가지 형태를 지니고 있을 경우, 어떤 형태의 데이터를 검색해야 하는지 결정해 주는 기능
7) 데이터를 이용하는데 있어 적용되는 제한사항이나 저작권 등에 대한 정보를 제공해 주는 기능
8) 데이터의 저작자 혹은 저작권자 등에 대한 정보를 제공해 주는 기능
9) 동일한 데이터가 다른 형태로 변환되는 경우, 데이터의 이력이나 데이터 프로세스 등에 대해 설명해 주는 기능
10) 특정 데이터가 다른 데이터 혹은 다른 정보와 관련되어 있을 경우, 이들 사이의 관계를 명시해 주는 기능
11) 특정 데이터를 활용하거나 관리하는데 있어 필요한 사항을 제공해 주는 기능

이와 같이 메타데이터는 데이터 혹은 정보자원과 관련된 여러 가지 기능을 수행함으로써 이용자들이 해당 데이터 및 정보자원을 보다 효과적으로 활용할 수 있는 기반을 마련해 준다. 또한 메타데이터는 하나의 정보자원을 다른 정보자원과 구분

[7] Jia Liu. 2007. *Metadata and Its Applications in the Digital Library: Approaches and Practices*. Westport, CT: Libraries Unlimited, p.10.

할 수 있도록 해주며, 특정 정보자원과 관련된 다른 정보자원을 상호 연결시켜 줌으로써 정보자원 사이의 상호운용성을 제공해 준다.

이러한 메타데이터의 다양한 기능은 모두 정보자원에 대한 기술사항에 기반을 두고 있다. 이 기술사항은 정보자원을 조직·관리·운영하는데 있어 근간이 되는 것이며, 관련된 정보자원의 조직 및 관리를 지원하는 여러 가지 어플리케이션의 기반이 된다. 특히, 현재와 같이 정보가 폭발적으로 증가하는 환경에서 정보자원에 대한 기술사항으로서의 메타데이터의 기능적 중요성은 점점 더 커지고 있다.

5.2 메타데이터의 일반적 기능

일반적으로 메타데이터는 각각의 커뮤니티가 지닌 고유한 목적을 충족시키기 위해 특정 기능에 특화된 방식으로 구축되어 왔지만, 현재 대부분의 메타데이터는 여러 가지 기능을 동시에 수행하여 해당 커뮤니티의 다양한 정보활동을 지원하고 있다. 특히, 정보환경이 계속해서 진화하고 정보자원의 형태가 다양해짐에 따라 정보자원을 효과적으로 기술하기 위한 메타데이터의 기능 또한 계속해서 세분되고 있다. 이 가운데 문헌정보학 측면에서 메타데이터가 수행하는 주된 기능을 살펴보면, 크게 정보자원의 기술(description), 배치(location), 검색(discovery), 보존(archiving), 평가(evaluation), 선택(selection) 등으로 구분할 수 있다.[8]

5.2.1 정보자원의 기술(Description)

메타데이터는 특정 데이터와 관련된 상황(context), 데이터의 질(quality), 데이터의 이용조건(condition) 등에 대한 정보를 구조화된 방식으로 기술해 주며,[9] 기술된 사항을 사전에 규정된 특정 체계에 적합한 방식으로 표현해 준다. 이를 통해서 메타

[8] Jia Liu. 2007. *Metadata and Its Applications in the Digital Library: Approaches and Practices*. Westport, CT: Libraries Unlimited, p.11.

[9] Denis Howe. 1997. *Meta-data*. Retrieved January 25, 2014 from http://foldoc.doc.ic.ac.uk/foldoc/foldoc.cgi?query=metadata

데이터는 정보자원과 관련된 정보를 제공해 주고 해당 정보자원에 손쉽게 접근할 수 있도록 해주며, 정보자원을 검색하고 식별할 수 있도록 지원해 주는 도구로써의 기능을 수행한다.[10]

이와 관련해서, Weibel & Lagoze는 메타데이터의 기능을 정보자원에 수록된 콘텐츠에 대한 직접적인 접근이 아닌 해당 정보자원의 대체물적인 콘텐츠에 대한 접근점을 제공해 주는 것으로 설명하고 있다.[11] 디지털 정보자원의 수가 급격히 증가하고 있는 현재와 같은 정보환경에서, 정보자원을 기술해 주고 이에 대한 접근점을 제공해 주는 메타데이터의 기능은 점차 그 중요성이 커지고 있다.

5.2.2 정보자원의 배치(Location)

메타데이터는 기술의 대상이 되는 정보자원이 (웹 상의) 어느 곳에 위치하고 있는지에 대한 정보를 제공해 주며, 정보자원에 대해 기술한 내용을 웹 상의 특정 공간에 배치하는 기능을 수행한다. 메타데이터 요소 가운데 URL 기술 요소는 웹 상에서의 정보자원의 위치를 알려주는 대표적인 예라고 할 수 있다. 도서관 목록 또한 정보자원을 기술하고 그 소재를 지시해 주는 기능을 수행하지만, 메타데이터는 도서관 목록과는 달리 웹 상의 정보를 조직하고 이에 대한 접근점을 제공해 준다는 점에서 차이를 보이고 있다.[12]

5.2.3 정보자원의 검색(Discovery)

메타데이터는 표제, 저자, 주제 등과 같은 정보자원이 지니고 있는 다양한 측면들을 구조화된 형식으로 표현해 주며, 정보자원과 관련된 상황이나 활용방식 등에

---

[10] State Records Authority of New South Wales. 2000. *New South Wales Recordkeeping Metadata Standard*. Retrieved December 16, 2012 from http://www.records.nsw.gov.au/publicsector/rk/rib/rib18-en.pdf

[11] Stuart L. Weibel & Carl Lagoze. 1997. An Element Set to Support Resource Discovery: The State of the Dublin Core. *International Journal of Digital Libraries*, 1(1), p.176.

[12] Jessica Milstead & Susan Feldman. 1999. Metadata: Cataloging by Any Other Name. *Online*, January. Retrieved December 3, 2013 from http://www.onlinemag.net/OL1999/milstead1.html

대한 정보를 제공해 준다. 이러한 기능은 정보자원이 지니고 있는 여러 가지 측면들을 체계적으로 기술함으로써 이루어지며, 이들 기술사항은 해당 정보자원을 검색할 때 검색의 접근점으로서의 기능 또한 수행한다.

따라서 메타데이터는 정보자원의 검색에 있어서 필수적일 뿐만 아니라 검색한 정보자원을 효과적이고 효율적으로 활용하는데 있어서도 근본적인 기반을 제공해 준다.[13] 메타데이터 요소들은 특정 정보자원이 다른 정보자원과 연관되어 있을 경우 이들 사이의 관계 또한 기술해 줌으로써 관련된 정보자원 사이의 상호연결성, 메타데이터 레코드 사이의 상호운용성을 확보하는 기능을 수행하기도 한다.

5.2.4 정보자원의 보존(Archiving)

인쇄형태 정보자원과 마찬가지로, 디지털 정보자원의 보존 또한 중요한 의미를 지니고 있다. 하지만 디지털 정보자원, 특히 웹 상에 존재하는 정보자원은 그 동적인 특성으로 인해 기존의 콘텐츠가 수시로 수정되거나 전면적으로 개편되기도 하고, 콘텐츠 자체가 삭제되기도 한다. 또한 정보자원의 위치가 임의로 바뀌기도 하며, 정보자원 자체에 대한 접근이 허가되지 않는 경우가 발생하기도 한다.

디지털 정보자원은 이러한 가변성 및 휘발성을 지니고 있지만, 정보적·사회적으로 가치가 있는 디지털 정보자원의 보존에 대한 중요성은 점차 증대하고 있으며, 메타데이터는 이들 정보자원을 보존하는데 있어서 필수적인 도구로 인식되고 있다. 메타데이터는 디지털 정보자원의 가변적이고 동적인 특성을 기술할 수 있는 다양한 요소들을 마련하고 있으며, 이를 통해 정보자원을 보존하고 관리하는데 있어서 핵심적인 기능을 수행하고 있다.

[13] Jia Liu. 2007. *Metadata and Its Applications in the Digital Library: Approaches and Practices.* Westport, CT: Libraries Unlimited, p.11.

5.2.5 정보자원의 평가(Evaluation) 및 선택(Selection)

메타데이터는 정보자원에 수록된 콘텐츠를 모두 다 읽어보지 않고도 해당 정보자원의 내용을 파악할 수 있도록 상세한 정보를 제공해 준다. 또한 이들 정보를 통해 해당 정보자원의 가치를 평가할 수 있는 기준을 마련해 주며, 정보자원이 지닌 장·단점을 파악할 수 있는 정보도 제공해 준다.

이들 정보는 이용자가 필요로 하는 정보자원을 효율적으로 식별할 수 있도록 지원해 주는 기능을 수행하며, 관련된 다른 정보자원을 확인할 수 있도록 보조해 주는 정보 또한 제공해 준다. 따라서 메타데이터는 검색된 정보자원의 내용 전체를 확인하지 않고도 필요로 하는 정보자원을 선택·평가할 수 있도록 지원해 주는 기능을 수행한다.[14]

5.3 메타데이터의 문헌정보학적 기능

1990년대 후반부터 디지털 도서관 또는 이와 유사한 기능을 수행하는 정보시스템이 도입되면서, 그동안 서가를 통해서 관리해 왔던 정보자원이 디지털화되고, 상업용 디지털 정보자원이 도서관에 유입되기 시작하였다. 이와 함께, 디지털 정보자원의 관리를 위해 MARC와는 다른 구조를 지닌 다양한 유형의 메타데이터가 도서관 환경에 적용되기 시작하였다.

이러한 변화 속에서 전통적인 MARC 구조를 중심으로 다양한 메타데이터 형식을 통합하려는 시도가 있어 왔으나, 이는 서지정보와 특정 도서관의 관리정보가 혼재되어 있을 뿐만 아니라 디지털화하는 정보환경을 수용하기 어렵고, 특정 레코드 내에서 동일한 정보가 중복 기술되어 시스템의 성능을 저하시키는 요인으로 지적되어 왔다.[15]

이러한 문제를 해결하기 위해, 도서관계에서는 도서관에 소장된 물리적 정보자원을 웹 상에서도 식별·검색할 수 있도록 기술적 메타데이터(descriptive metadata) 기반

[14] Jia Liu. 2007. *Metadata and Its Applications in the Digital Library: Approaches and Practices*. Westport, CT: Libraries Unlimited, p.12.
[15] 김태수. 1998. 메타데이터 변환과 자원 기술구조의 연구. 『정보관리학회지』, 15(3), p.96.

의 하이브리드 도서관(hybrid library)을 구축하게 되었다.

현재 문헌정보학적인 측면에서의 메타데이터 연구는 검색을 위한 색인 정보나 도서관 서지레코드로써의 기능을 벗어나 다양한 분야에서 생성되는 여러 가지 형태의 정보자원을 체계화된 구조를 통해 상세하게 기술하여 보다 종합적인 정보활동을 지원해 주는 방향으로 확장되고 있다. 즉, 웹 상에서 구현되는 정보환경에서 구조화된 정보자원의 기술 및 이의 통합을 통해 지식관리(knowledge management)를 지원해 주는 기능의 중요성이 증대되고 있는 것이다.

차세대 메타데이터라고 일컬어지는 이러한 경향의 메타데이터는 기존의 메타데이터가 지니고 있는 기술사항으로서의 기능에 의미적 정보(semantic information)를 추가함으로써 기존의 메타데이터와는 다른 특징들을 보여주고 있다. 〈표 5-1〉에서는 전통적인 메타데이터와 차세대 메타데이터의 특징을 비교하여 설명하고 있다.

〈표 5-1〉 전통적 메타데이터와 차세대 메타데이터의 특징 비교[16]

구 분	전통적 메타데이터	차세대 메타데이터
해석의 다양성	객관적	주관적
발생	정적	동적
요소의 비중	자원 중심적	상황 중심적
유연성	구문 의존적	의미 의존적
확장성	어려움	자유로움
상호운용성	어려움	자유로움
인코딩 기술	XML 기반	RDF 기반
콘텐츠 관리	중앙집중식	분산식

정보자원의 기술에 중점을 두는 전통적인 메타데이터와는 달리, 차세대 메타데이터는 메타데이터 작성자의 주관적인 표현과 의미적 처리를 결합함으로써 정보자원이 존재하는 상황과 그 상황 속에서의 정보자원의 의미를 확장할 수 있는 기반을 마련해 준다. 또한 단순한 기술사항에 그치는 것이 아니라 정보자원과 메타데이터 사이의 연결성이나 확장성을 확보하는데 중점을 두고 있다.

[16] 한국교육학술정보원. 2005. 『고등교육정보 및 저작권 관리를 위한 메타데이터(KEM v3.0) 연구』. 연구보고 KR 2005-27. 서울: 한국교육학술정보원, p.15.

전통적인 메타데이터의 경우는 대부분 HTML이나 XML 등의 인코딩 스킴을 이용하여 표현했다면, 차세대 메타데이터는 Resource Description Framework(RDF) 형식 또는 온톨로지(ontology)를 사용하여 보다 자유로운 표현 및 지능적인 검색을 지원하고 있다. 이를 통해 차세대 메타데이터는 정보자원의 검색과 식별 등에 있어서 보다 확장성있는 방식을 적용할 수 있게 되었다.

5.4 메타데이터 타이폴로지(Typology)

현재 다양한 메타데이터가 여러 분야에서 사용되고 있으며, 이들 가운데 일부는 표준화된 메타데이터 형식으로 활용되고 있다. 하지만 이들 각각의 메타데이터 표준은 특정 커뮤니티의 고유한 목적을 충족시키기 위해 구축되어 왔으며, 이에 따라 메타데이터의 여러 가지 기능 중 특정한 기능을 수행하는데 중점을 두는 특화된 구조를 지니기도 한다.

이러한 커뮤니티 특정적인 메타데이터의 구축은 수많은 이질적인 메타데이터의 생성이라는 문제를 야기시키고 있으며, 메타데이터가 수행하는 다양한 기능 사이의 구분이 불명확해지는 상황을 초래하기도 한다. 이에 문헌정보학계에서는 메타데이터가 지닌 기능적 측면을 구분할 필요가 발생하게 되었다.

메타데이터의 기능 및 유형에 대한 분류는 특정 커뮤니티의 고유한 목적을 충족시키기 위해서 그리고 해당 커뮤니티에서의 정보의 조직 및 관리에 적합한 메타데이터 표준을 효율적으로 선정하기 위한 목적으로 시작되었다.[17] 메타데이터의 유형 구분은 정형화된 분류는 아니며 메타데이터가 지닌 고유한 특성을 명확하게 반영하는 것도 아니지만, 메타데이터의 기능과 적용 분야를 이해하는데 있어서는 도움이 될 수 있다.

메타데이터의 유형은 메타데이터를 구축하는 커뮤니티가 정보자원의 어떤 측면에 중점을 두는지 그리고 어떤 목적으로 메타데이터를 구축하는지에 따라 상당히

[17] Jia Liu. 2007. *Metadata and Its Applications in the Digital Library: Approaches and Practices*. Westport, CT: Libraries Unlimited, p.15.

다양하게 나타나고 있으며, 구축된 메타데이터는 그 기능적인 특성에 기반하여 구분할 수 있다. 메타데이터의 유형 분류, 즉 메타데이터 타이폴로지(metadata typology)는 이러한 기능적인 측면에 대한 이해를 기반으로 이루어진다.

메타데이터는 중점을 두는 기능에 따라 다양하게 구분할 수 있지만, 이에 대해서는 여러 학자가 서로 다른 견해를 제시하고 있다. 이 가운데, 메타데이터의 유형 구분에 있어서 가장 널리 알려진 메타데이터 타이폴로지로는 Arms에 의해서 전개된 것을 들 수 있다. Arms는 기술적 메타데이터(descriptive metadata), 구조적 메타데이터(structural metadata), 관리적 메타데이터(administrative metadata) 등으로 메타데이터의 유형을 구분하고 있다.[18]

이 구분에 따르면, 기술적 메타데이터는 정보자원을 기술하고 식별해 주는데 중점을 두는 메타데이터 유형으로, 목록·색인·초록 등의 기술사항을 이용해 정보자원을 식별·검색·선택하는 등의 정보활동을 지원하기 위한 목적으로 구축된다. 현재 도서관계에서 사용하는 대부분의 메타데이터는 기술적 메타데이터의 기능을 수행하는 것으로 볼 수 있다.

구조적 메타데이터는 정보자원에 수록된 콘텐츠의 구성 체계 등과 같은 정보자원의 내부적인 구조에 대한 기술사항을 체계화하고, 이를 통해 필요한 정보를 구조화된 방식으로 제공하는데 중점을 두는 메타데이터 유형이다. 인쇄매체 환경에서는 정보자원과 정보자원에 대한 기술사항이 물리적으로 분리되어 있었기 때문에, 구조적 메타데이터는 서지레코드를 생성하는데 필요한 형식을 의미하는 것으로 사용되어 왔다.

하지만 현재의 웹 환경에서는 정보자원에 수록된 콘텐츠와 서지레코드가 디지털 형식으로 통합되어 있기 때문에, 구조적 메타데이터는 정보자원에 대한 기술사항뿐만 아니라 정보자원이 수록하고 있는 콘텐츠의 형식과 구조까지도 기술해 주는 것으로 그 의미적 범위가 확장되고 있다.

관리적 메타데이터는 정보자원의 운용 및 관리와 관련된 정보를 제공해 주는데 특화된 메타데이터이며, 정보자원의 생성일, 수록된 내용을 표현해 주는 파일 형식, 저작권과 관련된 정보 등이 수록된다. 또한 정보자원의 운용과 관련된 기술적인 사

[18] William Y. Arms. 2000. *Digital Libraries*. Cambridge, Mass: MIT Press, p.20.

항, 이용에 있어서의 제한사항 등 정보자원을 관리하는데 필요한 세부적인 측면들을 포괄적으로 기술해 주는데 사용된다.

Dempsey & Heery는 메타데이터 스펙트럼(metadata spectrum)의 관점에서 메타데이터의 유형을 구분하고 있다.[19] 메타데이터 스펙트럼은 정보자원의 기술이라는 공통된 특성을 지닌 세 개의 그룹(Band)으로 구성되어 있는데, 이는 정보자원을 기술하는데 있어서의 세부성 및 메타데이터의 구조적인 완전성 등을 기준으로 메타데이터의 유형을 그룹화한 것이다(〈표 5-2〉 참조).

〈표 5-2〉 메타데이터 스펙트럼

	Band One	Band Two	Band Three
레코드의 특성	단순 형식	구조적 형식	세부적 형식
	특정 기관용 스키마	표준화된 스키마	국제 표준
	전문(full-text) 색인	필드 구조	세부적인 태그
레코드의 형식	Lycos	Dublin Core	ICPSR
	Altavista	IAFA templates	CIMI
	Yahoo	RFC1807	EAD
		SOIF	TEI
		LDIF	MARC

메타데이터의 기능적인 유형 구분은 계속해서 이루어지고 있지만, 메타데이터가 수행하는 여러 가지 기능들은 서로 밀접하게 연결되어 있으며, 현재 사용되고 있는 대부분의 메타데이터는 다양한 메타데이터 요소를 수록하여 메타데이터가 수행할 수 있는 거의 모든 기능을 포괄적으로 동시에 제공하고 있다. 이러한 이유로 메타데이터의 유형을 기능적인 측면에서 구분하는 것은 오히려 혼란을 가중시킬 우려가 있다는 주장이 제기되기도 하지만, 정보자원을 기술하고 조직·관리한다는 측면에서 보면 메타데이터를 대표적인 유형으로 구분하는 것은 특정 커뮤니티의 고유한 목적에 적합한 메타데이터를 선정하는데 도움이 될 수 있다.

[19] Lorcan Dempsey & Rachel Heery. 1997. *DESIRE: Project Deliverable*. Retrieved March 28, 2014 from http://www.ukoln.ac.uk/metadata/desire/overview/overview.rtf

5.5 메타데이터의 유형

메타데이터는 다양한 요소들을 마련하여 정보자원이 지니고 있는 여러 가지 측면을 기술한다는 공통된 목적을 지니고 있지만, 메타데이터에 수록된 요소들이 정보자원을 기술하고 관리하는데 있어서 어떤 측면에 중점을 두는지에 따라 그 유형을 세부적으로 구분할 수 있다.

기능적인 측면에서 현재 널리 적용되고 있는 대표적인 메타데이터 유형으로는 기술적 메타데이터(descriptive metadata), 관리적 메타데이터(administrative metadata), 구조적 메타데이터(structural metadata), 기술 메타데이터(technical metadata), 보존 메타데이터(preservation metadata) 등을 들 수 있다.

5.5.1 기술적 메타데이터(Descriptive Metadata)

기술적 메타데이터는 일반적으로 도서관에서 제공하는 서지레코드와 동일한 것으로 인식되고 있다. 즉, 정보자원의 내용 및 형식 등을 상세하게 기술해 줌으로써 정보자원 자체를 표현해 주는 대체물로서의 기능을 수행하는 것으로 이해할 수 있다. 이러한 측면에서 보면 기술적 메타데이터는 정보자원을 기술하고 식별하는데 중점을 두는 메타데이터를 의미한다.

현재 사용되고 있는 대부분의 메타데이터들은 특정 대상을 기술하기 위한 목적으로 개발되었으며, 따라서 문헌정보학계에서의 메타데이터는 기본적으로 기술적 메타데이터의 기능을 수행한다고 볼 수 있다.[20] 기술적 메타데이터는 정보자원이 수록하고 있는 사항을 세부적으로 기술할 수 있는 다양한 요소들을 마련하고 있으며, 해당 정보자원의 기술적인 속성이나 생성과 관련된 사항, 다른 정보자원과의 관계 등 정보자원이 지니고 있는 여러 가지 측면을 표현해 주는 기능을 수행하고 있다.

---

[20] John Attig, Ann Copeland & Michael Pelikan. 2004. Context and Meaning: The Challenges of Metadata for a Digital Image Library within the University. *College & Research Libraries*, 65(3), p.255.

기술적 메타데이터의 대표적인 예로 도서관에서 사용하는 MAchine Readable Cataloging(MARC)을 들 수 있다((그림 5-3) 참조). MARC 레코드는 정보자원이 수록하고 있는 콘텐츠와 관련된 사항을 상세하게 기술해 줌으로써 해당 자료를 실제로 보지

리더		01082pam a2200301 c 4500
TAG	**IND**	**내 용**
001		KMO201523748
005		20150518143647
007		ta
008		150428s2014 ulkabc 0021 kor
020		▼a9788976782533▼g93020:▼c₩22000
023		▼aCIP2014028076
049	0	▼IEM6124377▼IEM6124378▼c2
052	01	▼a024.3▼b15-1
056		▼a024.3▼26
082	01	▼a025.3▼223
245	00	▼a정보자원의 기술과 메타데이터=▼xResource description and metadata/▼d남태우.▼e이승민 공저
260		▼a,서울:▼b한국도서관협회.▼c2014
300		▼axvi,299 p. : ▼b삽화, 지도, 초상 ; ▼c25cm
490	10	▼a현대정보관리학총서 ; ▼v38
500		▼a권말부록 : 분야별 메타데이터 표준 : 자료유형별 메타데이터 표준
504		▼a참고문헌(p. 257-274)과 색인수록
650	8	▼a메타데이터[metadata]
650	8	▼a목록법[目錄法]
650	8	▼a서지 기술[書誌記述]
700	1	▼a남태우, ▼d1950-▼0KAC201214935
700	1	▼a이승민▼0KAC201231753
830	0	▼a현대정보관리학총서 ; ▼v38
950	0	▼b₩22000

(그림 5-3) MARC 레코드의 예(국립중앙도서관)

않고도 이에 대한 정보를 파악할 수 있도록 해주며, 정보자원의 식별이나 검색·관리 등에 있어서의 효율성을 확보해 주고 있다.

하지만 MARC 레코드는 전통적인 인쇄형태의 정보자원을 기술하고 관리하기 위한 목적으로 구축되었기 때문에, 웹 상에 존재하는 디지털 형식의 정보자원을 기술하는데 있어서는 여러 가지 한계를 보이고 있다. 이러한 문제를 해결하고 디지털 정보자원을 보다 효과적으로 기술하기 위해 현재는 Dublin Core 등과 같은 기술적 메타데이터가 널리 활용되고 있다((그림 5-4) 참조).

```
<?xml version="1.0"?>
<rdf:RDF xmlns:rdf="http://www.w3.org/1999/02/22-rdf-syntax-ns#"
            xmlns:dc="http://purl.org/dc/elements/1.1/">
  <rdf:Description rdf:about="http://dublincore.org/">
    <dc:title> Dublin Core Metadata Initiative - Home Page </dc:title>
    <dc:creator> Dave Beckett </dc:creator>
    <dc:publisher> ILRT, University of Bristol </dc:publisher>
    <dc:description> The Dublin Core Metadata Initiative Web site
    </dc:description>
    <dc:date> 1998-10-10 </dc:date>
    <dc:format> text/html </dc:format>
    <dc:language> en </dc:language>
    <dc:contributor> The Dublin Core Metadata Initiative
    </dc:contributor>
    <dc:contributor xml:lang="fr"> L'Initiative de métadonnées du
     Dublin Core </dc:contributor>
    <dc:contributor xml:lang="de"> der Dublin-Core Metadata
     -Diskussionen </dc:contributor>
  </rdf:Description>
</rdf:RDF>
```

(그림 5-4) 기술적 메타데이터 레코드의 예(Dublin Core)[21]

[21] Expressing Simple Dublin Core in RDF/XML. Retrieved January 30, 2016 from http://dublincore.org/documents/dcmes-xml/

MARC와는 다르게, 메타데이터는 웹 상의 디지털 정보자원을 기술하는데 최적화된 요소들을 마련하고 있으며, 이를 통해 웹 정보자원이 수록하고 있는 콘텐츠 및 이와 관련된 세부적인 정보를 상세하게 표현해 주고 있다. 이와 같이, MARC와 메타데이터는 주된 대상으로 삼는 정보자원의 유형이 다르고 정보자원의 기술에 사용하는 요소도 다르게 이루어져 있다. 하지만 이들 모두는 기술적 메타데이터로서의 기능을 수행하고 있으며, 정보자원이 지니고 있는 여러 가지 특성들을 표현해 줄 수 있는 일련의 요소들을 수록하고 있다.

이들 요소들은 기술의 대상이 되는 정보자원의 유형에 따라 차이를 보이기는 하지만, 문헌정보학 분야에서 채용하고 있는 기술적 메타데이터는 대부분 저자, 표제, 주제 등 정보자원의 내용과 형식 등을 표현해 줄 수 있는 요소를 수록하고 있다. 기술적 메타데이터는 이들 요소를 이용해서 정보자원이 지닌 다양한 측면을 상세하게 기술해 줄 수 있으며, 관련된 다른 정보자원을 확인하여 검색의 범위를 확장시켜 주는 기능을 수행하기도 한다.

5.5.2 관리적 메타데이터(Administrative Metadata)

현재 문헌정보학 분야에서는 각각의 커뮤니티가 지닌 고유한 목적을 충족시키기 위해 다양한 메타데이터가 사용되고 있다. 이들 가운데 일부는 정보자원을 효과적으로 관리하는 기능을 수행하는데 특화되어 있으며, 이러한 메타데이터는 관리적 메타데이터로 구분할 수 있다. 관리적 메타데이터는 정보자원의 생성과 관련된 사항이나 정보자원에 수록된 콘텐츠의 관리, 콘텐츠 보존, 정보자원에 대한 통제나 처리, 접근이나 이용에 적용되는 제한사항 등과 같은 정보를 제공해 주며, 이를 통해 정보자원의 관리가 효과적으로 이루어질 수 있도록 지원해 주고 있다.[22]

관리적 메타데이터 가운데 현재 널리 사용되고 있는 것으로는 Instructional Management Systems Metadata(IMS), Metadata Encoding & Transmission Standard(METS), Open Digital Rights Language(ODRL), Extensible Rule Markup

[22] Gail Hodge. 2005. Metadata for Electronic Information Resources: From Variety to Interoperability. *Information Services & Use*, 25(1), p.38.

Language(XRML) 등을 들 수 있다.

일반적으로 관리적 메타데이터는 정보자원이 생성된 날짜, 정보자원에 수록된 콘텐츠의 형식, 정보자원에 대한 접근 관리 등 정보자원의 운용과 관리에 필요한 요소들을 풍부하게 수록하고 있다. 특히, 인쇄형태의 정보자원뿐만 아니라 디지털 형태의 정보자원을 관리하는데 특화된 요소들을 활용함으로써 다양한 유형의 정보자원을 효과적으로 관리하는 기능을 지원해 준다.

```
<mets:structMap>
  <mets:div type="series">
    <mets:div type="sound recording">
      <mets:mptr loctype="URL" xlink:href="http://nla.gov.au/nla.oh-vn370
       5085-mets">
      </mets:mptr>
    </mets:div>
    <mets:div type="sound recording">
      <mets:mptr loctype="URL" xlink:href="http://nla.gov.au/nla.oh-vn370
       5088-mets">
      </mets:mptr>
    </mets:div>
    <mets:div type="sound recording">
      <mets:mptr loctype="URL" xlink:href="http://nla.gov.au/nla.oh-vn370
       5092-mets">
      </mets:mptr>
    </mets:div>
  </mets:div>
</mets:structMap>
```

(그림 5-5) 관리적 메타데이터 레코드의 예(METS)[23]

[23] National Library of Australia. 2009. *Australian Sound Recording METS Profile*. Retrieved June 16, 2014 from http://www.nla.gov.au/standards/australian-sound-recording-mets-profile

관리적 메타데이터는 정보자원의 관리 및 운용과 관련된 활동을 지원하는데 주로 활용되고 있지만, 다양한 형태의 정보자원을 보존하는데 있어서도 중요한 역할을 수행하고 있다.[24] 정보자원을 보존할 경우에는 해당 정보자원을 장기간에 걸쳐서 관리해야 하고 이를 기반으로 향후의 정보활용을 지원해야 하기 때문에, 이러한 측면에서 관리적 메타데이터는 보존 메타데이터로서의 기능 또한 수행하는 것으로 볼 수 있다. 이와 같이 관리적 메타데이터는 정보자원의 현재의 관리뿐만 아니라 향후의 관리까지도 포괄적으로 지원해 주기 때문에, 정보자원의 활용에 있어 특히 중요한 역할을 담당하고 있다.

일반적으로 관리적 메타데이터는 정보자원의 효과적인 운용과 관리를 지원하기 위한 목적으로 구축되고 있지만, 관리적 메타데이터와 기술적 메타데이터 사이의 구분이 명확하게 이루어지는 것은 아니다. 정보자원의 관리를 위해서는 각각의 정보자원이 지닌 여러 가지 측면들에 대한 상세한 기술사항이 마련되어야 하며, 이러한 이유로 관리적 메타데이터는 기술적 메타데이터에서 사용하는 요소들 또한 수록하고 있다.

이와 함께 현재 사용되는 대부분의 메타데이터는 기술적 메타데이터와 관리적 메타데이터의 목적을 모두 충족시키는데 사용되기도 한다. 또한 관리적 메타데이터 혹은 기술적 메타데이터에서 사용하는 일부 요소들은 구조적 메타데이터에 적용되기도 한다. 결국 현재 사용되고 있는 대부분의 메타데이터는 메타데이터를 구축하는 주된 목적에 따라 기술적, 관리적, 구조적 메타데이터로 구분할 수 있지만, 각 메타데이터에 수록된 다양한 요소들은 이러한 모든 기능을 수행할 수 있도록 의미적 범위가 넓게 형성되고 있다.

[24] Rebecca Guenther & Sally McCallum. 2003. New Metadata Standards for Digital Resources: MODS and METS. *Bulletin of the American Society for Information Science and Technology*, December/January 2003, p.13.

5.5.3 구조적 메타데이터(Structural Metadata)

구조적 메타데이터는 정보자원의 내용적, 형태적 구성 등 정보자원이 지닌 구조적 특성들을 기술해 주기 위한 목적으로 구축된 메타데이터를 의미한다.[25] 구조적 메타데이터의 대표적인 예로 도서의 목차를 들 수 있으며, 웹사이트의 소스 파일(source file) 등도 넓은 의미에서의 구조적 메타데이터에 포함되는 것으로 볼 수 있다. 즉, 구조적 메타데이터는 정보자원의 내부적인 체계를 기술해 주는 기능을 수행하며, 정보자원에 수록된 논리적 구성요소를 정의하는데도 사용된다.

하지만 인쇄형태 정보자원과는 달리, 디지털 형태로 이루어진 정보자원은 일반적으로 다양한 유형의 구조적인 파일들로 이루어져 있기 때문에, 디지털 정보자원의 내부적인 체계를 표현하는 데는 많은 어려움이 따르고 있다. 예를 들면, 하나의 웹사이트는 수많은 웹페이지로 구성되며, 하나의 웹페이지는 그림이나 동영상 등 콘텐츠 중심의 구성요소 뿐만 아니라 네비게이션 바(navigation bar), 하이퍼링크(hyperlink) 등 구조 중심의 구성요소를 포함하기도 한다. 이러한 복잡한 구조를 지닌 디지털 정보자원을 효율적으로 운영·관리하기 위해서는 정보자원이 지닌 내부적인 구성을 체계적으로 기술해 줄 수 있어야 하며, 구조적 메타데이터는 이러한 기능을 수행하는데 특화된 요소와 체계를 지니고 있다.

(그림 5-6)의 예에서와 같이, 웹페이지는 관련된 다른 웹페이지로 이동할 수 있는 네비게이션 바를 포함하고 있으며, 이 네비게이션 바는 하이퍼링크의 집합으로 이루어져 있다. 또한, 웹페이지의 좌측에는 해당 웹페이지가 속해 있는 웹사이트의 전체적인 체계가 계층적인 메뉴 형식으로 나타나 있다. 구조적 메타데이터는 웹 상의 정보자원이 지닌 이러한 전체적인 구조를 기술해 주며, 정보자원 내의 특정 개체를 표현해 주고 이를 찾아갈 수 있는 경로 또한 제공해 준다. 이는 결국 해당 정보자원의 내부적인 체계 혹은 구조에 대한 정보의 제공이라고 할 수 있다.

---

[25] William Y. Arms, Christophe Blanch & Edward A. Overly. 1997. An Architecture for Information in Digital Libraries. *D-Lib Magazine*, 3(2). Retrieved August 2, 2014 from http://www.dlib.org/dlib/february98/arms/02arms.html

Introduction to
Metadata
Online Edition, Version 3.0

Home
Introduction
Setting the Stage
Metadata and the Web
Crosswalks, Metadata Harvesting, Federated Searching, Metasearching
Rights Metadata Made Simple
Practical Principles for Metadata Creation and Maintenance
Glossary
Selected Bibliography
Contributors

PDF Version

Tony Gill, Anne J. Gilliland, Maureen Whalen, and Mary S. Woodley

Edited by Murtha Baca

An online publication devoted to metadata, its types and uses, and how it can improve access to digital resources.

Version 3.0 of Introduction to Metadata is available in paperback from the Getty Bookstore

Cover Image: Art primitif (detail), plate 1
L'ornement polychrome (Paris: Firmin-Didot, 1869-1887, volume 1).
Auguste Racinet
Research Library, the Getty Research Institute, 84-B13277
©2008 J. Paul Getty Trust
Version 3.0

Published on www.getty.edu in 2008 by the Getty Research Institute, Los Angeles

(그림 5-6) 디지털 정보자원의 구성요소의 예[26]

[26] Getty Research Institute. 2008. *Introduction to Metadata*, Online Edition, Version 3.0. Retrieved August 6, 2014 from http://www.getty.edu/research/publications/electronic_publications/intrometadata/

구조적 메타데이터는 특정 정보자원을 구성하는 여러 개체들 사이의 내부적인 관계를 표현해 줌과 동시에 해당 정보자원과 관련된 다른 정보자원 사이의 외부적인 연결관계를 표현해 주기도 한다. 이와 같이 구조적 메타데이터는 정보자원이 지닌 내적·외적 측면들을 기술함으로써 해당 정보자원을 보다 효과적으로 활용할 수 있도록 해주며, 정보자원을 기술하는데 필요한 요소들을 배치할 수 있는 구조를 구성해 주는 기능 또한 수행하고 있다.[27]

현재 도서관계에서 널리 사용되는 구조적 메타데이터로는 Exchange Format For Electronic Components and Texts(EFFECT), Berkeley Electronic Binding Project (EBIND), Making of America II(MOA2), ONline Information Exchange (ONIX), Metadata Encoding & Transmission Standard(METS) 등을 들 수 있으나, 대부분의 구조적 메타데이터는 일반 이용자들보다는 관리자 수준에서 활용되고 있다.

구조적 메타데이터는 해당 메타데이터를 사용하는 기관의 규모나 목적 등에 따라, 또는 기술의 대상이 되는 정보자원을 어떤 수준에서 관리하고자 하는지에 따라 그 구조의 복잡성과 요소의 세분성이 다양한 수준으로 나타나고 있다. 즉, 구조적 메타데이터는 데이터 관리 분야에서의 전문적인 지식을 필요로 할 만큼 상당히 복잡한 수준에서 구축될 수도 있지만, 몇 개의 메타데이터 요소만을 이용해서 정보자원을 간단하게 관리할 수 있는 단순한 수준으로 구성될 수도 있다.

하지만 모든 구조적 메타데이터는 정보자원이 지닌 내용적·형태적 구조를 체계적으로 기술해 주고, 이를 통해 관련된 다른 정보자원을 상호 연결시켜 주는 기능을 수행하고 있다. 이러한 목적을 충족시키기 위해, 구조적 메타데이터는 정보자원에 수록된 기본적인 데이터, 각각의 특징, 그리고 이들이 내적·외적으로 상호간에 어떻게 연결되어 있는지를 기술하는데 특화된 요소들로 이루어진다.

---

[27] Harriette Hemmasi. 2002. Why Not MARC?. In *Proceedings of the Third International Conference on Music Information Retrieval*, October, 13-17, 2002, Paris, France, p.243.

```
〈ONIXMessage release="3.0"〉
  〈Header〉
    …
  〈/Header〉
  〈Product〉
    …
    〈DescriptiveDetail〉
      〈ProductFormFeature〉
        〈ProductFormFeatureType〉 09 〈/ProductFormFeatureType〉
        〈ProductFormFeatureValue〉 10 〈/ProductFormFeatureValue〉
      〈/ProductFormFeature〉
      〈ProductFormFeature〉
        〈ProductFormFeatureType〉 09 〈/ProductFormFeatureType〉
        〈ProductFormFeatureValue〉 11 〈/ProductFormFeatureValue〉
      〈/ProductFormFeature〉
      〈ProductFormFeature〉
        〈ProductFormFeatureType〉 09 〈/ProductFormFeatureType〉
        〈ProductFormFeatureValue〉 13 〈/ProductFormFeatureValue〉
      〈/ProductFormFeature〉
    〈/DescriptiveDetail〉
    …
    〈TitleDetail〉
      〈TitleType〉 01 〈/TitleType〉
      〈TitleElement〉
        〈TitleElementLevel〉 01 〈/TitleElementLevel〉
        〈TitleText〉 Accessible EPUB 3 〈/TitleText〉
      〈/TitleElement〉
    〈/TitleDetail〉
    …
  〈/Product〉
〈/ONIXMessage〉
```

(그림 5-7) 구조적 메타데이터 레코드의 예(ONIX)[28]

[28] EPUB 3 Accessibility Guidelines. Retrieved January 30, 2016 from http://www.idpf.org/accessibility/guidelines/content/meta/onix.php#meta005-ex

5.5.4 보존 메타데이터(Preservation Metadata)

웹 상에서 접근하고 이용할 수 있는 정보자원의 양이 급증함에 따라, 이들 웹 정보자원을 유지하고 보존하는 활동에 대한 중요성 또한 날로 커지고 있다. 하지만 정보를 기록하거나 저장하는 방법, 정보자원과 관련된 어플리케이션 기술의 급격한 발전으로 인해 디지털 정보자원이 비일관적인 방식으로 생성되고 있으며, 이로 인해 정보의 수명이 짧아지고 무분별하게 사용되는 환경으로 변화하고 있다.

특히, 태생부터 디지털 형태로 생성되는 정보(born-digital information)의 수가 급증하고 이러한 정보의 유형이 일반화되고 있는 상황에서, 디지털 정보자원은 가변적이고 임의로 변경되기 쉬우며 일시적인 특성을 지니고 있다. 이러한 불안정한 정보환경에서, 신뢰성 있는 정보를 확인하고 이들 정보자원의 보존과 관련된 활동을 지원해 줄 수 있는 보존 메타데이터에 대한 요구가 지속적으로 제기되어 왔으며, 기존의 인쇄형태뿐만 아니라 디지털 형태의 정보자원을 보존하기 위한 목적으로 구축되는 메타데이터의 수 또한 계속해서 늘어나고 있다.

이와 관련해서 Day는 "메타데이터는 네트워크 상의 정보에 대한 접근과 조직에 있어서의 역할이 점점 더 크게 인식되고 있으며, 부가적으로 디지털 보존 분야에서 보다 중요하게 사용되고 있다"라고 주장하면서 보존 메타데이터의 기능과 중요성에 대해 언급하고 있다.[29]

보존 메타데이터는 정보자원의 보존 및 유지와 관련된 다양한 기능을 수행하는데, 디지털 정보자원의 진위여부 확인, 형태적인 변환 이력, 저작권 관리 등 보존과 관련된 정보의 제공뿐만 아니라 보존의 대상이 되는 정보자원을 식별하거나 검색하는 과정에도 활용될 수 있다. 이외에도 정보자원을 보존하는데 적용되는 제한사항, 보존을 책임지는 기관, 저작권을 소유하고 있는 기관 등 정보자원의 보존 및 관리와 관련된 사항을 포괄적으로 기술하는 과정을 지원해 준다.[30] 이를 종합해 보면, 보존 메타데

[29] Michael Day. 1997. Extending Metadata for Digital Preservation. *Ariadne*, 9. Retrieved August 1, 2014 from http://www.ariadne.ac.uk/issue9/metadata/

[30] Jia Liu. 2007. *Metadata and Its Applications in the Digital Library: Approaches and Practices.* Westport, CT: Libraries Unlimited, p.61.

이터는 오랜 기간에 걸쳐 다양한 형태의 정보자원을 보존·유지·관리하는데 필요한 정보를 제공해 주는 구조화된 체계라고 할 수 있다.

현재 널리 사용되고 있는 보존 메타데이터로는 PREservation Metadata: Implementation Strategies(PREMIS), VERS Encapsulated Object(VEO), CURL Exemplars in Digital ARchives(CEDARS), Reference Model for an Open Archival Information System (OAIS) 등을 들 수 있다. 이외에도 현재까지 다양한 보존 메타데이터가 구축되어 사용되고 있지만, 동적인 특성과 가변성을 지닌 디지털 정보자원을 장기간에 걸쳐 유지·보존하고 이에 대한 접근을 확보하기 위해서는 정보자원의 내적인 측면뿐만 아니라 외적인 활용의 측면까지도 고려해야 한다.

특히, 디지털 정보자원의 보존을 위해서는 전통적인 인쇄형태의 정보자원에 비해 보다 세부적인 요소들이 필요하며, 따라서 보존 메타데이터는 (웹 상의) 디지털 정보자원을 보다 정확하고 세밀하게 기술할 수 있도록 정보자원의 보존과 관리에 특화된 요소들을 마련해야 한다.

5.5.5 저작권 메타데이터(Rights Management Metadata)

인쇄형태의 정보자원과 마찬가지로, 디지털 형태의 정보자원에도 다양한 측면에서 저작권이 적용되고 있다. 하지만 디지털 정보자원은 기존의 인쇄형태 정보자원과는 다른 동적인 특성을 지니고 있으며, 그 활용에 있어서도 복사·수정·전달이 상당히 자유롭고 편리하게 이루어지고 있다.

따라서, 기존의 저작권 방식으로는 디지털 정보자원에 부여된 저작권을 확실하게 보장하기가 어려워지게 되었으며, 인쇄매체에 적용하기 위해 고안된 저작권법은 현재와 같은 디지털 정보환경에 적절하게 대처할 수 있도록 대대적으로 조정되어야 할 필요가 생기게 되었다. 이와 함께, 디지털 정보자원에 대한 접근 권한 부여, 이용에 있어서의 제한사항 적용 등 정보자원의 저작권과 관련된 정보를 제공해 줄 수 있는 체계적인 방안이 필요하게 되었는데, 이러한 목적으로 구축된 메타데이터를 저작권 메타데이터라고 한다.

저작권 메타데이터는 정보자원을 활용할 때 고려해야 하는 저작권 관련 사항을 관리하고 이와 관련한 다양한 정보를 제공해 주기 위한 목적으로 구축된다. 이러한 측면에서, 저작권 메타데이터는 특정 정보자원과 관련된 저작권을 디지털적으로 관리하는데 특화된 메타데이터라고 볼 수 있다.[31]

저작권 메타데이터의 주된 목적은 정보자원에 부여된 저작권에 대한 상세한 정보 및 해당 정보자원의 이용과 관련된 정보를 제공해 주기 위한 것이다.[32] 따라서, 저작권 메타데이터는 '저작권 생성일시', '저작권 상태', '저작권 양도' 등 다른 유형의 메타데이터에서는 사용되지 않는 고유한 특성을 지닌 요소들을 수록하고 있으며, 이들 요소들은 정보자원의 저작권과 관련된 사항을 상세하게 표현해 주는데 특화되어 있다.[33] 또한, 저작권 메타데이터는 이용자들에게 특정 정보자원에 대한 접근 권한을 부여해 주거나 이를 제한하는데 활용되기도 한다.

현재 사용되는 대부분의 메타데이터는 저작권과 관련된 정보를 제공해 주는 요소를 수록하고 있기 때문에 이들 모두를 저작권 메타데이터의 범주에 포함시킬 수도 있지만, 저작권에 특화된 대표적인 메타데이터로는 OAI Rights, METSRights, 〈indecs〉 등을 들 수 있다.

5.5.6 기타 유형의 메타데이터

일반적으로 메타데이터 이용자들은 정보자원에 대한 기술사항을 주로 이용하기 때문에, 일반 이용자들의 메타데이터 활용은 기술적 메타데이터로 한정되는 경향이 있다. 관리적 메타데이터는 정보자원을 유지하고 운영하는 관리자 계층에서 주로 사용되며, 구조적 메타데이터는 정보자원에 수록된 콘텐츠를 의미적인 단위들로 구분하여 정보자원의 구조 및 구성 요소들에 대한 정보를 제공해야 하는 경우에 주로 사용되고 있다.

---

[31] Renato Iannella. 2001. Digital Rights Management(DRM) Architectures. *D-Lib Magazine*, 7(6). Retrieved July 20, 2014 from http://www.dlib.org/dlib/june01/iannella/06iannella.html

[32] CDL Rights Management Group. 2006. copyrightMD Schema, Version 0.9. *California Digital Library Project*. Retrieved June 25, 2014 from http://www.cdlib.org/groups/rmg/

[33] Godfrey Rust. 1998. Metadata: The Right Approach: An Integrated Model for Descriptive and Rights Metadata in e-Commerce. *D-Lib Magazine*, 4(7/8). Retrieved July 1, 2014 from http://www.dlib.org/dlib/july98/rust/07rust.html

이러한 대표적인 메타데이터의 유형 이외에도, 특정 기능을 수행하기 위한 목적으로 구축된 메타데이터들이 널리 사용되고 있다. 이들 메타데이터를 그 주된 기능에 따라 구분해 보면 다음 〈표 5-3〉과 같다.

〈표 5-3〉 메타데이터의 기타 유형[34]

유 형	정 의	요 소
분석적 메타데이터 (analytical metadata)	정보자원의 콘텐츠에 대한 접근점을 분석하고 강화하는데 필요한 정보로, 일반적으로 '주제 메타데이터'로 사용	주제명표목, 디스크립터, 키워드, 초록, 목차 등
비즈니스 메타데이터 (business metadata)	특정 개체에 대한 설명 등 데이터에 특정한 가치를 부여해 주는 용어에 대해 부가되는 정보	키워드, 색인, 참고정보 등
기술 메타데이터 (technical metadata)	정보자원을 디지털 형식으로 변환, 저장, 디스플레이할 때 사용하는 하드웨어 또는 소프트웨어 정보	디지털 장비, 인코딩 방식, 스캐너 정보, 하드웨어 규격, 소프트웨어 규격 등

하지만 메타데이터의 기능이 널리 인식되고 여러 커뮤니티에서 다양한 목적의 메타데이터를 구축하기 시작하면서, 메타데이터의 기능과 목적을 몇 가지의 범주로 구분하는 것은 거의 불가능한 일이 되고 있다. 또한 현재 대부분의 메타데이터는 여러 가지 기능을 동시에 수행할 수 있도록 풍부한 요소들을 수록하고 있기 때문에, 메타데이터의 유형을 그 기능에 따라 명확하게 구분하는 것 역시 어려운 일이다.

일반적으로 메타데이터는 특정 커뮤니티가 요구하는 고유한 목적을 충족시키기 위해 메타데이터의 여러 가지 기능 가운데 한 가지 측면에 집중하여 구축되고 있으며, 따라서 일부 학자들은 메타데이터의 유형과 기능, 목적을 실제적인 적용의 측면에서 구분하기도 한다. 예를 들면, 기술적 메타데이터는 일반적으로 모든 사람들이 접근할 수 있는 시스템에서 주로 이용되는 반면, 관리적 메타데이터는 정보자원 및 관련 데이터 관리를 담당하는 사람들에게만 그 이용이 허용되는 경우가 대부분이다.

[34] Joseph T. Tennis. 2005. SKOS and the Ontogenesis of Vocabularies. In *Proceedings of International Conference on Dublin Core and Metadata Applications: Vocabularies in Practice*. Madrid, Spain, Universidad Carlos III de Madrid, p.276. Retrieved August 5, 2013 from http://dlist.sir.arizona.edu/1952/

이러한 구분은 메타데이터가 최초에 구축될 때 지니고 있던 고유한 목적에 따른 유형 구분이라고 할 수 있다. 이와 같이 여러 가지 기능을 수행하는 메타데이터라 하더라도 해당 메타데이터가 적용되는 상황에 따라 그리고 그 적용되는 방식에 따라 메타데이터의 유형과 기능은 다르게 나타날 수 있다.

제 6 장 메타데이터 구성요소

제 6 장 메타데이터 구성요소

6.1 메타데이터 요소(Metadata Element)

메타데이터 요소는 정보자원을 기술하는데 필요한 기본단위로서, 정보자원이 지닌 다양한 측면들은 각각의 메타데이터 요소를 통해서 기술된다. 따라서 메타데이터 요소는 기술의 대상이 되는 정보자원이 지닌 여러 가지 측면에 대한 정보를 제공해 주는 핵심적인 단위로서의 기능을 수행한다고 볼 수 있다.

메타데이터의 실행을 위해서는 여러 가지 구성요소들이 필요하다. 일반적으로 메타데이터는 개별적인 메타데이터 요소, 메타데이터 요소의 속성이나 요소 사이의 관계 등을 설정해 놓은 메타데이터 요소 세트(metadata element set), 메타데이터 요소의 값(value space), 구문 규칙(content rule), 메타데이터 구조(metadata structure) 등으로 이루어진다.

이러한 구성요소들이 종합적으로 기능하게 될 때 정보자원의 기술을 위한 메타데이터가 구축될 수 있다. 이 가운데 메타데이터 요소는 정보자원을 기술하는데 있어 필수불가결한 요소이며, 정보자원이 지닌 다양한 측면들은 모두 메타데이터 요소를 중심으로 하여 기술되고 있다.

일반적으로 정보자원은 표제, 저자, 주제 등 여러 가지 측면을 지니고 있다. 각각의 측면들은 해당 정보자원을 식별하고 검색하기 위한 접근점으로 사용되고 있으며, 다른 정보자원과의 관계를 설정하는데도 사용될 수 있다. 하지만 정보자원의 유형에 따라 상이한 측면들이 존재하고 있으며, 경우에 따라서는 특정 유형의 정보자원에만 적용될 수 있는 측면들이 존재하기도 한다. 또한 정보자원을 기술하는 이유나 해당 정보자원을 이용하는 커뮤니티의 목적에 따라 정보자원이 지닌 동일한 측면이 다른 방식으로 활용되기도 한다. 이러한 다양한 유형의 정보자원이 지닌 여러 가지 측면을 표준화된 방식으로 기술할 수 있도록 마련한 도구를 메타데이터 요소라고 한다.

메타데이터를 이용해서 정보자원을 기술하는 과정은 정보자원으로부터 추출한 값을 각각의 메타데이터 요소와 연결시키는 방식으로 이루어지며, 메타데이터 요소와 이에 상응하는 요소의 값은 메타데이터 스키마 내에서 구조화된 방식으로 표현된다. 예를 들어, 정보자원의 '표제'라는 측면은 'title'이라는 이름 혹은 레이블이 부여된 메타데이터 요소로 정의되며, 해당 정보자원으로부터 추출한 표제는 'title'이라는 메타데이터 요소의 값으로 할당된다.

이와 같이, 정보자원이 지닌 다양한 측면들에 대해 고유한 용어나 레이블을 부여하고 정보자원을 기술하는데 필요한 속성들을 정의해 주면, 이는 메타데이터 요소로서 기능하게 된다. 이러한 측면에서 보면, 메타데이터 요소는 정보자원이 지닌 속성이나 특징들을 일관성 있게 기술해 주기 위해 커뮤니티 내에서 합의된 용어 혹은 레이블로 정의할 수 있다.[1]

메타데이터 요소는 일반적으로 '이름(term name)', '레이블(label)', '정의(definition)' 등의 속성으로 이루어진다. 이 가운데 '이름'은 정보자원이 지닌 여러 가지 측면에 대한 각각의 명칭을 의미하며, 모든 메타데이터 요소에는 각각의 요소가 기술하는 측면에 대한 고유한 이름이 부여된다. '레이블'은 메타데이터 구조 내에서 각각의 메타데이터 요소를 식별해 주는 항목을 의미한다.

'이름'과 '레이블'은 유사한 것으로 볼 수도 있지만, 그 기능은 확연하게 다르게 나타난다. '이름'은 정보자원의 특정 측면을 사람이 인식할 수 있도록 부여한 명칭이지만, '레이블'은 메타데이터 구조 내에서 컴퓨터가 처리할 수 있도록 표현한 것이다. 따라서 '레이블'은 해당 메타데이터 구조에 적용되는 구문규칙에 따라 기호화하여 표현되는 것이 일반적이다.

---

[1] John Attig, Ann Copeland & Michael Pelikan. 2004. Context and Meaning: The Challenges of Metadata for a Digital Image Library within the University. *College & Research Libraries*, 65(3), p.255.

'정의(definition)'는 메타데이터 요소의 개념적 혹은 의미적 범위를 상세하게 설명한 것을 지칭하며, 이를 통해서 각각의 메타데이터 요소가 정보자원의 어떤 측면을 표현해 주는지가 결정된다. 이 정의는 간결하고 명확해야 하며, 메타데이터 요소의 개념적인 특성만을 간단하게 표현해 주어야 한다. 메타데이터 요소의 정의는 일반적인 단어의 정의와는 다르며, 해당 요소가 무엇을 의미하는지, 어떻게 기능하는지 등을 명확하게 표현하는데 중점을 두어야 한다. '이름', '레이블', '정의' 이외에도 메타데이터 요소 자체에 대한 '설명(comments)', '부가적 정보(note)' 등이 메타데이터 요소를 구성하는 항목에 추가될 수 있다.

Term Name: coverage	
URI	http://purl.org/dc/elements/1.1/coverage
Label	Coverage
Definition	The spatial or temporal topic of the resource, the spatial applicability of the resource, or the jurisdiction under which the resource is relevant.
Comment	Spatial topic and spatial applicability may be a named place or a location specified by its geographic coordinates. Temporal topic may be a named period, date, or date range. A jurisdiction may be a named administrative entity or a geographic place to which the resource applies. Recommended best practice is to use a controlled vocabulary such as the Thesaurus of Geographic names [TGN]. Where appropriate, named places or time periods can be used in preference to numeric identifiers such as sets of coordinates or date ranges.

(그림 6-1) 메타데이터 요소 정의의 예(Dublin Core)

일반적으로 정보자원은 여러 가지 측면을 지니고 있으며, 이들은 모두 메타데이터를 이용한 기술의 대상이 된다. 하지만 이들 다양한 측면들이 모두 다 메타데이터 요소로 정의되는 것은 아니다. 메타데이터 스키마를 구축하는 커뮤니티의 목적에 따라서 그리고 기술하고자 하는 정보자원의 유형이나 특성에 따라서 어떤 속성이 메타데이터 요소로 사용될 것인지가 결정되기도 한다.

6.2 메타데이터 요소 세트(Metadata Element Set)

메타데이터 스키마에서 사용되는 요소들은 레이블(label), 이름(term name), 의미적 범위, 적용 방식 등을 정의함으로써 생성되며, 이들 각각의 요소들은 정보자원이 지닌 속성을 기술하는데 사용된다. 하지만 정보자원은 여러 가지 측면을 지니고 있기 때문에, 하나의 메타데이터 요소만으로는 해당 정보자원을 충분하게 기술할 수 없다. 따라서 정보자원의 여러 가지 측면을 종합적으로 기술하고 표현해 주기 위해서는 일련의 메타데이터 요소가 필요하며, 이들 메타데이터 요소들은 메타데이터 요소 세트(metadata element set)로 정의된다.

즉, 메타데이터 요소 세트는 정보자원이 지닌 다양한 측면을 기술해 주는 각각의 메타데이터 요소들이 모여서 이루어진 메타데이터 요소의 집합을 의미하며, 정보자원을 완전하게 기술하기 위해서는 메타데이터 스키마에 메타데이터 요소 세트가 마련되어 있어야 한다.

메타데이터 요소와는 다르게, 메타데이터 요소 세트는 의미(semantics)와 콘텐츠(contents)의 두 가지 기본적인 구성요소로 이루어진다. 의미는 각각의 메타데이터 요소에 대한 개념적 정의 및 요소들 사이의 관계를 설명해 주며, 콘텐츠는 각 요소에 어떤 값(value)이 부여되는지에 대한 선언이나 지침을 의미한다.[2] 이들 구성요소는 개별적인 메타데이터 요소를 대상으로 하는 것이 아니라, 전체적인 메타데이터 요소의 집합이 갖게 되는 의미적 범위와 값의 허용 범위 등을 설정해 준다.

이를 통해, 정보자원을 기술하는데 있어서 각각의 메타데이터 요소가 어떤 의미를 지니고 정보자원으로부터 어떤 값을 부여받을 수 있는지 등 메타데이터 스키마 수준에서의 특성을 형성해 주는 기능을 수행한다. 결국 정보자원을 실질적으로 기술해 주는 것은 메타데이터 요소 세트이며, 메타데이터 요소 세트에 포함된 메타데이터 요소가 어느 정도로 세분되어 있는지, 얼마나 많은 메타데이터 요소가 마련되어 있는지 등에 따라 정보자원의 기술 수준이 결정된다고 볼 수 있다.

---

[2] Marcia Lei Zeng & Jian Qin. 2008. *Metadata*. New York, NY: Neal-Schuman Publishers, Inc., p.93.

Element Name: type

Label:	Type
Definition:	The nature or genre of the resource.
Comment:	Recommended best practice is to use a controlled vocabulary such as the *DCMI Type Vocabulary* [DCMITYPE]. To describe the file format, physical medium, or dimensions of the resource, use the Format element.

Element Name: format

Label:	Format
Definition:	The file format, physical medium, or dimensions of the resource.
Comment:	Examples of dimensions include size and duration. Recommended best practice is to use a controlled vocabulary such as the list of *Internet Media Types* [MIME].

Element Name: identifier

Label:	Identifier
Definition:	An unambiguous reference to the resource within a given context.
Comment:	Recommended best practice is to identify the resource by means of a string conforming to a formal identification system.

Element Name: source

Label:	Source
Definition:	A related resource from which the described resource is derived.
Comment:	The described resource may be derived from the related resource in whole or in part. Recommended best practice is to identify the related resource by means of a string conforming to a formal identification system.

(그림 6-2) 메타데이터 요소 세트의 예(Dublin Core)

메타데이터 요소 세트를 구축할 때 범하기 쉬운 오류 중의 하나는 정보자원이 지니고 있는 모든 측면을 다 기술하고자 하는 것이다. 이럴 경우 메타데이터 요소의 수가 많아지게 되며, 메타데이터 요소 세트의 의미적 범위가 상당히 넓어지게 된다. 또한, 각각의 요소에 부가되는 한정어, 구문규칙, 제한사항 등이 함축적으로 규정되거나 복잡하게 설정될 수 있다. 이러한 문제를 방지하기 위해서 메타데이터 요소 세트는 메타데이터 요소를 용이하게 적용할 수 있는 단순한 구조와 명확한 의미적 범위를 지니는 것이 바람직하다.

이와 함께 메타데이터 요소 세트는 확장성 있는 유연한 구조를 지니고 있어야 하는데, 여기에서 확장성은 메타데이터 스키마에 새로운 요소 혹은 하위요소를 추가할 수 있는 기능을 의미한다. 새롭게 추가되는 요소는 기존의 다른 메타데이터 스키마에서 가져올 수도 있고 특정 커뮤니티의 요구에 따라 새롭게 생성할 수도 있는데, 메타데이터 요소 세트는 새로운 메타데이터 요소를 추가할 수 있도록 유연성을 갖추고 있어야 한다.

6.3 메타데이터 구조(Metadata Structure)

정보자원이 지닌 다양한 측면을 기술하기 위해서는 각각의 측면을 표현해 줄 수 있는 메타데이터 요소가 필요하다. 하지만 하나의 메타데이터 요소만으로는 정보자원의 전체적인 측면을 모두 다 기술할 수가 없으며, 따라서 메타데이터 요소 세트를 통해서 해당 정보자원의 여러 가지 측면을 상세하고 풍부하게 기술해 줄 수 있다. 이 기술사항은 다양한 메타데이터 요소가 상호작용을 함으로써 이루어지는 것이며, 이 과정에서 메타데이터 요소 사이에는 의미적인 관계가 형성된다.

메타데이터 구조는 메타데이터 요소들 사이의 의미적인 관계가 조직화된 체계를 의미한다. 이는 개별적인 메타데이터 요소를 메타데이터 스키마 내에 위치시키는 체계이며, 이를 통해 메타데이터 요소 사이의 관계를 형성할 수 있다. 메타데이터 구조는 메타데이터 요소 사이에 형성되는 관계에 따라서 일반적으로 계층적 구조와 수평적 구조의 두 가지 유형으로 구분할 수 있다.[3]

수평적 구조는 메타데이터 스키마 전체에 걸쳐서 모든 요소들이 동등한 수준에서 열거되는 체계를 지닌 구조를 의미한다. 따라서 모든 메타데이터 요소는 메타데이터 스키마 내의 다른 메타데이터 요소와 대등한 수준에서의 관계를 형성하며, 각각의 메타데이터 요소는 독립적인 성격을 지니고 있다. 또한, 메타데이터 스키마 전체에 걸쳐 모든 메타데이터 요소가 수평적으로 나열되는 형식을 지니는 것이 일반적이다.

---

[3] Marcia Lei Zeng & Jian Qin. 2008. *Metadata*. New York, NY: Neal-Schuman Publishers, Inc., pp.94-96.

```
〈?xml version="1.0"?〉
〈rdf:RDF
    xmlns:rdf="http://www.w3.org/1999/02/22-rdf-syntax-ns#"
    xmlns:dc="http://purl.org/dc/elements/1.1/"〉
  〈rdf:Description〉
    〈dc:creator〉 Karl Mustermann 〈/dc:creator〉
    〈dc:title〉 Algebra 〈/dc:title〉
    〈dc:subject〉 mathematics 〈/dc:subject〉
    〈dc:date〉 2000-01-23 〈/dc:date〉
    〈dc:language〉 en 〈/dc:language〉
    〈dc:description〉 An introduction to algebra 〈/dc:description〉
  〈/rdf:Description〉
〈/rdf:RDF〉
```

(그림 6-3) 수평적 구조를 지닌 메타데이터의 예(Dublin Core)

수평적 구조에서는 하위요소(subelement) 등과 같은 개념은 적용되지 않으며, 모든 요소들은 동등한 수준에서 정보자원의 특정 측면을 기술하는데 사용된다. 하지만 정보자원을 기술하는 과정에서 메타데이터 요소들의 의미가 특정 범위로 한정되거나 보다 상세하게 세분될 수 있는데, 이러한 경우에는 한정어(qualifier)를 이용해서 메타데이터 요소의 의미적 범위에 제한을 가할 수 있다.

〈표 6-1〉에서는 Dublin Core의 요소 가운데 'Title'과 'Description'에 적용된 한정어의 예를 보여주고 있다. 'Title'은 정보자원의 표제를 기술하는데 사용되는 요소이지만, 경우에 따라서는 하나의 정보자원에서도 본표제, 부표제, 번역표제, 축약표제 등 여러 가지 유형의 표제가 동시에 제공되기도 한다. 이러한 경우 'Title'의 의미를 세분하여 본표제 이외의 표제를 보다 명확하게 기술할 수 있도록 의미적인 제한을 가할 수 있는데, 이때 사용되는 것이 'Alternative'라는 한정어이다. 'Alternative' 한정어는 본표제를 제외한 기타 표제를 기술할 수 있도록 'Title'의 의미적 범위를 제한해 주는 기능을 한다.

〈표 6-1〉 한정어를 적용한 메타데이터 요소의 예(Dublin Core)

Element: Title	
Qualifier Name	alternative
Label	Alternative
Definition	Any form of the title used as a substitute or alternative to the formal title of the resource
Comment	This qualifier can include Title abbreviations as well as translations

Element: Description	
Qualifier Name	tableOfContents
Label	Table of Contents
Definition	A list of subunits of the content of the resource

Element: Description	
Qualifier Name	abstract
Label	Abstract
Definition	A summary of the content of the resource

이와 같이, 한정어는 하나의 메타데이터 요소가 지닌 의미를 제한하거나 세분하는데 사용되는 것이 일반적이지만, 특정 한정어가 여러 요소에 걸쳐 포괄적으로 적용될 수도 있다. 또한 수평적 구조에서의 한정어는 메타데이터 요소와 상관없이 단독으로도 정보자원을 기술하는데 사용될 수 있기 때문에 그 자체가 하나의 독립적인 메타데이터 요소로서의 기능을 수행할 수도 있다. 하지만 대부분의 경우 한정어는 관련된 메타데이터 요소와 함께 사용되는 것이 일반적이다.

〈dc:title〉 UKOLN 〈/dc:title〉
〈dcterms:alternative〉 UK Office for Library and Information Networking
〈/dcterms:alternative〉
〈dc:subject〉 national centre, network information support, library
community, awareness, research, information services, public library
networking, bibliographic management, distributed library systems,
metadata, resource discovery, conferences, lectures, workshops
〈/dc:subject〉
〈dc:subject xsi:type="dcterms:DDC"〉 062 〈/dc:subject〉
〈dc:subject xsi:type="dcterms:UDC"〉 061 〈/dc:subject〉
〈dcterms:abstract〉 A centre of excellence in digital information
management, providing advice and services to the library, information
and cultural heritage communities. 〈/dcterms:abstract〉
〈dcterms:tableOfContents〉 home -- A-Z of projects and activities --
about UKOLN -- contact UKOLN -- accessibility -- news RSS
〈/dcterms:tableOfContents〉

(그림 6-4) 한정어를 적용한 메타데이터의 일부 예(Dublin Core)

수평적 구조를 지닌 메타데이터와는 달리, 계층적 구조를 적용한 메타데이터에서는 특정 메타데이터 요소가 그와 관련된 세부적인 요소(subelement)를 하위에 지니게 된다. 이들 하위요소는 상위의 메타데이터 요소가 지닌 세부적인 측면을 구분해 주거나 해당 메타데이터 요소의 의미적 범위를 한정해 주는 역할을 한다는 점에서는 수평적 구조의 한정어와 유사한 기능을 하는 것으로 볼 수 있다.

하지만 계층적 구조에서의 하위요소는 독립적으로 사용될 수 없으며, 메타데이터 요소와 하위요소는 종속관계 혹은 계층적인 관계를 형성하게 된다. 하위요소는 또 다른 하위요소를 가질 수도 있으며, 계층구조에 수록된 요소는 하위요소 이외에 속성(attribute)을 가질 수도 있다.

```
name
  Attributes:
       ID; xlink; lang; xml:lang; script; transliteration
       type (enumerated: personal, corporate, conference, family)
       authority; authorityURI; valueURI
       displayLabel
       usage (primary)
       altRepGroup
       nameTitleGroup
  Subelements:
       namePart
                Attributes: type (date, family, given, termsOfAddress);
                lang; xml:lang; script; transliteration
       nameIdentifier
       displayForm
                Attributes: lang; xml:lang; script; transliteration
       affiliation
                Attributes: lang; xml:lang; script; transliteration
       role
                roleTerm
                         Attributes: type (code, text); authority;
                         authorityURI; valueURI; lang; xml:lang; script;
                         transliteration
       description
                Attributes: lang; xml:lang; script; transliteration
       etal
```

(그림 6-5) 계층적 구조를 지닌 메타데이터 요소의 예(MODS의 name 요소)

계층적 구조에서의 하위요소의 의미는 일반적으로 상위요소가 지닌 의미적 범위 내에 속하게 되며, 해당 상위요소에 부여된 속성 또한 하위요소에 함께 적용되는 경우가 대부분이다. 하지만 일부 속성들은 범용적인 속성으로 사용되어서 메타데이터 스키마 내의 모든 요소나 하위요소에 공통적으로 적용될 수도 있다. 또한 대부분의 계층구조에서는 하위요소들이 반복적으로 사용될 수 있으며, 상위요소는 여러 개의 하위요소 세트를 포함할 수 있다. 이러한 경우, 상위요소는 정보자원의 기술을 위한 요소로서의 기능보다는 하위요소를 수록해 주는 의미적 카테고리의 개념으로 사용되기도 한다.

```
<?xml version="1.0" encoding="UTF-8"?>
<modsCollection xmlns:xlink="http://www.w3.org/1999/xlink"
  xmlns:xsi="http://www.w3.org/2001/XMLSchema-instance"
  xmlns="http://www.loc.gov/mods/v3"
  xsi:schemaLocation="http://www.loc.gov/mods/v3  http://www.loc.gov/sta
  ndards/mods/v3/mods-3-3.xsd">
<mods version="3.3">
<titleInfo>
  <title> FranUlmer.com -- Home Page </title>
</titleInfo>
<titleInfo type="alternative">
  <title> Fran Ulmer, Democratic candidate for Governor, Alaska, 2002
  </title>
</titleInfo>
<name type="personal">
  <namePart> Ulmer, Fran </namePart>
</name>
<genre> Website </genre>
<language>
  <languageTerm authority="iso639-2b"> eng </languageTerm>
</language>
<physicalDescription>
  <internetMediaType> text/html </internetMediaType>
  <internetMediaType> image/jpg </internetMediaType>
</physicalDescription>
<subject>
  <topic> Elections </topic>
  <geographic> Alaska </geographic>
</subject>
```

(그림 6-6) 계층적 구조의 메타데이터 레코드(MODS)

(그림 6-6)의 예에서 나타난 바와 같이, 메타데이터 요소 가운데 〈titleInfo〉는 정보자원을 직접적으로 기술하는데 사용되는 것은 아니며, 하위요소인 〈title〉이 실제적으로 정보자원의 특정 측면(표제)을 기술해 주고 있다. 이러한 경우 〈titleInfo〉는 〈title〉 등 정보자원의 표제와 관련된 하위요소를 포괄해 주는 의미적 카테고리로 사용된다.

수평적, 계층적 구조 이외에도 열거식 구조, 혼합형 구조, 데이터베이스 구조 등 여러 가지 방식이 메타데이터 요소를 조직하는데 적용될 수 있다. 하지만 이들 구조들은 모두 메타데이터 스키마 내에 수록되는 메타데이터 요소, 한정어, 속성 등을 체계적으로 조직하기 위한 것이며, 정보자원을 효과적으로 기술하고 표현해 주는데 특화된 방식으로 메타데이터 스키마를 구축하기 위한 것이다.

6.4 내용규칙(Content Rules)

메타데이터를 이용해 정보자원을 기술하기 위해서는 메타데이터 요소 세트의 구축이 필수적이다. 메타데이터 요소 세트는 메타데이터 스키마를 구축하는 커뮤니티의 고유한 목적을 충족시키기 위하여 정보자원이 지닌 특정 측면들을 충분하게 기술할 수 있도록 구축되어야 한다. 따라서, 메타데이터 요소 세트를 구축하는 방법도 커뮤니티에 따라 상당히 다양하게 나타나고 있는데, 해당 커뮤니티의 목적과 특성에 최적화된 특화된 메타데이터 요소 세트를 처음부터 새롭게 구축할 수도 있지만, 기존의 다른 메타데이터 요소 세트 가운데 해당 커뮤니티의 목적에 적합한 요소들만을 선택하여 메타데이터 스키마의 구축에 적용하기도 한다. 하지만 어떤 메타데이터 요소를 사용할지를 선정하고 이를 메타데이터 구조 안에 위치시키는 것만으로 메타데이터 스키마가 구축되는 것은 아니다.

메타데이터 스키마의 구축을 위해서는 각각의 메타데이터 요소들이 일정한 형식에 따라 표준화된 구문을 통해 논리적으로 배열되고 메타데이터 요소 사이의 상호관계가 명확하게 설정되어야 한다. 이를 위해서는 메타데이터 요소의 체계적인 조직 및 적용을 위한 여러 가지 규칙이 필요하며, 이 규칙에는 메타데이터 요소 혹은 요소 세트의 의미적 범위, 활용 범위, 요소 사이의 관계 등을 제한해 주는 여러 가지 제한사항 등이 적용되어야 한다. 또한, 메타데이터를 이용해 정보자원을 기술하기 위해서는 정의된 메타데이터 요소들이 정보자원으로부터 어떤 값을 부여받을 수 있는지에 대한 규칙이 마련되어 있어야 한다.

일반적으로 메타데이터 요소에 적용되는 규칙과 제한사항들은 일관성 있는 방식으로 메타데이터 요소에 값을 부여하기 위한 형식으로 적용된다. 이를 내용규칙(content rules)이라고 하며, 이는 메타데이터의 내용적인 구조를 형성해 준다. 메타데이터에 적용되는 내용규칙은 요소의 값을 선정하는 방법, 요소의 값을 표현하는 형식, 요소값의 적용범위의 세 가지로 크게 구분할 수 있다.

첫째, 메타데이터 스키마는 정보자원이 지닌 다양한 측면들을 각각의 메타데이터 요소를 통해서 기술해 주며, 정보자원으로부터 추출된 내용들은 메타데이터 요소의 값으로 부여되어 메타데이터 레코드를 생성하게 된다. 하지만 정보자원으로부터 요소값을 추출하는 과정에서 일관된 방식이 적용되지 않는다면 생성된 메타데이터 레코드의 정확성이나 신뢰도를 확보할 수 없다. 이러한 문제를 방지하기 위해서는 정보자원으로부터 메타데이터 요소의 값을 어떻게 추출하고 기술하는지에 대한 제한이 적용되어야 한다. 예를 들면, 정보자원에 본표제, 부표제, 축약표제 등 다수의 표제가 사용되고 있을 때, 어떤 표제를 정보자원의 본표제로 채택할 것인지 등이 이에 해당된다.

둘째, 요소의 값을 표현하는 형식은 정보자원으로부터 추출된 요소값을 일관성 있는 방식으로 표현해 주기 위한 규칙으로 사용된다. 이는 각각의 메타데이터 요소가 지닌 특성에 적합한 값의 범위와 형식을 사전에 규정해 놓은 규칙이라고 볼 수 있다. 메타데이터 요소의 값을 표현하는 형식은 메타데이터 스키마마다 다르게 적용하고 있는데, 예를 들면 Dublin Core에서는 'Encoding Scheme'으로, MODS에서는 'encoding'이라는 속성을 사용해서 요소값의 형식을 명시해 주고 있다.

```
<titleInfo>
   <title>Telescope Peak from Zabriskie Point</title>
</titleInfo>
<titleInfo type="alternative" >
   <title>Telescope PK from Zabriskie Pt.</title>
</titleInfo>
<name type="personal">
   <namePart type="family">Cushman</namePart>
   <namePart type="given">Charles Weever</namePart>
   <namePart type="date">1896-1972</namePart>
   <role>
      <roleTerm type="code" authority="marcrelator">pht</roleTerm>
      <roleTerm type="text" authority="marcrelator">Photographer</roleTerm>
   </role>
</name>
<typeOfResource>still image</typeOfResource>
<genre authority="gmgpc">Landscape photographs</genre>
<originInfo>
   <dateCreated encoding="w3cdtf" keyDate="yes">1955-03-22</dateCreated>
   <copyrightDate encoding="w3cdtf">2003</copyrightDate>
</originInfo>
<physicalDescription>
   <internetMediaType>image/jpeg</internetMediaType>
   <digitalOrigin>reformatted digital</digitalOrigin>
```

(그림 6-7) 요소값의 형식을 규정해 주는 내용규칙(MODS)

(그림 6-7)은 메타데이터 표준 가운데 MODS를 사용하여 작성된 레코드의 예를 든 것이다. 이 예에서, 'encoding'이라는 속성은 'dateCreated' 및 'copyrightDate' 요소의 값으로 부여된 '1955-03-22' 및 '2003'의 표기 형식을 표준화시켜 주기 위해 'W3CDTF'라는 날짜 표기 형식을 지정해 주고 있다. 따라서, 이들 두 요소의 값으로 입력되는 내용은 'W3CDTF' 형식인 YYYY-MM-DD에 따라 입력되며, 이를 통해 일관성 있는 방식으로 날짜를 표기할 수 있게 된다.

셋째, 정보자원을 일관성 있는 방식으로 기술해 주기 위해서는 메타데이터 스키마에 수록되는 각각의 메타데이터 요소의 의미적 범위를 규정해 주는 규칙이 필요하다. 이 규칙은 메타데이터 요소의 값으로 부여될 수 있는 내용의 범위를 한정해 주며, 정보자원을 기술할 때 메타데이터 요소를 어떤 방식으로 적용하는지 등을 구체화해 준다. 예를 들면, 정보자원을 기술할 때 메타데이터 요소의 값을 기존의 통제어휘(controlled vocabulary)에서 가져올 것인지 아니면 자연어로 부여할 수 있는지 등에 대한 규칙이 이에 해당하며, 요소의 값을 해당 정보자원에 수록된 콘텐츠에서만 추출해야 하는지 아니면 저자가 임의로 부여할 수 있는지에 대한 규정이 필요한 경우도 있다.

이와 같이 내용규칙은 정보자원의 유형에 따라 그리고 메타데이터 스키마에 따라 다양하게 적용될 수 있지만, 정보자원이 지닌 특정 측면으로부터 어떤 내용을 어떤 방식으로 추출하는지를 규정해 줌으로써 메타데이터 레코드의 일관성을 확보한다는 공통점을 지니고 있다. 또한 이러한 제한사항이나 내용규칙 등을 통해서 메타데이터 요소의 의미적 범위가 명확하게 설정되며, 이를 통해 메타데이터 레코드의 신뢰성과 정확성을 확보할 수 있게 된다.

6.5 값의 범위 및 메타데이터 어휘

값의 범위(value space)는 특정 메타데이터 요소 혹은 데이터 유형에 대해 규정된 일련의 요소값의 범위로 정의할 수 있다.[4] 메타데이터 스키마에서의 값의 범위는 메타데이터 요소의 값이 될 수 있는 항목들을 지정해 주며, 경우에 따라서는 메타데이터 요소 세트 내의 각각의 요소에 특화된 규칙이나 제한사항을 의미하기도 한다.

즉, 값의 범위는 정보자원을 기술하는데 있어서 메타데이터 요소의 값으로 사용될 수 있는 콘텐츠의 범위를 지정해 주는 규칙 혹은 요소 값의 범위 자체를 의미한다. 이렇게 메타데이터 요소의 값을 통제하는 것은 정보자원을 기술할 때 기술사항의 일관성을 확보하고 이를 통해 검색의 효율성을 높여주는데 그 목적이 있다.

메타데이터 요소의 값으로 사용될 수 있는 콘텐츠는 키워드, 문장, 기호, 숫자 등 해당 메타데이터 요소의 속성에 따라 다양하게 나타난다. 정보자원으로부터 이들 콘텐츠를 추출하여 메타데이터 요소의 값으로 선정할 때에는 내용규칙(content rules)이 적용되는 경우가 대부분이며, 특정 형태의 어휘로 그 범위가 규정된다.

[4] Marcia Lei Zeng & Jian Qin. 2008. *Metadata*. New York, NY: Neal-Schuman Publishers, Inc., p.103.

메타데이터에서의 어휘는 특정 메타데이터 요소에 부여될 수 있는 값들의 집합을 의미한다. 대부분의 메타데이터 요소에서는 요소의 값으로 사용될 수 있는 어휘에 제한이 없으며, 정보자원으로부터 추출한 문장이나 자연어 등이 요소값으로 부여될 수 있다. 하지만 일부 메타데이터 요소의 경우에는 부여할 수 있는 값의 범위나 형식이 엄격하게 제한되기도 한다. 이때 적용되는 것이 '통제어휘(controlled vocabulary)'이며, 이는 메타데이터 요소에 부여할 수 있는 값을 사전에 규정해 놓은 적용 가능한 값(어휘)의 집합을 의미한다. 현재 널리 사용되고 있는 대표적인 통제어휘의 유형으로는 용어리스트(list of terms), 전거파일(name authority), 시소러스(thesaurus) 등을 들 수 있다.

용어리스트는 정보자원의 특정 측면을 기술할 때 사용할 수 있는 용어의 의미와 범위를 메타데이터 구축자 혹은 관리자가 사전에 규정해 놓은 것이다.[5] 따라서 용어리스트는 적용할 수 있는 용어의 수가 비교적 적고 그 의미가 명확하게 나타날 경우에 주로 사용하게 된다. 용어리스트는 적용 가능한 어휘를 나열하는 형태가 대부분이며, 나열되는 순서나 원칙이 명확하게 나타나고, 수록된 어휘가 간단하고 명료하다는 특징을 지니고 있다.

전거파일은 용어리스트에 비해 규모가 크고 복잡한 어휘를 적용하는 경우에 주로 사용되는 통제어휘이다. 전거파일은 도서관계에서 MARC 시스템의 전거통제용으로 주로 사용되어 왔으나, 메타데이터 스키마에서는 일반적으로 특정 커뮤니티에서 공통적으로 합의되어 사용하는 용어의 집합으로서 혹은 용어의 형태를 통일시켜 주거나 동일한 의미를 지닌 용어들을 제어해 주는 기능으로 사용된다. 하지만, 전거파일은 용어들 사이의 관계를 나타내 주지는 않기 때문에 계층적 구조가 아닌 수평적 구조를 지닌 메타데이터에 보다 많이 적용되고 있다. 전거파일의 대표적인 예로는 Union List of Artist Names(ULAN)[6], Getty Thesaurus of Geographic Names[7], Library of Congress Name Authority File[8] 등을 들 수 있다.

---

[5] Marcia Lei Zeng & Jian Qin. 2008. *Metadata*. New York, NY: Neal-Schuman Publishers, Inc., p.110.

[6] Getty Research Institute. Retrieved January 23, 2016 from http://www.getty.edu/research/conducting_research/ vocabularies/ulan

[7] Getty Research Institute. Retrieved January 23, 2016 from http://www.getty.edu/research/conducting_research/ vocabularies/tgn/

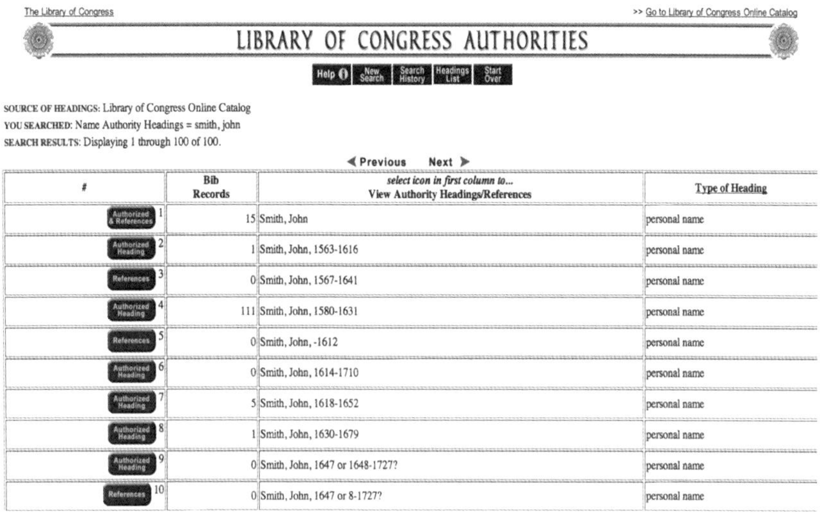

The Library of Congress >> Go to Library of Congress Online Catalog

LIBRARY OF CONGRESS AUTHORITIES

Help | New Search | Search History | Headings List | Start Over

SOURCE OF HEADINGS: Library of Congress Online Catalog
YOU SEARCHED: Name Authority Headings = smith, john
SEARCH RESULTS: Displaying 1 through 100 of 100.

◀ Previous Next ▶

#	Bib Records	select icon in first column to... View Authority Headings/References	Type of Heading
Authorized & References 1	15	Smith, John	personal name
Authorized Heading 2	1	Smith, John, 1563-1616	personal name
References 3	0	Smith, John, 1567-1641	personal name
Authorized Heading 4	111	Smith, John, 1580-1631	personal name
References 5	0	Smith, John, -1612	personal name
Authorized Heading 6	0	Smith, John, 1614-1710	personal name
Authorized Heading 7	5	Smith, John, 1618-1652	personal name
Authorized Heading 8	1	Smith, John, 1630-1679	personal name
Authorized Heading 9	0	Smith, John, 1647 or 1648-1727?	personal name
References 10	0	Smith, John, 1647 or 8-1727?	personal name

(그림 6-8) 메타데이터에 적용되는 전거파일(LC Name Authority File)

시소러스는 전거파일과 마찬가지로 규모가 크고 복잡한 어휘의 집합에 주로 적용되고 있다. 하지만 시소러스는 통제어휘를 특정 체계에 따라 구조적으로 나열한 것으로, 메타데이터에서의 시소러스는 메타데이터 요소의 값으로 사용될 수 있는 모든 가능한 용어들을 수록함과 동시에 용어들 사이의 다양한 관계를 표현해 준다. 따라서 시소러스는 계층적 구조를 지닌 메타데이터 스키마에 효과적으로 사용될 수 있으며, 메타데이터 요소의 값으로 하나 이상의 어휘가 적용될 수 있는 경우에 주로 사용된다. 시소러스의 대표적인 예로는 Art and Architecture Thesaurus(AAT)[9], Library of Congress Thesauri[10] 등을 들 수 있다.

---

[8] Library of Congress Authorities. Retrieved January 21, 2016 from http://authorities.loc.gov/

[9] Getty Research Institute. Retrieved January 18, 2016 from http://www.getty.edu/research/tools/vocabulary/aat/index.html

[10] Library of Congress Thesauri. Retrieved January 6, 2016 from http://www.loc.gov/pmei/lexico/tgm1/brsearch.html

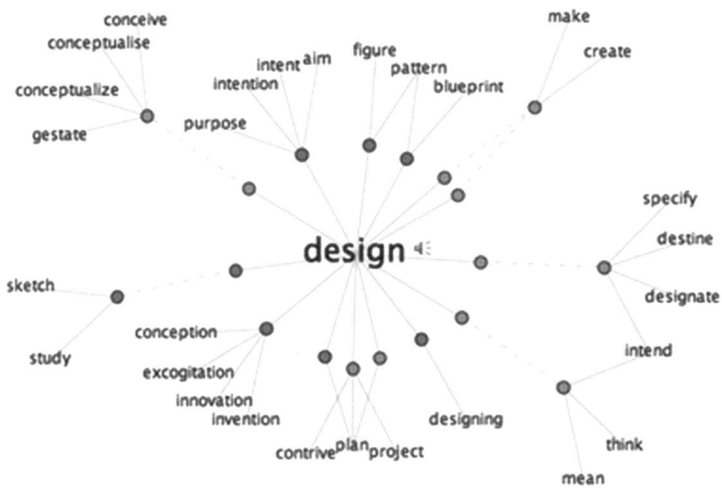

(그림 6-9) 시소러스의 구조[11]

이와 같이 통제어휘는 의미적으로 통제된 혹은 제어된 용어의 리스트로부터 시소러스 등과 같은 복잡한 구조에 이르기까지 다양한 형태로 진화되어 왔다. 용어리스트는 가장 단순한 형태이며 포함되는 용어의 수도 적게 나타나지만, 용어의 수가 많아지고 용어 사이의 관계를 표현해 주는 기능이 추가되면서 시소러스의 형태로 발전해 왔다. 메타데이터 스키마의 구조가 단순하고 메타데이터 요소에 적용되는 규칙이 단순할 경우에는 용어리스트를 사용하는 것이 적합한 반면, 계층적인 구조를 지니고 있고 포함되는 용어 사이의 관계가 다양한 수준에서 나타날 경우에는 시소러스와 같은 구조를 지닌 통제어휘를 사용하는 것이 보다 바람직하다.

현재 메타데이터 스키마에서 사용하는 값의 범위 혹은 메타데이터 어휘 가운데 대표적인 것으로는 정보자원의 유형(type), 장르(genre) 등을 기술하는데 사용되는 통제어휘를 들 수 있다. DCMI Type Vocabulary는 이러한 유형의 통제어휘의 대표적인 예이다. DCMI Type Vocabulary는 Dublin Core 메타데이터 표준에서 주로 사용하는 것으로, 특정 정보자원의 유형을 표준화된 방식으로 기술하기 위해서 Dublin

[11] Visual Thesaurus. Retrieved January 23, 2016 from http://www.creativetechs.com/iq/visual_thesaurus.html

Core의 'Type' 요소의 값으로 사용될 수 있는 용어를 사전에 정의해 놓은 리스트이다. 이 용어리스트를 'Type' 요소의 값을 부여하는데 적용하게 되면 특정 정보자원의 콘텐츠 유형을 일관성 있는 방식으로 기술할 수 있다는 장점이 있다.

〈표 6-2〉 Dublin Core의 DCMI Type Vocabulary

정보자원 유형 (Type 요소의 값)	정 의
Collection	정보자원의 집합
Dataset	관련된 데이터의 집합
Event	전시회, 회의, 공연 등 지속성이 없이 특정 시간에 근거하여 발생한 사건
Image	사진, 그림, 회화 등 텍스트가 아닌 시각적인 표현
Interactive Resource	멀티미디어 학습물 등 이용자가 정보자원을 실행하기 위해서는 시스템과의 상호작용이 필요한 형태의 정보자원
Moving Image	애니메이션, 영화, 비디오 등 연속적으로 실행되었을 때 움직임을 느낄 수 있도록 해주는 일련의 시각적 표현
Physical Object	미술작품, 건축물 등과 같은 3차원적인 객체
Service	하나 혹은 그 이상의 기능을 제공하는 시스템
Software	소스파일(source file), 음악파일 등의 형태로 된 컴퓨터 프로그램
Sound	소리의 형태로 정보를 전달하는 정보자원
Still Image	그림, 회화, 그래픽 디자인 등 정적인 상태의 시각적 표현
Text	눈으로 보고 읽는 형태로 정보를 전달하는 정보자원

이와 유사하게 정보자원의 형태를 기술하기 위해 규정된 용어리스트도 사용되고 있는데, 이의 대표적인 예로는 MIME Media Types를 들 수 있다. MIME Media Types는 Internet Assigned Numbers Authority(IANA)에서 제공하는 것으로, 정보매체의 형태 및 그 하위유형을 식별할 수 있도록 규정해 놓은 정보매체 형태의 리스트이다. 이 리스트에 수록된 용어들은 일반적으로 정보자원의 형태(format)와 관련된 메타데이터 요소의 값으로 사용되고 있으며, 이를 이용해 정보자원의 형태를 일관성 있게 표현해 줄 수 있다.

〈표 6-3〉 MIME Media Types 중 Top-Level 유형

유 형	정 의
Application	새로운 유형의 데이터로, 특정 소프트웨어를 통해서 처리되는 데이터나 정보를 의미한다.
Example	특정 개체의 예를 제시하기 위한 데이터로, 다른 유형의 데이터를 포괄할 수 있다.
Message	압축된 데이터로, 특정 개체를 구성하는 한 부분 혹은 해당 개체 전체를 의미한다.
Multipart	독립적인 데이터 유형이 여러 개 모여서 이루어지는 종합적인 데이터를 의미한다.
Video	영상 데이터로, 하드웨어와 소프트웨어가 장착된 기기를 통해 움직이는 이미지 혹은 영상을 포괄한다.
Audio	음성 데이터로, 콘텐츠를 출력하기 위해서는 스피커 등과 같은 음성출력 장치를 필요로 한다.
Image	이미지 형태의 데이터로, 정보를 확인하기 위해서는 특정한 기기가 필요하다.
Model	3D 형식의 컴퓨터 그래픽으로 표현된 데이터를 의미한다.
Text	텍스트로 표현된 정보로, 정보를 표현하기 위한 다른 도구를 필요로 하지 않는다.

이외에도 ISO 3166-1993(E), Library of Congress Subject Headings, Library of Congress Authorities, Australian Pictorial Thesaurus (APT), Art and Architecture Thesaurus(AAT) 등 정보자원의 특정 측면을 일관성 있는 방식으로 기술해 주기 위한 다양한 통제어휘가 널리 사용되고 있다.

6.6 네임스페이스(Namespace)

메타데이터 스키마는 특정 커뮤니티가 지닌 고유한 목적을 충족시키기 위해 해당 커뮤니티에 특화된 메타데이터 요소 세트를 마련하여 정보자원의 기술에 적용하고 있다. 일반적으로 메타데이터 스키마에서 사용되는 요소의 의미와 기능 등은 웹 상에 저장되며, 이들 메타데이터 요소의 집합인 메타데이터 요소 세트에는 고유한 식

별자인 Uniform Resource Identifier(URI)가 부여된다. 메타데이터 스키마에서는 URI를 통해 웹 상에 저장되어 있는 각 요소의 정의와 속성 등에 접근하여 정보자원의 기술에 메타데이터 요소를 적용하게 된다.

하지만 특정 메타데이터 요소 세트가 해당 메타데이터 스키마를 구축한 커뮤니티 내에서만 사용된다면, 모든 커뮤니티는 표제, 저자, 주제 등과 같이 대부분의 정보자원이 지닌 동일한 측면에 대해서도 메타데이터 요소 세트를 중복해서 구축해야 하는 비효율성이 발생하게 된다. 다른 메타데이터 스키마에서 구축해 놓은 메타데이터 요소 세트를 여러 커뮤니티가 공유하고 재사용할 수 있다면 이러한 비효율성의 문제를 해결할 수 있을 뿐만 아니라, 다양한 메타데이터 스키마에서 기술해 주는 여러 가지 측면들을 하나의 메타데이터 스키마에서 통합적으로 적용함으로써 보다 정확하고 풍부하게 정보자원을 기술해 줄 수 있게 된다. 이와 같이, 특정 메타데이터 스키마에서 사용하는 메타데이터 요소 세트가 다양한 커뮤니티에서 범용적으로 사용될 수 있도록 하기 위한 방안으로 마련된 것이 네임스페이스(namespace)이다.[12]

네임스페이스는 일반적으로 메타데이터 요소 세트에 수록된 개별적인 요소를 식별할 수 있는 고유한 이름 혹은 식별자(identifier)의 집합을 의미한다. World Wide Web Consortium(W3C)의 기술지침서(specification)에서는 네임스페이스를 "다양한 메타데이터 스키마에서 사용하는 메타데이터 요소를 고유하게 식별할 수 있도록 생성한 URL 및 이와 관련된 도메인 네임"으로 정의하고 있다.[13]

즉, 네임스페이스는 URI를 통해서 확인할 수 있는 정형화된 메타데이터 요소의 집합이라고 할 수 있다. 예를 들면, Dublin Core 메타데이터에서 사용하는 메타데이터 요소의 의미와 기능 등은 웹 상에 저장되어 있으며, 이 Dublin Core 메타데이터의 요소 세트에는 'http://purl.org/dc/element/1.1/'이라는 고유한 URL이 부여된다. 이 URL은 Dublin Core 메타데이터 요소 세트의 네임스페이스이며, 이를 통해 Dublin Core에서 사용하는 메타데이터 요소를 확인할 수 있다.

---

[12] Jia Liu. 2007. *Metadata and Its Applications in the Digital Library: Approaches and Practices.* Westport, CT: Libraries Unlimited, p.137.

[13] Marcia Lei Zeng & Jian Qin. 2008. *Metadata.* New York, NY: Neal-Schuman Publishers, Inc., p.323.

네임스페이스는 특정 메타데이터 스키마에서 사용되는 요소의 의미나 적용 범위 등을 확인할 수 있도록 해주며, 하나의 메타데이터 스키마가 다른 메타데이터 스키마에서 사용하는 메타데이터 요소 혹은 요소 세트를 차용할 수 있는 기반을 마련해 준다.[14] 즉, 네임스페이스는 여러 메타데이터 스키마에서 사용되는 메타데이터 요소들이 하나의 메타데이터 스키마 내에서 종합적으로 사용될 수 있도록 해주며, 이들 메타데이터 요소가 어떤 메타데이터 스키마에서 정의된 것인지를 알려주는 기능을 수행한다. 이와 함께, 각각의 메타데이터 요소의 의미와 활용방식 등에 대해 해당 메타데이터 스키마에서 규정한 정보 또한 제공해 준다.

네임스페이스는 주로 eXtensible Markup Language(XML)로 구축된 문서에서 메타데이터 요소의 유형이나 속성의 이름을 표현하고 식별하는데 사용된다. XML 네임스페이스를 사용하게 되면, 하나의 메타데이터 스키마에서 정의된 요소 혹은 요소 세트를 다양한 메타데이터 스키마에 걸쳐 사용할 수 있으며, 각 요소가 지닌 의미를 공유할 수 있게 된다. 대표적인 예로 Dublin Core Metadata Initiative(DCMI)에서는 Dublin Core 메타데이터에서 사용하는 모든 요소의 의미와 기능을 확인할 수 있도록 네임스페이스의 방식을 적용하고 있다.

```
<?xml version="1.0"?>
<rdf:RDF xmlns:rdf="http://www.w3.org/1999/02/22-rdf-syntax-ns#"
         xmlns:dc="http://purl.org/dc/elements/1.1/">
  <rdf:Description>
    <dc:creator>Karl Mustermann</dc:creator>
    <dc:title>Algebra</dc:title>
    <dc:subject>mathematics</dc:subject>
    <dc:date>2000-01-23</dc:date>
    <dc:language>EN</dc:language>
    <dc:description>An introduction to algebra</dc:description>
  </rdf:Description>
</rdf:RDF>
```

(그림 6-10) XML 구문에서의 네임스페이스

[14] Tim Bray, et al. 2009. *Namespaces in XML 1.0 (Third Edition): W3C Recommendation 8 December 2009.* Retrieved August 4, 2014 from http://www.w3.org/TR/REC-xml-names/

네임스페이스의 값은 특정 메타데이터 요소 세트에 부여된 URI이며, XML 구문에서 네임스페이스는 'xmlns: *metadata schema*'의 형태로 표시된다. (그림 6-10)에서는 'xmlns:dc'의 형식으로 Dublin Core 메타데이터임을 표시해 주고 있으며, 'xmlns:dc'의 값으로 부여된 "http://purl.org/dc/elements/1.1/"는 Dublin Core 메타데이터 요소 세트에 부여된 URL로서, 이를 통해 Dublin Core 메타데이터 스키마에서 사용하는 각각의 메타데이터 요소를 확인할 수 있도록 해준다.

(그림 6-10)에서 제시한 'xmlns:dc="http://purl.org/dc/elements/1.1/"'는 해당 메타데이터 레코드가 Dublin Core에서 사용하는 메타데이터 요소를 이용해서 작성되었다는 것을 의미한다. 둘 이상의 메타데이터 스키마로부터 메타데이터 요소 세트를 차용할 경우에는, 네임스페이스를 반복해서 사용함으로써 적용한 모든 메타데이터 요소 세트를 확인할 수 있다.

이와 같이, 네임스페이스를 사용하게 되면 메타데이터 구축자는 기존의 메타데이터 요소 세트로부터 자신이 원하는 요소를 선택하여 이를 재사용할 수 있으며, 다른 커뮤니티의 메타데이터 전문가가 개발해 놓은 메타데이터 요소 세트를 활용할 수 있다는 장점이 있다. 또한 메타데이터를 구축할 때 메타데이터 요소 세트를 처음부터 새롭게 구축하는 번거로움을 피할 수도 있게 된다.

제7장 메타데이터 구문

제 7 장 메타데이터 구문

7.1 메타데이터 인코딩

메타데이터는 정보자원에 대한 기술사항을 체계적인 방식으로 제공해 주는 '정보자원에 대한 구조화된 정보'로 정의할 수 있다. 정보자원에 대한 기술사항은 메타데이터 요소를 통해 이루어지는데, 이들 메타데이터 요소는 메타데이터 스키마의 구조 내에서 구문적으로 표현된다. 메타데이터는 구문규칙에 따라 정보자원이 지닌 각각의 측면을 일관성 있는 방식으로 기술하고 있으며, 기술된 내용은 구조화된 체계를 통해서 논리적으로 표현된다. 이때 정보자원에 대한 기술사항은 사람이 이해할 수 있을 뿐만 아니라 컴퓨터가 처리할 수 있는 방식으로 표현되어야 한다. 하지만 컴퓨터 시스템이 정보자원에 대한 기술사항을 생성하고 이를 검색할 수 있도록 하기 위해서는 기술사항이 표준화된 방식으로 구조화되어야 한다.

메타데이터의 표준화는 정보자원의 기술과 관련해서 상당히 중요한 의미를 지닌다. 왜냐하면 표준화된 방식으로 표현된 메타데이터만이 컴퓨터를 통해서 처리될 수 있으며 다른 시스템과 교환될 수 있기 때문이다. 특히, 디지털 도서관 등과 같이 대규모의 정보자원을 기술하고 조직해야 하는 경우에는 소장하고 있는 정보자원의 효과적인 관리를 위해 어떤 상황에서도 일관성 있게 적용할 수 있는 표준화된 방식으로 메타데이터를 생성해야 한다. 이와 같이, 메타데이터를 표준화된 방식으로 표현하는 것을 일반적으로 메타데이터 인코딩(metadata encoding)이라 한다. 메타데이터에서의 인코딩은 정보자원을 효율적으로 기술·조직·관리하기 위해 컴퓨터가 처리할 수 있는 방식으로 정보자원에 대한 기술사항을 표현해 주는 표준화된 방식으로 인식되고 있다.

메타데이터 인코딩은 정보자원의 기술에 사용되는 메타데이터 요소를 메타데이터 스키마로 변환시키는 과정이며, 이때 사용되는 표준화된 인코딩 방식을 인코딩 스키마(encoding schema)라고 한다. 인코딩 스키마는 표준화된 구문(syntax)을 사용하는데, 여기에서 구문은 메타데이터 요소와 요소의 값이 메타데이터 스키마로 인코딩되는 방식을 정의하는 일련의 규칙을 의미한다.

인코딩 구문은 메타데이터 요소와 속성을 인코딩하기 위한 일반화된 규칙으로서의 기능을 하고 있으며, 서로 다른 스키마 사이의 메타데이터 교환이나 상호운용이 효과적으로 이루어질 수 있도록 해준다. 또한 표준화된 인코딩 구문을 사용하면 상용화된 여러 가지 도구들을 이용해서 메타데이터를 보다 손쉽게 구축할 수 있다는 장점을 지니고 있다.

메타데이터를 위한 인코딩 구문을 구축하기 위해서 스키마 구축자들은 여러 가지 스키마 언어를 적용하고 있으며, 이를 통해 다양한 메타데이터를 표현해 주고 있다. 이 가운데, 메타데이터 인코딩 구문의 구축에 가장 널리 사용되는 것으로 마크업 언어(markup language)를 들 수 있다.

일반적으로 마크업(markup)은 "텍스트를 명확하게 설명해 주는 모든 방법"을 의미하며,[1] "정형화된 방식으로 텍스트 전체 혹은 일부를 기술해 주거나 특징지어 주는 과정"으로 정의되기도 한다.[2] 메타데이터 측면에서의 마크업은 정보자원이 수록하고 있는 콘텐츠의 형식, 구조 정보, 의미, 속성 등을 기술하는데 사용될 수 있는 부가적인 텍스트 구문으로 설명할 수 있다.

마크업 언어는 마크업이 처리할 수 있는 기능, 마크업을 위해 필요한 사항들, 마크업이 텍스트와 구분되는 방식, 특정 마크업이 의미하는 범위 등을 명확하게 표현

[1] A Gentle Introduction to SGML. In C. M. Sperberg-McQueen & Lou Burnard, eds. 1994. *Guidelines for Electronic Text Encoding and Interchange(TEI P3)*. Chicago, IL: Text Encoding Initiative. Retrieved June 25, 2014 from http://www-sul.stanford.edu/tools/ tutorials/html2.0/ gentle.html

[2] Lou Burnard. 2004. *Developing Linguistic Corpora: A Guide to Good Practice Metadata for Corpus Work*. Retrieved May 1, 2014 from http://www.ahds.ac.uk/guides/linguistic-corpora /chapter3.htm

해 주는 언어이다.[3] 즉, 텍스트에 특정한 '마크'를 부여해서 단순한 텍스트의 나열이 아닌 기능적인 의미를 생성하는 것을 마크업 언어라고 한다. 문헌정보학 분야에서의 메타데이터는 일반적으로 마크업 언어를 사용하여 인코딩하고 있으며, MAchine Readable Cataloging(MARC), Metadata Encoding and Transmission Standard(METS), Text Encoding Initiative(TEI), Standard Generalized Markup Language(SGML), HyperText Markup Language(HTML), eXtensible Markup Language(XML), eXtensible HyperText Markup Language(XHTML) 등과 같은 마크업 언어가 메타데이터의 인코딩 표준으로 널리 사용되고 있다.

이들 인코딩 표준은 크게 두 가지 카테고리로 구분할 수 있는데, 정보자원을 실제로 기술할 수 있는 메타데이터 스키마로도 사용되는 인코딩 방식(MARC, METS 등)과 인코딩 구문(encoding schema)을 구축하기 위한 목적으로만 사용되는 마크업 언어(SGML, HTML, XML, XHTML 등)로 나누어 볼 수 있다.

7.2 SGML과 메타데이터

Standard Generalized Markup Language(SGML)은 미국출판협회(Association of American Publishers)에서 문서를 디지털 방식으로 표현하기 위해 개발한 마크업 언어이다. 이는 문서의 구조뿐만 아니라 문장 내의 요소를 식별하고 정형화된 방식으로 문서를 생성할 수 있도록 설계되었으며, 1986년에 International Organization for Standardization(ISO) 표준으로 적용되었다.

SGML은 인코딩 표준으로는 가장 먼저 개발된 마크업 언어이며, 디지털 형태의 문서를 구조화하는데 주로 사용되고 있다. 이는 웹 상에 존재하는 문서들이 서로 다른 시스템 사이에서 정보의 손실 없이 효율적으로 처리될 수 있도록 하기 위한 목적으로 구축된 표준화된 마크업 언어이다.[4] 또한 웹 상의 문서가 지닌 논리적 구조를

---

[3] Lou Burnard. 2004. *Developing Linguistic Corpora: A Guide to Good Practice Metadata for Corpus Work*. Retrieved May 1, 2014 from http://www.ahds.ac.uk/guides/linguistic-corpora/chapter3.htm

정의하고 분석하는 과정에서 태그(tag)를 이용해 마크업을 함으로써 컴퓨터 시스템이 문서의 구조를 해석할 수 있도록 해준다. 이와 같이, SGML은 문서의 구조를 표현하는데 중점을 두고 구축되었으며, 특히 태그를 이용하여 다양한 마크업을 정의하는 규칙을 제공하고 있다. 이러한 이유로 SGML은 메타언어(meta langauge)의 하나로 인식되고 있다.

```
〈!doctype doc system "docsgml.dtd"〉
〈doc〉 〈title〉 Test Document 〈indexterm〉
〈prim〉 Document 〈/prim〉 〈sec〉 Test 〈/sec〉 〈/indexterm〉
〈/title〉
〈para〉 This is a test paragraph 〈footnote〉 This is a footnote 〈/footnote〉
〈indexterm id=iterm type=rangestart〉
〈prim〉 index 〈/prim〉 〈sec〉 term 〈/sec〉 〈/indexterm〉
〈/para〉
〈para〉 The title of 〈emphasis〉 this 〈/emphasis〉 article is &ldquo;
〈cite type=article〉 Test Document 〈/cite〉 &rdquo;. 〈/para〉
〈para〉 Here's a program listing: 〈/para〉
〈listing id=l1〉
int main(int argc, char **argv) {
  if (argc 〈 1) {
    ...
  }
  int *i = &argc;
  ...
〈/listing〉
〈indexterm startref=iterm type=rangeend〉
〈para〉 The program in 〈xref linkend=l1〉 is meaningless 〈/para〉 〈/doc〉
```

(그림 7-1) SGML을 이용한 메타데이터[5]

---

[4] A Gentle Introduction to SGML. In C. M. Sperberg-McQueen & Lou Burnard, eds. 1994. *Guidelines for Electronic Text Encoding and Interchange(TEI P3)*. Chicago, IL: Text Encoding Initiative. Retrieved June 25, 2014 from http://www-sul.stanford.edu/tools/tutorials/html2.0/gentle.html

[5] Lou Burnard, et al. 1996. *A Syntax for Dublin Core Metadata: Recommendations from the Second Metadata Workshop*. Retrieved July 26, 2014 from http://users.ox.ac.uk/~lou/wip/metadata.syntax.html

(그림 7-1)에서는 SGML을 이용한 메타데이터의 예를 보여주고 있다. SGML은 요소(element)라고 하는 일련의 필드(field)에 수록된 텍스트로 이루어지는데, 이 요소들은 각 필드의 시작과 끝 부분에서 마크업 태그로 그 의미가 정의된다. 마크업 태그는 '〈 〉'를 사용하여 표현되며, 시작태그와 종료태그는 동일한 이름을 갖게 된다. 다만, 종료태그 앞에는 '/'를 사용하여 해당 필드가 종료됨을 지시해 준다. 이러한 방식은 현재 HTML, XML 등으로 작성된 문서에서도 주로 적용하고 있으며, 웹페이지를 생성하는데 널리 활용되고 있다.

SGML에서는 문서의 형식을 정의해 주는 Document Type Definition(DTD)를 적용하고 있는데, 이는 SGML의 요소를 정의해 주고 문서의 구조를 기술하여 해당 문서를 구성하는 각각의 부분에 대해 세부적으로 규정해 주는 기능을 수행한다. 또한, DTD에서는 문서의 구성요소나 속성, 속성이 지닌 의미 등을 설명해 주기도 하는데, 이러한 사항들은 정형화된 형식으로 표현할 수는 없지만 주석(comment)을 사용하여 비정형화된 방식으로 표현할 수 있다.

이를 통해 문서를 구성하는 부분 사이의 관계를 정의함으로써 해당 문서가 지닌 여러 가지 측면들을 상세하게 설명해 주고 있다. 이외에도 DTD는 유사한 형식을 지닌 문서들이 동일한 방식으로 처리될 수 있도록 지원함으로써 데이터 처리의 효율성을 높여주는 기능을 수행한다.

```
<!ELEMENT anthology   - - (poem+)>
<!ELEMENT poem        - - (title?, stanza+)>
<!ELEMENT title       - O  (#PCDATA) >
<!ELEMENT stanza      - O  (line+)   >
<!ELEMENT line        O O  (#PCDATA) >
```

(그림 7-2) SGML DTD의 예[6]

[6] A Gentle Introduction to SGML. In C. M. Sperberg-McQueen & Lou Burnard, eds. 1994. *Guidelines for Electronic Text Encoding and Interchange(TEI P3)*. Chicago, IL: Text Encoding Initiative. Retrieved June 25, 2014 from http://www-sul.stanford.edu/tools/tutorials/html2.0/gentle.html

하지만 SGML은 구문의 문법체계가 복잡하고 태그의 수가 너무 많을 뿐만 아니라 사용이 어려워 널리 이용되지는 못하고 있다. 이러한 SGML의 한계를 극복하기 위하여 HTML, XML, XHTML 등의 마크업 언어가 개발되었는데, 이들 마크업 언어는 현재 메타데이터를 인코딩하는데 사용되는 인코딩 표준으로 자리 잡고 있다.

메타데이터 인코딩 구문으로서의 SGML의 등장은 메타데이터의 표현 방식을 이전과는 다르게 디지털 방식으로 변환시켰다는 점에서 큰 의미를 지니고 있다. 비록 SGML은 메타데이터 인코딩 구문으로는 널리 활용되지 못했지만, 태그의 생성 및 이를 활용하는 방법을 제공했다는 점에서 현재 널리 사용되고 있는 HTML, XML 등의 개발의 근간이 되었다고 볼 수 있다.

7.3 HTML과 메타데이터

1990년대 중반에 이르러 인터넷이 전 세계적으로 광범위하게 보급되었으며, 이와 함께 인터넷은 엄청난 양의 정보를 저장할 수 있는 저장공간으로 활용되기 시작하였다. 또한 인터넷으로 상호 연결된 컴퓨터를 통해서 디지털 형태의 자료를 효율적으로 전송할 수 있게 되었으며, 필요한 정보를 손쉽게 찾아볼 수 있는 환경이 구축되었다. 이러한 인터넷의 특징은 독립적으로 존재하는 개별적인 문서가 다른 컴퓨터에 저장되어 있는 문서들과 하이퍼링크(hyperlink)를 통해 상호 연결됨으로써 관련된 모든 문서에 보다 용이하게 접근할 수 있는 기반을 마련해 주었다.

인터넷의 급속한 발전은 표현이 단순하고 사용이 간단한 HyperText Markup Language(HTML)라는 마크업 언어의 개발에서 비롯되었다. HTML은 European Organization for Nuclear Research(CERN)에서 근무하던 Tim Berners-Lee에 의해서 최초로 개발되었다. Berners-Lee는 CERN의 연구원들이 문서를 서로 공유하고 활용할 수 있도록 하기 위한 목적으로 '인콰이어(Enquire)'라는 소프트웨어를 개발하였으나, 1989년 인터넷 기반의 하이퍼텍스트(hypertext) 체계로 발전시키면서 이를 HTML이라고 명명하였다.

이후 HTML은 National Computer Security Association(NCSA)에서 '모자이크(Mosaic)'라는 웹 브라우저를 개발하면서 널리 사용되기 시작하였다. HTML은 1990년대 들

어서 월드와이드웹(World Wide Web)의 급격한 성장과 함께 그 영향력이 점차 커지게 되었으며, 웹 상의 디지털 정보자원을 생성하는데 큰 역할을 담당하게 되었다.

HTML은 현재 대부분의 웹 브라우저를 통해서 구현할 수 있는 인코딩 방식으로 널리 사용되고 있다. 이는 웹 브라우저가 하이퍼텍스트로 이루어진 문서를 전송받았을 때 이 문서가 참조하는 데이터 및 데이터의 구성을 알려주며, 해당 문서가 컴퓨터 상에서 표현되는 형태를 지정해 주는 기능을 수행한다.

HTML은 텍스트나 이미지를 마크업하는데 주로 사용되는데, 이러한 HTML의 기능은 특정한 의미를 지닌 일련의 마크업 태그(markup tag)를 통해 이루어진다. 마크업 태그는 정보자원에 수록된 데이터를 표현해 주기 위한 목적으로 사용되고 있으며, 문서의 콘텐츠가 웹 브라우저에서 보여지는 형태를 정의해 준다.

메타데이터 환경에서의 HTML은 메타데이터가 표현될 수 있는 구문 형식을 의미한다. HTML의 〈meta〉 태그는 메타데이터 요소를 인코딩하기 위해 고안된 것으로, HTML 구문을 이용한 메타데이터는 대부분 〈meta〉 태그를 의미한다. HTML 태그를 이용한 메타데이터의 예는 다음 (그림 7-3)과 같다.

```
〈html〉
〈head〉
  〈meta charset="UTF-8"〉
  〈meta name="title" content="UKOLN Metadata - CORES" /〉
  〈meta name="author" content="Hege Refsnes"〉
  〈meta name="description" content="CORES - metadata vocabularies" /〉
  〈meta name="keywords" content"HTML, metadata" /〉
  〈meta name="contributor" content="Manjula Patel" /〉
  〈meta name="publisher" content="University of Bath" /〉
  〈meta name="date" content="2002-07-31" /〉
  〈meta name="type" content="Text" /〉
  〈meta name="format" content="text/html" /〉
  〈meta name="identifier" content="http://www.ukoln.ac.uk/metadata/" /〉
〈/head〉
〈body〉
  ... ...
〈/body〉
〈/html〉
```

(그림 7-3) HTML 태그를 이용한 메타데이터

(그림 7-3)에 나타난 바와 같이, HTML의 〈head〉 부분에 포함된 〈meta〉 태그는 HTML 문서에 수록된 콘텐츠에 대한 정보를 기술해 준다. 이와 같이, HTML 구문은 간단한 메타데이터를 표현해 주는데 적합할 뿐만 아니라 복잡한 메타데이터의 특정 측면을 부분적으로 기술해 주는데도 사용될 수 있다.

하지만 HTML은 웹 브라우저가 지원하는 태그만을 사용하도록 제한되어 있으며, 문서 내에 콘텐츠와 메타데이터가 혼재되어 있기 때문에 문서의 구조적인 정보를 표현할 수 없다는 단점이 있다. 또한, HTML은 근본적으로 웹페이지를 구현해 주기 위한 목적으로 구축되었기 때문에, 다양한 메타데이터 요소들 사이의 의미적인 관계를 충분히 표현해 줄 수 없다는 구문적 한계를 지니고 있다. 이러한 한계로 인해, 현재 HTML 보다는 XML, XHTML 등 보다 확장되고 강력한 마크업 언어가 메타데이터의 인코딩 스키마로 널리 활용되고 있다.

7.4 XML과 메타데이터

HTML은 웹 상에서 문서가 표현되는 형식을 지정해 주고 하이퍼텍스트를 통해 관련된 문서를 상호 연결시켜 줄 수 있는 도구로 개발되었다. HTML은 문서의 표현 형식을 규정해 주기는 하지만, 문서의 구조나 의미를 표현해 주지는 못하고 있다. 이와는 달리 SGML은 문서의 표현 형식이 아닌 문서의 구조를 기술하는 마크업 언어라고 할 수 있다.

메타언어(meta language)로서의 SGML은 문서 및 문서에 수록된 데이터를 기술하기 위한 문법규칙의 집합이며, 웹 상에서 문서를 표현해 주는데 적용할 수 있는 태그들의 의미와 사용규칙을 정의해 주는 마크업 언어이다.[7] 하지만, SGML은 구문규칙이 엄격하며 구조가 복잡하게 이루어져 있기 때문에, SGML을 사용하기 위해서는 전문적인 지식이 필요하다는 한계를 지니고 있다.

eXtensible Markup Language(XML)는 SGML의 복잡성이라는 문제와 HTML의 단순성이라는 한계를 개선하기 위해 World Wide Web Consortium(W3C)에서 제안한 마크업

---

[7] 김은주. 2003. 시맨틱웹. 『TTA 저널』, 87호, p.135

언어이다. W3C에서는 1998년에 XML을 새로운 웹 표준언어로 채택하였으며, 구조적 정보가 포함되어 있는 문서를 기술해 줄 수 있는 마크업 언어로 XML 1.0을 발표하였다.

XML은 SGML과 유사한 형태의 문법체계를 지니고 있으며, SGML과의 호환도 가능하다. 이러한 이유로, XML은 SGML의 부분적인 형태로 인식되기도 한다. XML의 형식은 SGML의 복잡성 대신 정규화되고 단순한 형태로 사용할 수 있도록 구축되었지만 SGML의 형식을 대부분 따르고 있으며, SGML과 마찬가지로 유연성과 확장성을 유지하고 있다.

또한, XML에서는 새로운 태그를 정의할 수 있으며, 웹 상의 문서가 수록하고 있는 데이터와 정보를 효과적으로 교환할 수 있는 표준화된 방식을 제공하고 있다. 이러한 유사성에도 불구하고 SGML과 XML은 활용분야에서 차이를 보이고 있는데, SGML은 기술적인 문서(technical document)에서 주로 사용되는 반면, XML은 기술적인 문서보다는 일반 데이터를 표현하는데 더 많이 사용되고 있다.

XML은 SGML의 축소판이라고 볼 수 있지만, SGML에 비해 웹에 보다 적합한 형태로 구축되었다. XML은 다양한 어플리케이션에서 사용하는 구조화된 데이터를 기술할 수 있으며, 특정 어플리케이션에 종속되지 않고 범용적으로 손쉽게 적용할 수 있다는 장점 또한 지니고 있다.

```
〈?xml version="1.0"?〉"
〈metadata
   xmlns="http://example.org/myapp/"
   xmlns:xsi="http://www.w3.org/2001/XMLSchema-instance"
   xmlns:dc="http://purl.org/dc/elements/1.1/"〉
  〈dc:title〉 UKOLN 〈/dc:title〉
  〈dc:description〉 UKOLN is a national focus of expertise in digital
   information management. It provides policy, research and awareness
   services to the UK library, information and cultural heritage
   communities. UKOLN is based at the University of Bath.
  〈/dc:description〉
  〈dc:publisher〉 UKOLN, University of Bath 〈/dc:publisher〉
  〈dc:identifier〉 http://www.ukoln.ac.uk/ 〈/dc:identifier〉
〈/metadata〉
```

(그림 7-4) XML을 이용한 메타데이터[8]

XML에서는 일반 텍스트에 XML 태그를 부여함으로써 텍스트에 특별한 의미를 부여해 준다. 이를 통해서, 텍스트에 수록된 데이터를 다른 어플리케이션과 효과적으로 공유할 수 있는 환경을 구축해 준다. 이러한 측면에서, XML은 HTML에 비해 보다 풍부한 확장성과 융통성을 지니고 있다고 볼 수 있다. HTML은 사전에 규정된 태그만을 사용할 수 있는데 비해, XML은 필요한 태그를 XML DTD(Document Type Definition) 구조에 임의로 정의할 수가 있으며, DTD 내에 태그 사이의 관계, 문서를 기술하는데 필요한 변수 등을 지정할 수도 있다.

또한 XML은 구축된 DTD를 통해서 텍스트 안에 수록된 데이터가 어떤 의미를 지니고 있는지를 규정할 수 있게 된다. 이러한 확장성으로 인해, XML은 특정 문서가 지니고 있는 구조적 특성을 기술할 수 있으며, 해당 문서에 수록된 데이터에 특정한 의미를 부여해 줄 수 있는 마크업 언어로 사용되고 있다.

```
〈!DOCTYPE note
[
〈!ELEMENT note (to,from,heading,body)〉
〈!ELEMENT to (#PCDATA)〉
〈!ELEMENT from (#PCDATA)〉
〈!ELEMENT heading (#PCDATA)〉
〈!ELEMENT body (#PCDATA)〉
]〉
```

(그림 7-5) XML DTD를 이용한 메타데이터[9]

7.5 XHTML과 메타데이터

eXtensible HyperText Markup Language(XHTML)는 XML 마크업 언어 가운데 하나로, HTML의 확장된 버전이라고 볼 수 있다. HTML이 SGML의 어플리케이션으로 정의된 반면, XHTML은 SGML의 축소판인 XML의 어플리케이션으로 정의되고 있다.

[8] XML DTD. Retrieved January 23, 2016 from http://www.w3schools.com/xml/xml_dtd.asp
[9] XML DTD. Retrieved January 19, 2016 from http://www.w3schools.com/xml/xml_dtd.asp

HTML은 부정확한 마크업의 실행, 새로운 웹 브라우저의 보급, 보다 복잡해진 웹 환경 등과 같은 여러 가지 한계에 부딪히게 되었는데, 이를 해결하기 위한 방안으로 W3C에서 개발한 마크업 언어가 XHTML이다. XML에서 재설정된 마크업 언어로서의 XHTML은 HTML의 확장이라고도 볼 수 있으며, 현재의 문서 형태뿐만 아니라 향후에 개발될 문서 형태까지도 포괄할 수 있는 마크업 언어로 고안되었다.

XHTML은 XML을 기반으로 하고 있지만 HTML의 모든 것을 그대로 계승하고 있으며, XHTML을 위한 기술지침서가 별도로 개발되어 적용되고 있다. 또한, XHTML은 HTML을 보다 확장성 있게 하고 다른 데이터 포맷과의 상호운용성을 증대시키기 위한 목적을 지니고 있다. 이러한 특성으로 인해, XHTML은 HTML에 비해 복잡한 메타데이터를 인코딩하는데 보다 효과적으로 사용될 수 있으며, 복합적인 정보자원에 대한 메타데이터를 인코딩할 수 있다.

XHTML에서의 메타데이터는 HTML과 마찬가지로 〈head〉 부분에 수록되며, 〈meta〉와 〈link〉 태그를 사용한다.

```
〈?xml version="1.0" encoding="UTF-8"?〉
〈!DOCTYPE html
   PUBLIC "-//W3C//DTD XHTML 1.0 Transitional//EN"
   "DTD/xhtml1-transitional.dtd"〉
〈html xmlns="http://www.w3.org/1999/xhtml" xml:lang="en" lang="en"〉
  〈head〉
    〈title〉 Transitional DTD XHTML Example 〈/title〉
  〈/head〉
  〈body bgcolor="#FFFFFF" link="#000000" text="red"〉
    〈p〉 This is a transitional XHTML example 〈/p〉
  〈/body〉
〈/html〉
```

(그림 7-6) XHTML을 이용한 메타데이터[10]

[10] JavaScript Kit. Retrieved January 19, 2016 from http://www.javascriptkit.com/howto/xhtml_intro4.shtml

7.6 RDF와 메타데이터

1990년대 중반 이후, 여러 커뮤니티에서는 각 커뮤니티의 고유한 목적을 달성하기 위해 다양한 메타데이터를 구축해 왔다. 하지만, 각각의 커뮤니티에서 구축한 메타데이터들은 상이한 메타데이터 요소로 이루어져 있으며, 메타데이터 요소를 표현해 주는 구문(syntax), 구조(structure), 의미(semantics) 등 또한 서로 다르게 정의되어 있다. 이러한 이질성이라는 문제의 해결과 메타데이터의 효과적인 활용을 위해 W3C에서는 다양한 메타데이터를 상호 연계시킬 수 있는 의미적 표현 도구로 Resource Description Framework(RDF)를 제안하였다.

RDF는 XML 기반의 마크업 언어로, XML 및 XML 네임스페이스(XML namespace) 구문을 사용하여 정보자원이 지니고 있는 속성 및 속성들 사이의 관계를 기술해 주기 위한 정형화된 시맨틱 데이터 모델(semantic data model)로 인식되고 있다. RDF는 웹 상에 존재하는 다양한 정보자원을 기술함과 동시에, 정보자원의 기술에 사용되는 데이터 요소들 사이의 관계를 의미적으로 표현해 주기 위한 목적으로 개발된 의미 기반의 언어이다. 이를 통해, 웹 상의 정보자원을 메타데이터로 표현하기 위한 표준화된 방법을 제공해 줌으로써 웹 정보자원의 효율적인 관리와 상호운용성을 확보할 수 있는 기반을 마련해 준다.

RDF는 XML과 구문적으로 유사한 특징을 지니고 있다. 하지만 RDF는 데이터 모델링에 초점을 둔 것으로써, XML을 대신하는 언어로 사용되지는 않는다. 이러한 차이점에도 불구하고, RDF는 XML의 구조에 기반을 두고 있기 때문에 XML 형식으로 쉽게 통합될 수 있으며, XML 형태로 작성된 문서를 별다른 변환의 과정 없이 RDF로 직접 이용할 수 있다는 장점을 지니고 있다.

다른 마크업 언어와는 달리, RDF는 인코딩 구문이라기보다는 메타데이터를 위한 논리적인 구조라고 할 수 있다. RDF는 웹 상에 존재하는 메타데이터를 지원할 수 있는 확장성 있는 구조에 대한 요구를 충족시키기 위해 개발되었으며, 구조화된 메타데이터의 인코딩, 교환, 재사용을 가능하게 하는 기반구조로서의 의미를 지니고 있다. 따라서, RDF는 메타데이터의 의미, 구문, 구조 등을 위한 프레임워크를 구축해 주며, 이를 통해 서로 다른 커뮤니티 사이에서 메타데이터를 상호 교환하고 재

사용할 수 있는 기반으로서의 기능을 수행한다.[11]

```
〈?xml version="1.0" encoding="UTF-8"?〉
〈rdf:RDF
    xmlns:rdf="http://www.w3.org/1999/02/22-rdf-syntax-ns#"
    xmlns:dc="http://purl.org/dc/elements/1.1/"
    xmlns:region="http://www.country-regions.fake/"〉
    〈rdf:Description rdf:about="http://en.wikipedia.org/wiki/Oxford"〉
        〈dc:title〉 Oxford 〈/dc:title〉
        〈dc:coverage〉 Oxfordshire 〈/dc:coverage〉
        〈dc:publisher〉 Wikipedia 〈/dc:publisher〉
        〈region:population〉 10,000 〈/region:population〉
        〈region:principaltown rdf:resource="http://www.country-regions.fake
         /oxford"/〉
    〈/rdf:Description〉
〈/rdf:RDF〉
```

(그림 7-7) RDF를 이용한 메타데이터[12]

현재 RDF는 메타데이터를 작성하기 위한 기본적인 구조로 널리 사용되고 있다. RDF로 기술되는 정보자원은 속성(property)을 지니고 있으며, 이들 속성은 특정한 값을 갖게 된다. RDF를 이용한 정보자원의 기술은 이들 속성과 정보자원으로부터 추출되는 속성의 값을 규정해 주는 선언문(statement)을 통해서 이루어지며, RDF 선언문은 정보자원을 시각적으로 기술해 줄 수 있는 데이터 모델을 통해서 표현된다.

RDF 데이터 모델은 RDF 선언문을 구성하는 '자원(subject)-속성(predicate)-속성값(object)'으로 이루어지며, 이를 RDF 트리플(RDF triple)이라고 한다. RDF 트리플은 정보자원의 속성과 정보자원들 사이의 관계를 표현해 주며, 메타데이터의 상호 교환과 통합을 지원하기 위한 모델로서의 기능을 수행한다. RDF 데이터 모델을 이용해 기술하고자 하는 정보자원은 Uniform Resource Identifier(URI)로 표현된다. 즉, RDF에서는

[11] Jia Liu. 2007. *Metadata and Its Applications in the Digital Library: Approaches and Practices*. Westport, CT: Libraries Unlimited, p.96.

[12] Linked Data Tools. Retrieved January 23, 2016 from http://www.linkeddatatools.com/introducing-rdf-part-2

웹 문서, 문서의 일부, 문서를 이루는 요소들을 직접적으로 나타내지 않고 URI를 통해 제시해 준다. 다음 (그림 7-8)은 간단한 RDF 트리플의 구조를 보여주고 있다.

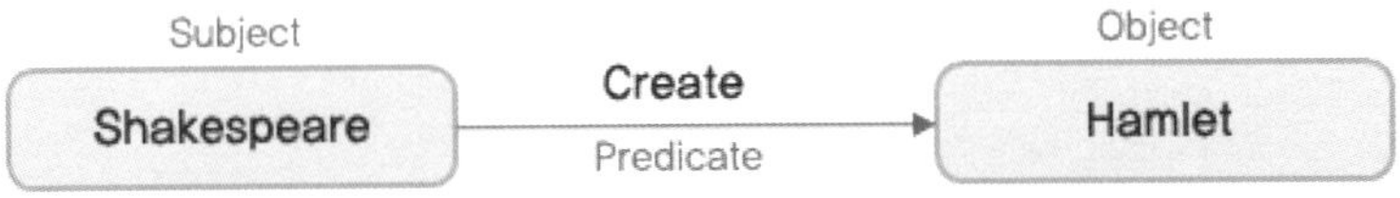

(그림 7-8) RDF 트리플(triple)

RDF 데이터 모델은 RDF 트리플의 집합으로 이루어지는데, 이는 하나의 RDF 트리플로 이루어지기도 하지만, 복수의 RDF 트리플로 구성되기도 한다. 만일 하나의 정보자원이 어떤 선언문에서는 자원(subject)으로 사용되고 다른 선언문에서는 속성값(object)으로 사용된다면, 이때 하나의 데이터 모델에는 여러 개의 RDF 트리플이 형성된다.

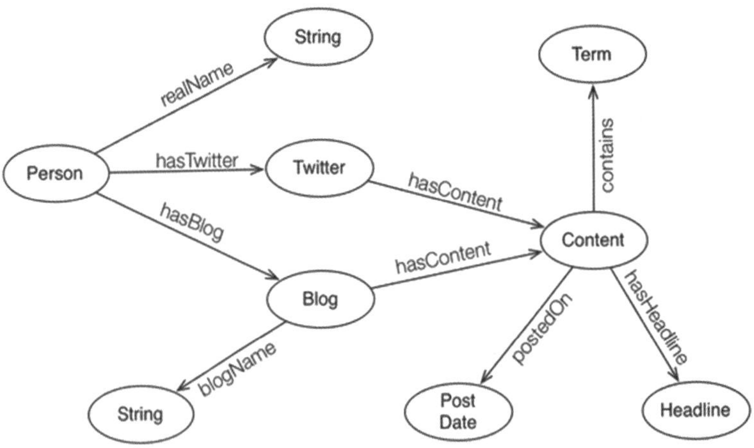

(그림 7-9) 복수의 트리플이 수록된 데이터 모델[13]

[13] The Oracle Alchemist. Retrieved January 23, 2016 from http://www.oraclealchemist.com/news/linked-data-rdf-and-sparql-part-1/

RDF는 데이터 모델을 표현하는데 있어서 XML 구문을 이용하는데, RDF는 XML을 통해서 정형화된 구조를 도입하여 정보자원의 의미를 일관성 있게 표현해 준다. 이때 사용되는 XML 구문은 RDF에 특화된 방식으로 사용되기 때문에, 일반적으로 RDF/XML이라고 불리운다. 또한, RDF는 XML의 네임스페이스(namespace)를 사용하는데, 네임스페이스는 RDF를 통해 기술되는 정보자원의 특성을 지시해 주는 URI를 명시해 준다.

```
〈?xml version="1.0"?〉
〈rdf:RDF
    xmlns:rdf="http://www.w3.org/1999/02/22-rdf-syntax-ns#"
    xmlns:dc="http://purl.org/dc/elements/1.0/"〉
    〈rdf:Description rdf:about="http://www.ukoln.ac.uk/metadata/resources/
     dc/datamodel/WD-dc-rdf/"〉
        〈dc:title〉 Guidance on expressing the Dublin Core within the
         Resource Description Framework (RDF) 〈/dc:title〉
        〈dc:creator〉 Eric Miller 〈/dc:creator〉
        〈dc:creator〉 Paul Miller 〈/dc:creator〉
        〈dc:creator〉 Dan Brickley 〈/dc:creator〉
        〈dc:subject〉 Dublin Core; Resource Description Framework; RDF;
         eXtensible Markup Language; XML 〈/dc:subject〉
        〈dc:publisher〉 Dublin Core Metadata Initiative 〈/dc:publisher〉
        〈dc:contributor〉 Dublin Core Data Model Working Group
        〈/dc:contributor〉
        〈dc:date〉 1999-07-01 〈/dc:date〉
        〈dc:format〉 text/html 〈/dc:format〉
        〈dc:language〉 en 〈/dc:language〉
    〈/rdf:Description〉
〈/rdf:RDF〉
```

(그림 7-10) RDF/XML 구문을 사용한 메타데이터[14]

[14] Guidance on Expressing the Dublin Core within the Resource Description Framework(RDF). Retrieved January 25, 2016 from http://www.ukoln.ac.uk/metadata/resources/dc/datamodel/WD-dc-rdf/

RDF 데이터 모델의 기본 원리는 정보자원이 지닌 속성을 명시해 주고 속성의 값을 의미적으로 표현하는 것이다. 이러한 이유로, RDF는 의미 기반의 데이터 모델로 인식되고 있으며, XML 구문을 이용한 의미적 프레임워크를 구축해 준다.

일반적으로 메타데이터에 적용되는 RDF 규칙과 제한사항들은 메타데이터 요소를 표현해 주는 구문(syntax)과 연결되어 구문규칙의 형식으로 적용된다. 이를 통해 컴퓨터가 처리할 수 있는 형태의 정보를 여러 어플리케이션이 상호 교환할 수 있는 방식으로 표현해 준다. 또한 RDF는 다양한 메타데이터에서 사용되는 상이한 어휘, 구문구조를 상호 연결할 수 있는 공통적인 규칙을 제공해 줌으로써 정보자원이 지닌 다양한 속성을 의미적으로 처리할 수 있는 기반을 마련해 준다.

제 8 장 Dublin Core

제 8 장 Dublin Core

8.1 Dublin Core의 역사

웹(World Wide Web)의 광범위한 보급과 함께 웹 상에 존재하는 정보자원의 양이 기하급수적으로 증가하면서, 기존의 MARC 중심의 정보자원 기술방식으로는 웹 정보자원의 활용을 적절하게 지원해 주지 못하는 한계에 직면하게 되었다. 이에 OCLC/NCSA는 기존의 MARC 중심의 정보자원 기술의 한계를 극복하고 웹 정보자원의 특성에 최적화된 핵심 데이터 요소를 규정하기 위한 일련의 회의를 미국 오하이오(Ohio) 더블린(Dublin)에서 1995년에 개최하였다.

이 회의는 후에 제1차 Dublin Core Workshop으로 알려지게 되었으며, 이 회의에서는 웹 정보자원을 기술하는데 있어 여러 커뮤니티에서 공통적으로 사용할 수 있는 총 13개의 핵심 데이터 요소를 제안하였다. 이것이 현재 사용되고 있는 Dublin Core 메타데이터의 기원이 되었다.[1]

그 후 1996년에는 영국 워릭(Warwick)에서 제2차 UKOLN/OCLC Dublin Core Workshop을 개최하여 Dublin Core 메타데이터의 표준화된 입력 및 상호 교환을 위한 방법을 논의하였으며, 서로 다른 메타데이터 사이의 상호연계를 위한 'Warwick Framework' 구조를 제안하였다. 제2차 Warwick Workshop에서는 기존의 13개 메타데이터 기본요소에 'Description'과 'Rights'의 2개 요소를 추가하여 총 15개의 데이터 요소를 확정하였으며, Dublin Core의 실제적인 활용을 위한 이용자 지침

[1] Stuart L. Weibel. 1995. Metadata: The Foundation of Resource Description. *D-Lib Magazine*, 1(1). Retrieved July 24, 2014 from http://www.dlib.org/dlib/July95/07weibel.html

(guideline)을 제정하였다.[2][3]

1996년 9월에 개최된 제3차 CNI/OCLC Workshop에서는 웹 상의 영상자원을 기술하는 방식에 중점을 두고 논의하였으며, Dublin Core의 15개 기본 데이터 요소들의 정의를 수정하여 관련 기능을 확장하였다. 1997년 3월, 호주 캔버라(Canberra)에서 개최된 제4차 Workshop에서는 Dublin Core 데이터 요소들 사이의 상호운용성과 단순성을 확보하기 위한 최소한의 기능 및 메타데이터 콘텐츠의 수준을 확보하기 위한 구조적 기능을 논의하였다. 또한 이 회의에서는 Dublin Core 한정어(qualifier)를 정의할 수 있는 실무단(Working Group)을 결성하였다.

1997년 10월, 핀란드에서 개최된 제5차 Helsinki Workshop에서는 15개의 Dublin Core 기본 데이터 요소를 중심으로 'DC-Simple'이라는 Dublin Core Version 1.0을 확정하였고, 'Data', 'Coverage', 'Relation' 등 3가지 요소의 의미 및 구문 구조에 관하여 주된 논의가 있었다.

이와 함께, 이 회의에서는 정보자원과 Dublin Core 메타데이터 사이의 명확한 관계 형성을 위하여 '1:1 원칙(One-to-One Discipline)'을 채택하였다. '1:1 원칙'이란 개별적인 정보자원은 하나의 메타데이터 레코드로 기술되어야 하며, 각각의 메타데이터 레코드는 하나의 정보자원에 대한 데이터 요소들만을 대상으로 해야 한다는 것이다. 즉, 특정 정보자원과 관련되어 있는 다른 정보자원에 대한 기술사항은 해당 정보자원에 대한 메타데이터 기술사항에서는 배제해야 한다는 원칙이다.[4][5]

1998년 11월에 개최된 제6차 Washington Dublin Core Workshop에서는 Dublin Core의 기본 데이터 요소와 한정어들의 의미적 관계 및 구조 관계, 구문 구조를

---

[2] Lorcan Dempsey & Stuart L. Weibel. 1996. The Warwick Metadata Workshop: A Framework for the Deployment of Resource Description. *D-Lib Magazine*, 2(7/8). Retrieved June 3, 2014 from http://www.dlib.org/dlib/july96/07weibel.html

[3] Stuart L. Weibel. 1997. *The Evolving Metadata Architecture for the World Wide Web: Bringing Together the Semantics, Structure and Syntax of Resource Discovery*. Retrieved November 20, 2013 from http://www.dl.slis.tsukuba.ac.jp/ISDL97/proceedings/weibe.html

[4] Dublin Core Metadata Initiative. 2005. *Using Dublin Core*. Retrieved February 9, 2014 from http://dublincore.org/documents/usageguide/

[5] Richard J. Urban. 2012. *Principle Paradigms: Revisiting the Dublin Core 1:1 Principle*. Doctoral Dissertation. Graduate School of Library and Information Science, University of Illinois at Urbana-Champaign.

RDF 기반의 Dublin Core 데이터 모델로 확정하였다. 이와 함께, 'Creator', 'Contributor', 'Publisher' 등 3가지 기본 데이터 요소를 'Agent' 요소 하나로 기술하자는 Agent 기반의 'DC Version 2.0'을 제안하였다.

현재, Dublin Core와 관련한 표준안 제안 및 연구는 Dublin Core Metadata Initiative(DCMI)의 운영위원회 및 기술자문위원회, 여러 실무단(Working Group)에서 진행 중에 있다. Dublin Core의 공식적인 기술지침서(specification)는 DCMI에서 제공되고 있으며, 각 실무단은 Dublin Core의 구현 및 요소의 정의에 있어 문제가 되는 부분들을 지속적으로 논의함으로써 Dublin Core의 개정과 발전에 큰 역할을 담당하고 있다.

8.2 Dublin Core의 특징

Dublin Core 메타데이터는 현재 전 세계적으로 가장 널리 사용되고 있는 메타데이터 표준이며, 정보자원 운용의 여러 가지 측면에 걸쳐 폭넓게 적용되고 있다. 하지만 Dublin Core는 도서관계가 정보자원의 기술에 사용해 왔던 기존의 도구들과는 다른 여러 가지 특성을 지니고 있는데, 이를 구체적으로 살펴보면 다음과 같다.

8.2.1 단순성

단순성은 Dublin Core의 가장 대표적인 특징 가운데 하나이다. Dublin Core는 기존의 메타데이터에 비해 단순한 형식과 구조를 지니고 있기 때문에, 메타데이터에 대한 전문지식이 없이도 누구나 정보자원에 대한 기술사항을 간단하게 생성할 수 있다는 장점이 있다. 또한, 생성된 레코드를 통해 웹 상에 존재하는 정보자원을 효과적으로 검색할 수 있도록 해준다.

8.2.2 범용성

Dublin Core는 정보자원을 기술하는데 있어서 여러 분야에 걸쳐 공통적으로 적용될 수 있는 가장 일반적인 수준에서의 요소를 사용한다. 따라서 Dublin Core는

AACR이나 MARC 등과 같이 풍부하고 상세한 기술사항을 제공하는 것이 아니라, 오히려 일반 이용자들도 간단하게 서지적 기술사항을 작성할 수 있도록 핵심적인 요소들만을 사용하는 범용성을 지닌다. 또한 Dublin Core의 각각의 요소들은 넓은 의미적 범위를 지니고 있기 때문에, 이들 요소를 이용해 기술한 정보자원은 손쉽게 검색될 수 있다는 특징을 지니고 있다.

8.2.3 국제성

Dublin Core의 요소들은 최초에는 영어로 구축되었지만, 현재는 20여 개국 이상의 다양한 언어로 변환되어 사용되고 있다. 이러한 국제적인 적용성은 다언어적 · 다문화적인 기술사항을 지원하고 있으며, 각각의 언어로 표현된 동일한 의미의 요소들은 상호 연결됨으로써 정보자원의 검색과 활용에 있어서의 국제성을 확보하고 있다. 이러한 특성으로 인해, Dublin Core는 국제표준(ISO 15836)으로 인정받았으며, 국제적인 메타데이터 표준으로 자리 잡고 있다.

8.2.4 확장성

Dublin Core의 데이터 요소들은 웹 정보자원뿐만 아니라 인쇄매체를 포함한 다양한 유형의 정보자원을 기술할 수 있도록 확장이 가능하다는 특징을 지니고 있다. Dublin Core는 최초에는 웹 상의 디지털 정보자원을 기술하기 위한 목적으로 고안되었으나, 새롭게 대두되는 정보자원의 유형 또한 기술할 수 있도록 데이터 요소 및 한정어들을 계속해서 추가함으로써 기술의 범위를 확장하고 있다. 이러한 확장성을 통해, 현재 Dublin Core는 인쇄매체, 동영상, 이미지, 사운드, 텍스트, 소프트웨어, 실물자료 등 여러 가지 유형의 정보자원을 기술하는데 폭넓게 적용되고 있다.

8.2.5 응용성

Dublin Core를 구축한 최초의 목적은 정보자원의 저자가 해당 정보자원에 대한 기술사항을 직접 작성할 수 있도록 하는 것이었지만, 현재는 전문적인 기관에서도 서지적 기술사항을 생성하는데 폭넓게 활용하고 있다. 또한 문헌정보학계 이외의 여러 커뮤니티에서도 Dublin Core를 적용하여 각 커뮤니티의 고유한 목적을 충족시키는데 활용하고 있다. 이러한 폭넓은 응용성을 지닌 Dublin Core는 MARC 레코드 등을 대체할 수 있는 모델로서 그 적용 가능성이 지속적으로 대두되고 있으며, 지식관리, 정보검색, 시맨틱 웹 등 정보자원의 조직·기술·관리 분야에서도 Dublin Core를 응용한 다양한 어플리케이션이 구축·활용되고 있다.

8.2.6 의미적 상호운용성

도서관, 박물관, 기록보존소 등에서는 해당 분야의 정보자원을 효율적으로 기술하고 관리하기 위해 고유한 메타데이터 표준을 사용하고 있다. 이들 메타데이터 표준은 각 분야에 특화된 메타데이터 요소를 사용하고 있으며 이질적인 구조를 적용하고 있기 때문에, 각각의 메타데이터 표준은 해당 분야에서만 특정적으로 사용된다는 한계를 보이고 있다. 하지만 대부분의 정보자원들은 표제, 저자, 주제 등과 같은 공통적인 측면을 지니고 있으며, 이러한 사항들을 기술하기 위해 각 메타데이터 표준에서 사용하는 요소들은 그 이름만 다를 뿐이지 의미적으로는 동일한 것이라고 볼 수 있다.

Dublin Core는 이러한 공통적인 요소들을 중심으로 메타데이터 요소들을 구축하고 있으며, 따라서 다양한 메타데이터 표준 사이의 의미적 상호운용성을 확보할 수 있는 기반을 마련해 줄 수 있다. 또한 각 요소들은 넓은 의미적 범위를 지니고 있기 때문에 독립적으로 구축된 다양한 메타데이터 표준을 의미적으로 상호 연결시켜 줄 수 있는 포괄성을 지니고 있다.

8.2.7 요소 활용의 융통성

Dublin Core의 요소들은 정보자원을 기술하는데 필요한 핵심적인 측면만을 대상으로 하고 있지만, 모든 요소들을 반드시 사용해야 하는 것은 아니며 상황에 맞게 선택적으로 적용할 수 있는 구조적 유연성이 부여되어 있다. 또한 모든 요소들은 반복적으로 사용할 수 있기 때문에 정보자원이 지닌 특정 측면을 충분하게 기술해 줄 수 있다는 특징이 있다.

이와 함께, Dublin Core 요소들은 한정어(qualifier)를 적용하여 정보자원의 각각의 측면이 지닌 세부적인 의미들을 보다 상세하게 기술해 줄 수 있는 융통성 또한 지니고 있다. 또 다른 특징으로, Dublin Core는 특정 구문이나 표현기법을 규정하지 않고 있기 때문에, Dublin Core를 사용하는 각 커뮤니티의 특성에 맞는 구문규칙을 적용할 수 있다는 장점이 있다.

8.3 Dublin Core Metadata Element Set(DCMES)

Dublin Core Metadata Element Set(DCMES)는 Dublin Core Metadata Initiative (DCMI)에 의해서 제정된 것으로, Dublin Core에서 사용하는 데이터 요소의 의미, 적용 범위, 한정어의 적용 등 Dublin Core의 데이터 요소와 관련된 모든 사항을 규정해 놓은 지침서로서의 기능을 수행한다. DCMES는 다양한 유형의 정보자원을 기술하는데 필요한 핵심적인 요소들을 수록하고 있으며, 총 15개의 요소로 이루어져 있다. 이들 요소는 정보자원을 기술하는데 있어서의 기본 데이터 요소로 사용된다.

Dublin Core의 기본 데이터 요소들은 기술의 대상이 되는 정보자원의 세부적인 측면에 따라 정보자원의 콘텐츠와 관련된 요소, 지적소유권과 관련된 요소, 물리적 형식과 관련된 요소 등 크게 세 가지의 카테고리로 구분할 수 있다(〈표 8-1〉 참조).

〈표 8-1〉 Dublin Core 메타데이터 요소

콘텐츠 기술요소 (Contents)	지적소유권 기술요소 (Intellectual Property)	물리적 기술요소 (Instantiation)
Coverage	Contributor	Date
Description	Creator	Format
Type	Publisher	Identifier
Relation	Rights	Language
Source		
Subject		
Title		

'콘텐츠 기술요소'는 정보자원에 수록되어 있는 내용을 기술하는데 사용되는 요소들로 구성되어 있으며, '지적소유권 기술요소'는 정보자원의 저자, 출판사 및 저작권 관련 사항 등을 기술하는 요소들로 이루어져 있다. '물리적 기술요소'는 정보자원의 물리적 형식과 관련된 요소들이며, 웹 정보자원의 경우 정보자원에 대한 접근점과 관련된 요소들, 정보자원의 생성일자, 정보자원의 내용을 표현하는데 사용되는 언어 등 정보자원의 형태적 측면과 관련된 요소들을 포함하고 있다.

Dublin Core의 모든 요소들은 반복하여 사용할 수 있으며, 필요에 따라 선택적으로 사용할 수도 있다. 또한 구문규칙에 제한이 없기 때문에, HTML, XML, RDF 등 Dublin Core를 활용하는 목적에 따라 다양한 구문을 사용해 표현할 수 있다.

하지만 Dublin Core의 기본 데이터 요소들은 그 의미가 포괄적이기 때문에, Dublin Core를 적용하는 분야에 따라 각 요소에 특정한 한정어를 적용하여 정보자원이 지닌 각각의 측면들을 세부적으로 기술할 수 있도록 지원하고 있다. 이외에도, 각 요소에 'Scheme'과 'Type' 등의 속성을 적용하여 각각의 요소에 부여하는 값의 형식이나 범위를 설정해 주고 있다. 'Scheme'은 요소의 값을 해석하는데 근거가 되는 외부 표준이나 체계를 명시해 주며, 'Type'은 요소의 의미 자체를 한정하여 각 요소의 적용 범위를 명확하게 규정하는데 사용된다.

Dublin Core에서 사용하고 있는 각각의 요소를 자세히 살펴보면 다음과 같다.

8.3.1 Title

Title 요소는 정보자원에 부여된 이름 혹은 제목을 의미한다. 표제는 정보자원의 저자나 출판사에서 부여하는 경우가 대부분이며, 해당 정보자원의 공식적인 이름을 사용하는 것이 일반적이다.

Title	
요소명	title
레이블	Title
URI	http://purl.org/dc/elements/1.1/title
정 의	정보자원에 부여된 제목
설 명	정보자원의 표제와 관련된 사항은 모두 적용할 수 있다.

정보자원의 기술에 Title 요소를 적용한 예를 들면 다음과 같다.

Title="A pilot's guide to aircraft insurance"
Title="The sound of music"
Title="Green on greens"
Title="AOPA's tips on buying used aircraft"

8.3.2 Subject

Subject 요소는 정보자원이 수록하고 있는 내용을 간단하게 표현해 주는 주제명, 키워드, 핵심어 등을 의미한다. 일반적으로 주제는 기술의 대상이 되는 정보자원의 핵심적인 내용을 키워드나 짧은 문구 혹은 분류번호 등으로 표현해 준다. 주제는 정보자원의 표제나 기술사항 혹은 본문에서 유추하거나 추출할 수 있지만, 주제를 선정할 때는 해당 정보자원의 가장 중요한 특성을 표현해 주는 단어를 선택하는 것이 바람직하다.

너무 일반적인 단어는 피하는 것이 좋으며, 명확한 주제 기술을 위해서는 DDC, KDC, LCC 등의 분류 데이터(classification data)나 Library of Congress Subject Headings(LCSH) 등과 같은 통제어휘를 사용할 수도 있다. 정보자원의 주제를 나타내기 위해 둘 이상의 주제어를 사용할 경우에는 이 요소를 반복해서 사용할 수 있다.

Subject	
요소명	subject
레이블	Subject
URI	http://purl.org/dc/elements/1.1/subject
정 의	정보자원이 수록하고 있는 핵심적인 내용
설 명	주제는 단어(키워드), 짧은 문구, 분류번호 등으로 기술할 수 있다. 주제를 명확하게 표현하기 위해서는 LCSH 등과 같은 통제어휘를 사용하는 것이 바람직하다.

정보자원의 기술에 Subject 요소를 적용한 예를 들면 다음과 같다.

```
Subject="Aircraft leasing and renting"
Subject="Dogs"
Subject="Olympic skiing"
Subject="Street, Picabo"
```

8.3.3 Description

정보자원이 수록하고 있는 내용에 대한 설명이나 정보자원 자체와 관련된 부가적인 정보를 제공해 줄 때 사용한다. Description 요소는 초록, 목차, 참고문헌 등의 내용을 기술하는데 사용될 수 있지만 그 범위에 제한은 없으며, 해당 정보자원과 관련된 사항을 텍스트 형식으로 자유롭게 기술할 수 있다. 정보자원이 지닌 여러 가지 측면 가운데 다른 요소를 이용해서는 충분히 기술해 줄 수 없는 부분을 Description 요소를 이용해 상세하게 설명해 줄 수 있기 때문에, 이 요소에 입력되는 값은 단어의 나열이나 키워드 등으로 간략하게 기술하는 것보다는 문장 형태로 풍부하게 기술하는 것이 바람직하다. 이를 통해서 이용자들에게 해당 정보자원에 대한 충분한 정보를 명확하게 제공해 줄 수 있기 때문이다.

Description	
요소명	description
레이블	Description
URI	http://purl.org/dc/elements/1.1/description
정 의	정보자원에 대한 기술사항이나 설명
설 명	정보자원이 수록하고 있는 내용이나 형식 등에 대한 설명으로, 초록·목차·참고문헌 등과 같은 사항을 텍스트 형식으로 자세하게 기술해 준다.

정보자원의 기술에 Description 요소를 적용한 예를 들면 다음과 같다.

Description="Illustrated guide to airport markings and lighting signals, with particular reference to SMGCS (Surface Movement Guidance and Control System) for airports with low visibility conditions."

Description="Teachers Domain is a multimedia library for K-12 science educators, developed by WGBH through funding from the National Science Foundation as part of its National Science Digital Library initiative. The site offers a wealth of classroom-ready instructional resources, as well as online professional development materials and a set of tools which allows teachers to manage, annotate, and share the materials they use in classroom teaching."

8.3.4 Type

Type 요소는 정보자원의 내용이 해당되는 범주, 장르 등을 기술하는데 사용된다. Type 요소의 값으로는 정보자원의 내용적 유형이나 일반 장르 등이 부여될 수 있다. 하지만 정보자원의 유형을 결정하는 과정에서 Dublin Core 메타데이터를 작성하는 개인의 주관이 영향을 미칠 수 있으며, 이는 생성된 메타데이터 레코드의 비일관성이라는 문제를 초래할 수 있다.

따라서 통제어휘를 적용하여 정보자원의 유형을 사전에 규정해 놓고 이 가운데 해당 정보자원의 유형을 선택하도록 하는 것이 보다 효과적이며, 이를 통해 생성된 레코드의 일관성을 확보할 수 있다. Dublin Core에서는 통제어휘의 하나로 DCMI Type Vocabulary를 적용하여 정보자원의 유형을 일관성 있게 표현할 수 있도록 하고 있다(〈표 8-2〉 참조). 정보자원이 하나 이상의 유형에 속할 경우에는 Type 요소를 반복하여 그 유형들을 모두 기술하는 것이 바람직하다.

〈표 8-2〉 DCMI Type Vocabulary

정보자원 유형	URI
Collection	http://purl.org/dc/dcmitype/Collection
Dataset	http://purl.org/dc/dcmitype/Dataset
Event	http://purl.org/dc/dcmitype/Event
Image	http://purl.org/dc/dcmitype/Image
Interactive Resource	http://purl.org/dc/dcmitype/InteractiveResource
Moving Image	http://purl.org/dc/dcmitype/MovingImage
Physical Object	http://purl.org/dc/dcmitype/PhysicalObject
Service	http://purl.org/dc/dcmitype/Service
Software	http://purl.org/dc/dcmitype/Software
Sound	http://purl.org/dc/dcmitype/Sound
Still Image	http://purl.org/dc/dcmitype/StillImage
Text	http://purl.org/dc/dcmitype/Text

〈표 8-2〉에서는 DCMI Type Vocabulary에서 제시하고 있는 정보자원의 유형을 보여주고 있다. 이와 같이, 사전에 규정된 정보자원의 유형 가운데 해당 정보자원에 적합한 유형을 선택하여 기술함으로써 일관성 있는 메타데이터 레코드를 작성할 수 있으며, Dublin Core 레코드의 상호 교환 또한 효과적으로 운용할 수 있다. 각 유형에 대한 자세한 사항은 제시되어 있는 URI를 통해 확인할 수 있다.

이와 함께, DCMI에서는 표준 자원 유형(Dublin Core Standard Resource Types)을 함께 제시하고 있다. 이는 향후 'Type' 요소의 값으로 사용될 수 있는 정보자원의 유형을 표준화시켜 마련한 것으로, DCMI Type Vocabulary에서 제시하고 있는 유형만으로는 해당 정보자원의 내용적 유형을 명확하게 표현해 주기 어려운 경우에 효과적으로 사용할 수 있다.

〈표 8-3〉 Dublin Core Standard Resource Types[6][7]

Type(유형)	내 용
Advertisement	상업광고
Article	학술저널의 기사
Bibliography	서지
Book	단행본
Booklet	소책자
Collection	장서
Course Material	강의자료
Dataset	데이터셋
Honours Thesis	대학 학위논문
Image	이미지
InBook	장, 절 등 단행본의 일부
InCollection	장서 중 일부
InProceedings	회의록 중 일부
Journal	학술저널
Magazine	일반 잡지
Manual	제품 매뉴얼
MastersThesis	대학 석사학위논문
Message On Moderated MailingList	전문 메일링리스트 상의 메시지
Message On Unmoderated MailingList	비전문 메일링리스트 상의 메시지
Misc	다른 범주에 속하지 않는 유형
Music	악보 등 음악자료
Newspaper	신문기사
Organisation Info	기관정보
PhD Thesis	대학 박사학위논문
Personal Info	개인정보
Poem	시
Posting To Moderated Newsgroup	전문 뉴스그룹 상의 기사
Posting To Unmoderated Newsgroup	비전문 뉴스그룹 상의 기사
Preprint	출판 전 배포기사
Proceedings	학술회의록
Research Paper	연구논문
Service	온라인 기술서비스
Tech Report	기술보고서
Unpublished	미간행본
Unreferred Article	학술저널, 잡지, 신문기사 등의 비인용기사
Video	비디오

[6] Jon Knight & Martin Hamilton. 1997. *Dublin Core Standard Resource Types*. Retrieved September 30, 2013 from http://dimes.lins.fju.edu.tw/dimes/meta-ref/DC-ObjectTypes.html

[7] 김태수. 1998. 『더블린코어(Dublin Core) 메타데이터』. 서울, 연세대학교 문헌정보학과.

Type	
요소명	type
레이블	Type
URI	http://purl.org/dc/elements/1.1/type
정 의	정보자원의 내용이 해당되는 범주 혹은 장르
설 명	Type은 정보자원에 수록된 콘텐츠의 내용적 유형을 의미하며, DCMI Type Vocabulary 등과 같은 통제어휘를 사용하여 정보자원의 유형을 선택하는 것이 바람직하다.

정보자원의 기술에 Type 요소를 적용한 예를 들면 다음과 같다.

```
Type="Image"
Type="Sound"
Type="Text"
Type="Simulation"
```

8.3.5 Source

기술의 대상이 되는 정보자원의 출처가 된 원 정보자원에 대한 사항으로, 해당 정보자원은 원 정보자원의 일부이거나 전체가 될 수 있다. 일반적으로 Dublin Core의 대부분의 요소들은 기술의 대상이 되는 정보자원의 특정 측면을 표현해 주는데 사용되지만, Source 요소는 해당 정보자원의 출처를 기술하는데 사용된다. Source 요소를 사용할 경우에는 URI, URL, DOI, ISBN, ISSN 등과 같은 공식적인 식별자를 사용하는 것이 바람직하다. 또한 기술의 대상이 되는 정보자원이 원 정보자원의 일부분에만 해당되는 경우에는 어느 부분이 해당되는지를 명확하게 확인할 수 있도록 페이지 수, 문자열 등을 정확하게 기술해 주어야 한다.

Source	
요소명	source
레이블	Source
URI	http://purl.org/dc/elements/1.1/source
정 의	기술의 대상이 되는 정보자원의 출처가 되는 원 정보자원
설 명	원 정보자원을 기술할 때에는 공식적인 식별자(URI, DOI, ISBN 등)를 사용하는 것이 바람직하며, 원 정보자원의 일부분만을 포함하고 있을 경우, 이에 대한 명확한 사항을 기술해야 한다.

정보자원의 기술에 Source 요소를 적용한 예를 들면 다음과 같다.

Source="RC607.A26W574 1996" [where "RC607.A26W574 1996" is the call number of the print version of the resource, from which the present version was scanned]

Source="Image from page 54 of the 1922 edition of Romeo and Juliet"

8.3.6 Relation

Relation 요소는 기술의 대상이 되는 정보자원과 관련된 다른 정보자원과의 관계를 기술하는데 사용되며, 해당 정보자원과 연관된 정보자원을 상호 연결해 주는 기능을 한다. 정보자원 사이의 관계는 일방향이 될 수도 있고 양방향으로 연결되기도 하는데, 이러한 정보자원 사이의 관계는 Relation 요소의 값으로 표현된다. Relation 요소의 값은 URI 등과 같은 식별자가 될 수 있으며, 텍스트로 기술할 수도 있다. 텍스트를 사용할 경우에는 정보자원 사이의 관계를 최대한 상세하게 기술해 주어야 한다. 하지만 정보자원 사이의 관계는 상당히 다양하게 이루어지기 때문에, Relation 요소는 여러 가지 유형의 한정어를 사용하여 특정 정보자원과 다른 정보자원 사이의 관계를 명확하게 표현할 수 있도록 해준다.

Relation	
요소명	relation
레이블	Relation
URI	http://purl.org/dc/elements/1.1/relation
정 의	특정 정보자원과 다른 정보자원 사이의 관계
설 명	기술의 대상이 되는 정보자원과 관련이 있는 다른 정보자원에 대한 사항을 기술해 주며, 공식적인 식별자(URI 등)를 사용하거나 텍스트를 이용하여 상세한 정보를 제공해 주는 것이 바람직하다.

정보자원의 기술에 Relation 요소를 적용한 예를 들면 다음과 같다.

Title="Reading Turgenev"
Relation="*IsPartOf* Two Lives" [Resource is a collection of two novellas, one of which is "Reading Turgenev"]

Title="Electronic AACR2"
Relation="*IsFormatOf* Anglo-American Cataloging Rules, 2nd edition"

Title="Candle in the Wind"
Relation="*IsVersionOf* Elton John's 1976 song Candle in the Wind"

Title="Landsat TM dataset of Arnhemland, NT, Australia"
Relation="*HasFormat* arnhem.gif"

8.3.7 Coverage

정보자원이 내용적으로 다루고 있는 범위를 기술하는데 사용된다. 일반적으로 Coverage 요소는 (지역명, 지리적 위치 등) 공간적 범위 및 (특정 시대 등) 시간적 범위와 관련된 내용을 기술해 준다. 하지만, Coverage 요소의 값으로 입력될 수 있는 내용의 범위가 상당히 넓으며 시대적·공간적 표현 또한 다양하게 나타날 수 있기 때문에, 통제어휘를 적용하여 Coverage 요소의 값을 일관성 있게 부여하는 것이 바람직하다.

Coverage 요소에 적용할 수 있는 통제어휘로는 Thesaurus of Geographic Names(TGN)[8]가 가장 널리 사용되고 있다. 동일한 정보자원이 여러 지역, 여러 시대를 동시에 다루고 있는 경우에는 Coverage 요소를 반복해서 사용하여 각각의 지역, 각각의 시대를 독립적으로 기술해 주는 것이 바람직하다.

London (inhabited place)

Coordinates:
Lat: 51 30 00 N *degrees minutes* Lat: 51.5000 *decimal degrees*
Long: 000 10 00 W *degrees minutes* Long: -0.1667 *decimal degrees*

Note: Longtime seat of the British Empire and capital of the United Kingdom. It lies astride the River Thames 50 miles (about 80 km) upstream from its estuary on the North Sea. It has burned and been rebuilt several times, notably in revolt of Queen Boudicca in 60 CE and in the Great Fire of 1666. It became a large trade center in the Middle Ages and expanded rapidly during the 16th and17th centuries and during the Industrial Revolution. During World War II the city was heavily bombed. London is not to be confused with Greater London which refers to all 32 London boroughs (Inner and Outer London boroughs) and the City of London; London is used to refer to the 12 Inner London boroughs and the City of London.

Names:
London (preferred, C ,V,N)
Londres (C ,O,N,French-P)
Londra (C ,O,N,Italian-P)
Lundin (H ,V,N)
Lundres (H ,V,N)
Lundenceaster (H ,V,N)
Lundenne (H ,V,N)
Lundene (H ,V,N)
Lundenburg (H ,V,N)
Lundenwic (H ,V,N) .... Saxon name
Lundonia (H ,V,N)
Londinium (H ,V,N) .... documented in 115; derivative of the Old Irish stem "londo," meaning wild or bold, and probably referring to local tribal name
Lundinium (H ,V,N)
Londinion (H ,V,N)
Londinium Augusta (H ,V,N) .... Roman

(그림 8-1) Thesaurus of Geographic Names(TGN)의 일부 예

[8] Getty Thesaurus of Geographic Names Online. Retrieved January 25, 2016 from http://www.getty.edu/research/ tools/vocabularies/tgn/

Coverage	
요소명	coverage
레이블	Coverage
URI	http://purl.org/dc/elements/1.1/coverage
정 의	정보자원에 수록된 내용이 다루고 있는 시간적·공간적 범위
설 명	정보자원이 주로 다루고 있는 시대, 지역, 구역 등에 대해 기술한다. Thesaurus of Geographic Names(TGN) 등과 같은 통제어휘를 사용하여 일관성 있게 표현하는 것이 바람직하다.

정보자원의 기술에 Coverage 요소를 적용한 예를 들면 다음과 같다.

```
Coverage="1995-1996"
Coverage="Boston, MA"

Coverage="17th century"
Coverage="Upstate New York"
```

8.3.8 Creator

정보자원의 내용에 주된 책임을 지는 개체에 대한 사항으로, 개인·기관·단체 등이 이에 해당된다. 일반적으로는 문헌의 저자, 시각자료의 화가, 사진작가 등을 대표적인 예로 들 수 있다. 하나의 정보자원에 여러 명의 저자가 있을 경우에는 Creator 요소를 반복하여 이들 각각의 저자를 분리하여 기술해야 한다. 또한, 기술의 순서는 정보자원 자체에 나열되어 있는 순서대로 기술하는 것이 바람직하다.

저자가 개인인 경우 저자의 이름은 정보자원에 표시된 대로 기술하는 것이 좋다. 저자가 기관 혹은 기관의 부서인 경우에는 이를 세부적인 부서명까지 포함하여 자세하게 기술하는 것이 바람직하다. 저자와 관련된 사항이 명확하지 않은 경우에는 해당 정보자원을 발행한 출판사를 기재하는 것이 일반적이며, 이 경우에는 Creator 요소 대신에 Publisher 요소를 사용한다. 정보자원의 내용에 대한 책임소재가 불분명한 경우에는 Creator 요소 대신 Contributor 요소를 사용할 수도 있다.

Creator	
요소명	creator
레이블	Creator
URI	http://purl.org/dc/elements/1.1/creator
정 의	정보자원의 내용에 주된 책임을 지는 개인이나 기관
설 명	개인, 기관, 단체, 서비스 등이 포함되며, 공식적으로 사용되는 이름을 기술하는 것이 바람직하다.

정보자원의 기술에 Creator 요소를 적용한 예를 들면 다음과 같다.

```
Creator="Shakespeare, William"
Creator="Wen Lee"
Creator="Hubble Telescope"
Creator="Internal Revenue Service, Customer Complaints Unit"
```

8.3.9 Publisher

Publisher 요소는 정보자원을 현재의 형태로 이용 가능하도록 만들었거나 이에 대한 책임을 갖는 개인이나 기관 등을 기술하는 요소로서, 출판사 혹은 기업체 출판부 등이 이에 해당하는 대표적인 예이다. 경우에 따라서는 개인이 출판사의 범주에 포함되기도 한다.

하지만 Creator 요소와 Publisher 요소의 값이 동일한 경우에는 Publisher 요소를 사용하지 않는 것이 일반적이다. 정보자원의 출판과 관련된 책임소재가 명확하지 않은 경우에는 Creator 요소 혹은 Contributor 요소를 사용하여 관련된 사항을 입력할 수 있다. 출판과 관련된 개체가 둘 이상인 경우에는 Publisher 요소를 반복하여 각각의 개체를 독립적으로 기술하는 것이 바람직하다.

Publisher	
요소명	publisher
레이블	Publisher
URI	http://purl.org/dc/elements/1.1/publisher
정 의	정보자원의 발행에 주된 책임을 지닌 개인이나 기관
설 명	개인, 기관, 단체, 서비스 등이 포함되며, 공식적으로 사용되는 이름을 기술하는 것이 바람직하다.

정보자원의 기술에 Publisher 요소를 적용한 예를 들면 다음과 같다.

Publisher="Indiana University at Bloomington"
Publisher="Funky Websites, Inc."
Publisher="Carmen Miranda"

8.3.10 Contributor

Creator 요소에 기술된 개인이나 기관 이외에 정보자원의 내용이나 제작에 기여한 다른 개체를 기술하기 위한 요소로서, 편저자, 일러스트레이터, 재정지원자 등이 이에 해당하는 대표적인 예이다. 둘 이상의 개인이나 기관이 정보자원의 생성에 기여한 경우에는 Contributor 요소를 반복하여 각각의 개체를 독립적으로 기술해 준다. 이때, 열거의 순서는 정보자원에 기재되어 있는 순서를 따른다.

Contributor	
요소명	contributor
레이블	Contributor
URI	http://purl.org/dc/elements/1.1/contributor
정 의	정보자원의 생성에 기여한 개인이나 기관
설 명	Creator 요소를 사용하여 기술한 내용 이외에, 정보자원의 내용이나 출판 등에 기여한 개인이나 기관 등을 기술한다. 개인, 기관, 단체, 서비스 등이 포함되며, 공식적으로 사용되는 이름을 기술하는 것이 바람직하다.

정보자원의 기술에 Contributor 요소를 적용한 예를 들면 다음과 같다.

Contributor="Curie, Marie"
Contributor="Art Institute of Chicago"
Contributor="State of Florida (USA)"
Contributor="National Science Foundation (NSF)"

8.3.11 Rights

Rights 요소는 정보자원에 대한 이용 권한 또는 이용에 있어서의 조건 등을 기술하는데 사용된다. 정보자원의 이용 권한 및 이용 조건에 관한 정보나 이러한 정보로 연결하기 위한 식별자 등이 이에 해당되며, 지적재산권에 관한 내용이나 저작권에 관한 내용 등도 이에 포함된다.

Rights 요소의 값으로는 저작권 관련 정보에 연결되어 있는 URL 등의 식별자가 부여될 수도 있고, 텍스트 형식으로 저작권 관련 사항을 기술할 수도 있다. Rights 요소를 이용해 기술되는 사항은 정보자원과 관련된 저작권 전체가 될 수도 있고, 저작권의 일부분만이 기술될 수도 있다. 저작권과 관련된 사항이 모호할 경우에는 Rights 요소를 사용하지 않는 것이 바람직하다.

Rights	
요소명	rights
레이블	Rights
URI	http://purl.org/dc/elements/1.1/rights
정 의	정보자원에 부여된 저작권에 대한 포괄적인 정보
설 명	저작권 관련 정보에는 지적재산권 등과 같은 정보자원과 연관된 다양한 저작권 관련 사항이 포함된다. 디지털 형태의 정보자원의 경우, 저작권 관련 사항을 URL로 기술할 수 있다.

정보자원의 기술에 Rights 요소를 적용한 예를 들면 다음과 같다.

```
Rights="Access limited to members"
Rights="http://cs-tr.cs.cornell.edu/Dienst/Repository/2.0/Terms"
```

8.3.12 Date

Date 요소는 정보자원이 현재의 형태로 이용 가능하게 된 날짜를 기술하는 경우에 사용하는 요소이다. 일반적으로 정보자원을 생성한 날짜, 해당 정보자원이 이용 가능하게 된 날짜 등 정보자원과 관련된 포괄적인 범위에서의 날짜가 이에 해당된다. 반면, 정보자원이 수록하고 있는 내용과 관련한 시간적 범위를 기술할 경우에는 Date 요소를 사용하지 않고 Coverage 요소를 사용한다.

정보자원과 관련된 날짜가 둘 이상 존재할 경우에는 가장 최근의 날짜를 Date 요소의 우선적인 기술 대상으로 삼는다. 하지만 웹 상에 존재하는 디지털 정보자원의 경우에는 최초 생성 날짜 이외에도 수정 일시, 재발행 일시 등 다양한 유형의 날짜가 존재하기 때문에, 이러한 경우 Date 요소를 반복해서 사용하여 모든 날짜를 독립적으로 기술해 주는 것이 바람직하다. Dublin Core에서는 정보자원과 관련된 각각의 날짜를 구체적으로 기술해 주기 위해 다양한 한정어를 제공하고 있다.

이와 함께 Dublin Core에서는 인코딩 스킴(encoding scheme)을 적용하여 날짜 표기의 일관성을 확보하고 있다. 이는 '연, 월, 일', 'MM-DD-YYYY' 등 커뮤니티마다 다르게 적용하는 날짜 표기 방식을 통일함으로써 레코드의 일관성 및 검색에서의 효율성을 가져오기 위한 것이다. 가장 널리 사용되는 인코딩 스킴으로는 〈ISO8601 Date and Time Formats〉에 근거한 'W3CDTF' 등을 들 수 있다. 'ISO8601'은 'YYYY-MM-DD'의 형식을 적용하고 있으며, 시간까지 기술할 경우에는 'YYYY-MM-DDThh:mm:ss'의 형식을 적용한다.

Date	
요소명	date
레이블	Date
URI	http://purl.org/dc/elements/1.1/date
정 의	정보자원과 관련된 날짜
설 명	정보자원의 생성, 이용 등과 관련된 모든 날짜를 기술하며, W3CDTF 형식에 따라 표기하는 것이 일반적이다.

정보자원의 기술에 Date 요소를 적용한 예를 들면 다음과 같다.

```
Date="1998-02-16"
Date="1998-02"
Date="2015-04-24T13:24:56"
```

8.3.13 Format

Format 요소는 정보자원의 물리적 형태 혹은 디지털적 표현 방식 등을 기술하는데 사용된다. 일반적으로 Format 요소는 매체의 유형을 기술하는데 적용되며, text/html, ASCII, JPEG 등과 같은 디지털 표현 방식도 이에 해당된다. 경우에 따라서는 소프트웨어, 하드웨어 혹은 정보자원을 구동하는데 필요한 기기 등도 Format 요소를 이용해 기술할 수 있다. 하나의 정보자원에 둘 이상의 형식이 적용될 경우에는 Format 요소를 반복하여 각각의 형식을 독립적으로 기술해 준다.

하지만 정보자원의 유형이 다양화되면서 Format 요소의 값을 부여하는데 있어 Dublin Core 레코드 작성자에 따라 다양한 표현이 사용될 수 있다. 이러한 문제를 방지하기 위해, Dublin Core에서는 Internet Media Types[9] 등과 같은 통제어휘를 사용하여 일관성 있는 방식으로 정보자원의 형식을 기술하도록 하고 있다.

---

[9] Media Types. Retrieved January 25, 2016 from http://www.iana.org/assignments/media-types/media-types.xhtml

Format	
요소명	format
레이블	Format
URI	http://purl.org/dc/elements/1.1/format
정 의	정보자원의 물리적 형태나 파일 형식
설 명	현재 이용 가능한 정보자원의 형태를 기술하며, 디지털 정보자원의 경우에는 파일 형식 등을 기술해 준다. 일관성 있는 기술을 위해 Internet Media Types 등과 같은 통제어휘를 사용하는 것이 바람직하다.

정보자원의 기술에 Format 요소를 적용한 예를 들면 다음과 같다.

```
Type="Image"
Format="image/gif"
Format="4kB"

Type="Image"
Format="image/gif 6"
Format="40×512 pixels"

Type="Physical object"
Format="bronze"
Format="22 in."
```

8.3.14 Identifier

메타데이터에서의 식별자(identifier)는 기술의 대상이 되는 정보자원을 고유하게 식별해 줄 수 있는 문자열 혹은 숫자로서, Identifier 요소는 정보자원에 부여된 공식적인 식별자, 즉 URI, URL, DOI, ISBN, ISSN 등을 기술하는데 사용된다. 하지만 특정 정보자원을 고유하게 식별할 수 있는 문자 혹은 숫자 체계이면 모두 식별자의 범주에 포함시킬 수 있다. 경우에 따라서는 Amazon.com에서 사용하는 Amazon Standard Identification Number(ASIN), 연구보고서의 연구번호 등과 같이 특정 상황에서만 적용되는 비공식적인 식별자가 Identifier 요소의 값으로 부여될 수도 있다.

하나의 정보자원에 여러 개의 식별자가 부여되어 있을 경우에는 Identifier 요소를 반복하여 각각의 식별자를 독립적으로 기술하는 것이 바람직하다. 정보자원에 부여된 식별자가 명확하지 않을 경우에는 식별자를 부여한 기관의 이름을 함께 입력할 수 있다.

Identifier	
요소명	identifier
레이블	Identifier
URI	http://purl.org/dc/elements/1.1/identifier
정 의	정보자원에 부여된 고유한 식별자 혹은 참조기호
설 명	정보자원을 명확하게 식별하기 위해 URL, ISBN 등과 같이 문자 혹은 숫자 등으로 구성된 공식적인 식별체계를 사용하는 것이 바람직하다.

정보자원의 기술에 Identifier 요소를 적용한 예를 들면 다음과 같다.

Identifier="http://purl.oclc.org/metadata/dublin_core/"
Identifier="ISBN: 0385424728"
Identifier="B00CQA3Y0U" [Amazon Standard Identification number]
Identifier="NSF-136841-R2452454" [NSF Technical Report]

8.3.15 Language

Language 요소는 정보자원의 내용을 표현하는데 사용된 언어를 기술해 준다. 언어는 공식적으로 사용되는 명칭을 입력하는 것이 일반적이지만, Dublin Core 레코드 작성자에 따라 상이한 방식으로 언어를 표현하는 문제가 발생할 수 있다. 이에 DCMI에서는 Language 요소에 인코딩 스킴(encoding scheme)을 적용하여 일관성 있는 방식으로 언어를 표현하고 있다.

Language 요소에 가장 널리 사용되는 인코딩 스킴으로는 'ISO 639'를 들 수 있다. 'ISO 639'[10]는 언어명을 두 자리(ISO 639-1) 혹은 세 자리(ISO 639-2)의 약어로 표현하는 방식이며, 예를 들면 영어(English)는 'ISO 639-1'을 적용할 경우 'en', 'ISO 639-2'를 적용할 경우 'eng'로 표시된다. 하지만 Language 요소의 값으로 인코딩 스킴을 사용하지 않고 텍스트 형식으로 자유롭게 입력할 수도 있다. 하나의 정보자원에 둘 이상의 언어가 적용된 경우에는 Language 요소를 반복하여 각각의 언어를 독립적으로 기술해 준다.

Language	
요소명	language
레이블	Language
URI	http://purl.org/dc/elements/1.1/language
정 의	정보자원의 내용을 표현하는데 사용된 언어
설 명	정보자원의 내용이 표현된 언어이며, 인코딩 스킴을 사용하여 각 언어의 코드를 입력하는 것이 바람직하다.

정보자원의 기술에 Language 요소를 적용한 예를 들면 다음과 같다.

```
Language="en"
Language="en-US"
Language="fr"
Language="Primarily English, with some abstracts also in French."
```

[10] ISO 639: Code for the Representation of the Names of Languages. Retrieved January 25, 2016 from http://xml.coverpages.org/iso639a.html

8.4 Dublin Core 한정어

Dublin Core에서는 15개의 기본 데이터 요소가 사용되고 있으며, 이들 각각의 요소들은 포괄적이고 범용적인 의미적 범위를 지니고 있다. 이는 정보자원을 기술하는 과정에서 발생하는 다양한 경우를 포괄적으로 수용할 수 있다는 장점이 되기도 하지만, 하나의 요소에 부여될 수 있는 값의 범위가 너무 넓어져서 Dublin Core 레코드의 정확성이 확보되기 어렵다는 단점이 되기도 한다. 이러한 문제를 해결하고 Dublin Core 형식으로 작성된 레코드의 효율성, 정확성을 확보하기 위해 DCMI에서는 Dublin Core 기본 데이터 요소의 의미를 보완할 수 있는 다양한 한정어(qualifier)를 마련하고 있다.

Dublin Core 한정어는 기본적으로 정의된 15개의 데이터 요소들을 의미적으로 확장하고 보다 상세하게 정의한 하위요소라고 할 수 있다. 한정어는 기본 데이터 요소의 의미를 세분하여 정의해 주고, 특정한 인코딩 스킴 혹은 통제어휘를 적용할 수 있도록 사전에 규정하여 정보자원을 기술하는데 있어 보다 특화된 메타데이터를 생성할 수 있도록 하는 기능을 수행하고 있다.

Dublin Core 한정어는 Dublin Core Metadata Element Set(DCMES)에 부가된 기술지침서 가운데 하나로, Dublin Core Usage Committee에서 개발을 담당하였다. 이는 2000년 7월에 공식적으로 발표되었으며, 계속적으로 추가·보완되고 있다. 이와 함께, 한정어는 각각의 데이터 요소에 적용할 수 있는 인코딩 스킴을 규정하기도 하며, 인코딩 스킴을 적용할 경우 Type Vocabulary 등과 같은 통제어휘를 사용하여 일관성있는 레코드의 작성을 지원해 준다.

Dublin Core 한정어는 크게 두 가지 유형으로 구분할 수 있는데, 세분화 요소(refinement)와 인코딩 스킴(encoding scheme)이 이에 해당된다. 경우에 따라서는 통제어휘인 Types Vocabulary를 한정어의 범주에 포함시키기도 한다.

〈표 8-4〉 DCMES의 구성요소

세분화요소 (Refinements)		인코딩 스킴 (Encoding Scheme)	Types Vocabulary
Alternative	Is referenced by	Box	Collection
Table of contents	References	DCMIType	Dataset
Abstract	Is replaced by	Point	Event
Date created	Replaces	Period	Image
Date valid	Is required by	TGN	Interactive resource
Date available	Requires	IMT	Moving image
Date issued	Is version of	ISO3166	Physical object
Date modified	Has version	ISO639	Service
Date accepted	Is format of	W3CDTF	Software
Date copyrighted	Has format	RFC1766	Sound
Date submitted	Is part of	RFC3066	Still image
Extent	Has part	DDC	Text
Medium	Provenance	LCC	
Mediator	Rights holder	UDC	
Temporal	Access rights	MeSH	
Spatial	License	LCSH	
Audience	Conforms to	URI	
Education level	Bibliographic citations		

8.4.1 세분화 요소(Refinement)

세분화 요소(refinement)는 Dublin Core 한정어를 구성하는 하나의 구성요소로써, Dublin Core 기본 데이터 요소의 의미를 세분하거나 정보자원의 특정 측면에 맞게 특화시켜 주는 기능을 한다. 이는 기본 데이터 요소가 지닌 넓은 의미적 범위라는 문제를 해결하기 위한 방안으로 구축되었으며, 정보자원이 지닌 세부적인 측면을 보다 정확하게 기술할 수 있도록 각각의 기본 데이터 요소를 계층적으로 세분한 하위요소로서의 기능을 수행한다.

예를 들면, 기본 데이터 요소 가운데 'title'은 정보자원의 표제와 관련된 사항을 기술하는데 사용되고 있다. 하지만 둘 이상의 다양한 표제를 지니고 있는 정보자원의 경우에는 'title' 요소 하나만을 이용해서 모든 표제를 기술해야 하는 모호함을 지니고 있다. 이러한 문제를 해결하고 각 표제의 특성을 보다 명확하게 기술하기 위해,

Dublin Core에서는 'title' 요소에 'alternative'라는 세분화 요소를 적용하고 있다. 이 경우, 'title'은 정보자원의 주표제를 기술하는데 사용되며, 'alternative'는 주표제 이외의 모든 표제를 기술하는데 사용된다. 이를 통해, 정보자원이 지닌 다양한 표제를 각각의 특성에 맞도록 보다 정확하게 기술할 수 있게 된다.

세분화 요소는 각각의 기본 데이터 요소가 지닌 특성에 맞게 다양하게 구축되어 있다. 세분화 요소의 의미는 기본 데이터 요소의 의미적 범위를 벗어나지 않으며, 기본 데이터 요소의 의미를 세분하거나 특화시켜 주는 방식으로 적용되고 있다. 이러한 측면에서 보면, 세분화 요소는 기본 데이터 요소의 하위요소의 개념으로도 이해할 수 있다. 하지만 세분화 요소는 기본 데이터 요소와는 별개로 독립적으로 사용될 수 있으며, 기본 데이터 요소와 마찬가지로 반복해서 사용할 수 있다. 다음 〈표 8-5〉는 각각의 기본 데이터 요소에 마련되어 있는 세분화 요소를 보여주고 있다.

〈표 8-5〉 Dublin Core의 세분화 요소

DCMES 요소 (Elements)	세분화 요소 (Refinements)	DCMES 요소 (Elements)	세분화 요소 (Refinements)
Title	Alternative	Source	-
Creator	-	Language	-
Subject	-	Relation	Is Version Of Has Version Is Replaced By Replaces Is Required By Requires Is Part Of Has Part Is Referenced By References Is Format Of Has Format Conforms To
Description	Table Of Contents Abstract	Coverage	Spatial Temporal
Publisher	-	Rights	Access Rights License
Contributor	-		
Date	Created Valid Available Issued Modified Date Accepted Date Copyrighted Date Submitted		
Type	-		
Format	Extent Medium		
Identifier	Bibliographic Citation		

8.4.2 인코딩 스킴(Encoding Scheme)

Dublin Core를 이용해 정보자원을 기술할 때, 기본 데이터 요소 및 세분화 요소에 부여되는 값은 Dublin Core 레코드 작성자에 따라 임의로 정해지는 경우가 많다. 이러한 경우, 레코드 작성자의 주관에 따라 동일한 요소에 대해 다른 값이 입력되기도 하고, 동일한 값이 상이한 방식으로 표현되어 입력되기도 한다. 이는 레코드 생성의 비일관성이라는 문제뿐만 아니라 검색의 효율성이나 정확성을 저하시키는 요인이 될 수도 있다. 이러한 문제를 방지하기 위하여 Dublin Core에서는 다양한 인코딩 스킴(encoding scheme)을 마련하고 있다.

인코딩 스킴은 특정 요소의 값으로 사용할 수 있는 사항들을 사전에 규정해 놓고, Dublin Core 레코드 작성 시에 이들 가운데 적합한 요소값을 선택함으로써 레코드 작성의 일관성을 확보하기 위한 방안으로 마련되었다. 이는 또한 정보자원을 검색하는데 있어서의 효율성 및 정확성을 확보할 수 있다는 장점이 되기도 한다. Dublin Core에서는 각각의 요소가 지닌 의미에 따라 다양한 인코딩 스킴을 마련하고 있는데, 인코딩 스킴은 Dublin Core 요소의 값으로 사용할 수 있는 항목들을 통제어휘의 형식으로 모아놓은 요소값의 집합이라는 의미로 사용되고 있다.

예를 들면, Dublin Core의 요소 가운데 'Type'은 인코딩 스킴으로 DCMI Type Vocabulary를 적용하고 있으며, 이는 Collection, Dataset, Image, Software, Text 등 'Type' 요소의 값으로 사용될 수 있는 사항들을 사전에 규정해 놓은 통제어휘로서의 기능을 하게 된다.

이러한 통제어휘 형식의 인코딩 스킴 이외에도, Dublin Core에서는 요소의 값을 표기하는 형식에 대한 인코딩 스킴도 마련하고 있다. 이는 요소의 값으로 사용될 수 있는 항목을 규정해 놓은 인코딩 스킴과는 달리, 요소의 값을 표현하는 방식을 통제하는 형식적인 측면에서의 인코딩 스킴이라고 할 수 있다. 이러한 유형의 인코딩 스킴은 'Date', 'Language' 등의 요소에 주로 적용되고 있다. 예를 들면, 'Date' 요소에서는 'W3CDTF'라는 인코딩 스킴을 사용하여 날짜의 표기 형식을 'YYYY-MM-DD'로 통일함으로써 생성되는 Dublin Core 레코드의 일관성을 확보하고 있다.

Dublin Core의 인코딩 스킴은 필수적으로 사용해야 하는 것은 아니지만, DCMI에서는 레코드의 일관성 확보를 위해 인코딩 스킴을 사용하는 것을 권장하고 있다. 다음 〈표 8-6〉에서는 DCMI에서 적용하고 있는 인코딩 스킴을 보여주고 있다. 이 외에도 DCMI에서는 보다 정확한 레코드 작성을 위해 인코딩 스킴을 계속해서 추가·확장하고 있다.

〈표 8-6〉 DCMI 인코딩 스킴

DCMES 요소 (Elements)	세분화 요소 (Refinement)	인코딩 스킴 (Encoding Scheme)
Title		-
Creator		-
Subject		LCSH
		MeSH
		DDC
		LCC
		UDC
Description		-
Publisher		-
Contributor		-
Date		DCMI Period
		W3CDTF
Type		DCMI Type Vocabulary
Format		IMT
Identifier		URI
Source		URI
Language		ISO 639-2
		RFC3066
Relation		URI
Coverage	Spatial	DCMI Point
		ISO 3166
		DCMI Box
		TGN
	Temporal	DCMI Period
		W3CDTF
Rights	Access Rights	-
	License	URI

8.5 Dublin Core 구문

Dublin Core는 다른 메타데이터 스키마와는 달리 특정한 표현형식이나 구문규칙을 사용하지 않기 때문에, 정보자원을 기술할 때 상황에 따라 다양한 방식을 적용할 수 있다. Dublin Core의 초창기에는 HTML을 주로 사용하였으나, 현재는 XML 기반의 RDF 구문을 이용해서 Dublin Core 레코드를 작성하는 방식이 주를 이루고 있다.

8.5.1 HTML 구문에서의 Dublin Core

Dublin Core에서 마련하고 있는 데이터 요소와 한정어는 정보자원이 지니고 있는 각각의 측면을 기술해 주기 위한 목적을 지니고 있지만, 이들 요소들이 정보자원의 기술에 실제적으로 적용되기 위해서는 여러 커뮤니티에 걸쳐서 일반적으로 사용되고 있는 구문적인 표현 방식을 확보하고 있어야 한다. 현재 Dublin Core에 적용할 수 있는 대표적인 구문규칙으로 HTML을 들 수 있다.

HTML은 Dublin Core의 초창기에 널리 사용되었던 구문이며, 이는 〈meta〉 태그의 'name'과 'content' 속성을 사용하는 방식이다. 〈meta〉 태그는 HTML의 〈head〉 부분에 수록되기 때문에 일반 이용자들은 〈meta〉 태그로 기술된 Dublin Core 레코드를 직접 확인할 수는 없지만, 이는 해당 정보자원의 관리자 혹은 검색엔진 등을 통해 활용되고 있다. HTML 구문에서 〈meta〉 태그를 적용하는 기본적인 형식은 다음과 같다.

```
<meta name = "element name" content = "element value" />
```

〈meta〉 태그의 'name' 속성에는 Dublin Core의 요소명을 입력하고, 'content' 속성에는 각각의 Dublin Core 요소가 기술해 주는 내용인 요소값을 입력한다. HTML 구문에서는 태그를 표시할 때 시작태그와 종료태그의 형식을 적용하고 있지만,

〈meta〉 태그에서는 종료태그 없이 〈meta〉 태그의 마지막에 ' / '를 추가하여 해당 요소가 종료되었음을 표시해 준다.

Dublin Core의 HTML 사용 권고안에서는 요소명을 입력할 때 Dublin Core의 약어인 'DC'를 접두사로 사용하도록 권장하고 있으며, 접두사를 사용하는 기본적인 형식은 다음과 같다.

```
〈meta name="DC.Title" content="Metadata in Practice" /〉
〈meta name="DC.Creator" content="Diane I. Hillmann" /〉
〈meta name="DC.Publisher" content="Library Associations" /〉
```

요소의 값을 표현하는데 인코딩 스키마를 적용할 경우, 인코딩 스키마는 〈meta〉 태그의 'scheme' 속성을 사용하여 표현된다. 이때, 'content' 속성에 입력되는 값은 'scheme' 속성에서 사용된 인코딩 스키마에서 제시하는 항목 가운데에서 선택해야 한다. 'scheme' 속성을 적용하는 대표적인 예를 들면 다음과 같다.

```
〈meta name="DC.Type" scheme="DCMIType" content="text" /〉
```

Dublin Core의 기본 데이터 요소 이외에 각 요소의 한정어를 적용할 경우에는, 'DC.*element name.refinement name*'의 형식으로 'name' 속성의 값을 입력해 준다. 한정어를 사용하는 예를 들면 다음과 같다.

```
〈meta name="DC.Date.Created" content="1995" /〉
```

동일한 Dublin Core 요소를 이용해서 기술할 수 있는 값이 둘 이상인 경우에는 해당 요소를 반복해서 사용할 수 있다.

```
<meta name="DC.Title" content="First title" />
<meta name="DC.Title" content="Second title" />
```

HTML 구문을 사용하여 Dublin Core 레코드를 작성한 실제 예를 살펴보면 다음 (그림 8-2)와 같다.

```
<meta name="DC.Identifier" scheme="URI"
        content="http://tutorialsonline.info/Common/DublinCore.html" />
<meta name="DC.Format" scheme="IMT" content="text/html" />
<meta name="DC.Title" content="Dublin Core Tutorial" />
<meta name="DC.Creator" content="Alan Kelsey" />
<meta name="DC.Subject" content="Dublin Core Meta Tags" />
<meta name="DC.Publisher" content="Alan Kelsey, Ltd." />
<meta name="DC.Publisher.Address" content="alan@tutorialsonline.info" />
<meta name="DC.Contributor" content="Alan Kelsey" />
<meta name="DC.Date" scheme="ISO8601" content="2007-01-06" />
<meta name="DC.Type" content="text/html" />
<meta name="DC.Description" content="Learning Advanced Web Design can be fun
and easy! Look at a site designed specifically to help you learn how to design
web pages with proper tags, styles, and scripting." />
<meta name="DC.Identifier"
 content="http://tutorialsonline.info/Common/DublinCore.html" />
<meta name="DC.Relation.isPartOf" content="TutorialOnline.info" />
<meta name="DC.Coverage" content="Hennepin Technical College" />
<meta name="DC.Rights" content="Copyright 2011, Alan Kelsey, Ltd. All
 rights reserved." />
<meta name="DC.Date.lastModified" scheme="ISO8601" content="2007-01-06" />
<meta name="DC.Language" scheme="RFC1766" content="EN" />
```

(그림 8-2) HTML 구문을 이용한 Dublin Core 레코드

8.5.2 XML 구문에서의 Dublin Core

Dublin Core는 HTML 구문을 이용해서 손쉽게 표현할 수 있으며, 특히 검색엔진이 〈meta〉 태그를 이용하여 웹페이지를 색인하는 환경에서 효과적으로 활용되고 있다. 하지만 HTML이 지닌 태그 구조의 경직성과 비확장성 등으로 인해, 현재는 HTML에 비해 XML 구문이 보다 일반적으로 사용되고 있다. XML 구문은 네임스페이스(namespace)를 사용하여 Dublin Core 요소를 고유하게 식별해 주고 있으며, 다른 메타데이터 표준에서 사용하는 요소들을 재사용할 수 있는 확장성 또한 제공해 주고 있다.

XML 구문을 이용해 Dublin Core를 표현하기 위해서는 우선 XML 구문에 대한 선언을 해야 한다. 이는 XML을 이용한 Dublin Core 레코드의 가장 첫 부분에 명시된다. XML 선언 이후에는 Dublin Core를 이용한 실제 레코드가 표현되는데, Dublin Core 레코드는 XML의 〈metadata〉 태그 안에 수록된다. 〈metadata〉 태그는 시작태그와 종료태그로 이루어지며, 종료태그는 '/'와 함께 사용된다.

〈metadata〉 태그 내에서는 Dublin Core 레코드에서 사용하는 메타데이터 요소세트를 네임스페이스를 이용해 선언해 주어야 한다. 네임스페이스는 〈metadata〉 태그 내의 첫 부분에 선언되는데, 'xmlns' 접두사를 이용해 기술해 준다. 'xmlns' 접두사는 해당 레코드에서 사용하고 있는 메타데이터 요소 세트를 명시해 주는 기능을 하며, 'xmlns: ' 뒤에 해당 메타데이터 요소 세트에 부여된 URL을 입력하는 형식으로 사용한다.

예를 들면, Dublin Core 메타데이터 요소 세트를 사용하는 경우 xmlns:dc="http://purl. org/dc/elements/1.1/"의 형식으로 Dublin Core 요소 세트의 사용을 선언해 주며, Dublin Core 요소 세트의 정의는 "http:// purl.org/dc/elements/ 1.1/"에서 확인할 수 있다. XML 선언과 네임스페이스를 적용하는 기본적인 형식은 다음과 같다.

```
<?xml version="1.0"?>
<metadata
   xmlns:dc="http://purl.org/dc/elements/1.1/">
</metadata>
```

실제적으로 정보자원을 기술해 주는 Dublin Core 요소를 표현하는데 있어서는, HTML 구문과는 다르게 〈meta〉 태그나 접두사 없이 요소의 이름을 직접 태그로 사용한다. 각각의 요소를 사용할 때에는 '〈 〉'를 사용하여 요소명을 표기해 주며, 시작태그와 종료태그를 적용한다. 종료태그에는 요소명 앞에 ' / '를 사용하여 해당 요소의 사용이 종료되었음을 표시해 주어야 한다. 이때, 해당 요소가 어느 메타데이터 표준에 수록된 것인지를 명시하기 위해서 각 요소명 앞에 메타데이터 표준의 이름을 사용하는 것이 일반적이다.

예를 들어 Dublin Core 요소를 사용하는 경우, 'dc:*element name*'의 형식을 적용하며, 이를 통해 사용하고 있는 메타데이터 요소가 Dublin Core의 요소임을 명시해 준다. XML 구문에서 요소를 표기하는 방식은 HTML 구문에서와는 차이를 보이고 있는데, 대소문자를 구분하는 HTML과는 달리 XML 구문에서는 모든 요소명을 소문자로 작성한다.

XML 구문에서 Dublin Core 요소를 이용해 정보자원을 기술한 실제 예를 들면 다음과 같다.

```
〈?xml version="1.0"?〉
〈metadata
   xmlns:dc="http://purl.org/dc/elements/1.1/"〉
   〈dc:title〉 Metadata principles and practicalities 〈/dc:title〉
   〈dc:creator〉 Erik Duval 〈/dc:creator〉
   〈dc:creator〉 Wayne Hodgins 〈/dc:creator〉
   〈dc:creator〉 Stuart Sutton 〈/dc:creator〉
   〈dc:creator〉 Stuart L. Weibel 〈/dc:creator〉
   〈dc:identifier〉 http://www.dlib.org/dlib/april02/weibel/04weibel.html
   〈/dc:identifier〉
   〈dc:identifier〉 DOI: 10.1045/april2002-weibel 〈/dc:identifier〉
   〈dc:rights〉 Copyright 2002 Erik Duval, Wayne Hodgins, Stuart Sutton,  and
    Stuart L. Weibel 〈/dc:rights〉
〈/metadata〉
```

위의 예에서와 같이, XML을 이용한 구문에서는 〈?xml version= "1.0"?〉와 같이 XML 선언을 함으로써 해당 레코드가 XML 구문을 이용하였음을 명시해야 한다. XML 선언 이후에는 'xmlns: '를 이용하여 메타데이터 요소 세트를 명시해 줌으로써 해당 레코드에서 사용하는 메타데이터 요소의 의미를 정의해 준다. 네임스페이스를 이용해 어떤 메타데이터 요소 세트를 사용하는지를 선언한 후에는 각각의 요소를 이용해 실제적으로 정보자원을 기술할 수 있게 된다.

위의 예에서는 Dublin Core의 기본 데이터 요소들만을 이용한 경우를 보여주고 있지만, 대부분의 Dublin Core 레코드에서는 기본 데이터 요소 이외에도 한정어를 적용하여 정보자원을 상세하게 기술하고 있다. Dublin Core 한정어를 사용할 경우에는, 네임스페이스에 Dublin Core의 한정어를 사용한다는 것을 명시해 주어야 한다. 네임스페이스에 Dublin Core 한정어를 선언하는 일반적인 형식은 다음과 같다.

```
〈xmlns:dcterms="http://purl.org/dc/terms/"〉
```

Dublin Core의 세분화 요소에는 기본 데이터 요소와는 달리 'dcterms: *refinement name*'의 형식을 적용함으로써 기본 데이터 요소와 세분화 요소를 구분해 주고 있다. 이는 Dublin Core의 각각의 세분화 요소가 기본 데이터 요소의 속성으로 사용되지 않고 독립적인 Dublin Core 요소로 사용된다는 것을 의미한다. Dublin Core 세분화 요소를 XML 구문으로 표현하는 일반적인 형식은 다음과 같다.

```
〈dcterms:created〉 2002 〈/dcterms:created〉
```

Dublin Core 요소에 인코딩 스킴을 적용하는 경우에는, 'scheme' 속성을 사용하며, 이는 Dublin Core의 기본 데이터 요소 및 세분화 요소의 속성으로 적용될 수 있다. Dublin Core 요소 내에서의 인코딩 스킴은 '〈dc:*element name* scheme= "*encoding scheme*"〉 *element value* 〈/dc:*element name*〉'과 같은 형식으로 적용한다. 이때, 입력되는 요소값(element value)은 기본 데이터 요소 혹은 세분화 요소에 적용되는 인코딩 스킴의 범위나 형식에 따라 표현되어야 한다. Dublin Core 요소에 인코딩 스킴을 적용한 예는 다음과 같다.

```
〈dc:identifier scheme="URI"〉 http://etext.lib.virginia.edu/tei/uvatei.html
〈/dc:identifier〉
〈dcterms:modified scheme="W3CDTF"〉 2001-07-18 〈/dcterms:modified〉
```

경우에 따라서는 인코딩 스킴 이외에도 Dublin Core의 기본 데이터 요소 혹은 세분화 요소에 다양한 속성을 적용하여 각 요소값의 의미적 범위나 형식을 구체화하여 제시할 수 있다. 이러한 속성들 가운데 자주 사용되는 속성의 하나로 'xml:lang' 속성을 들 수 있다.

이는 기술의 대상이 되는 정보자원의 내용을 표현해 주는 언어를 의미하는 것이 아니라, 각 요소의 값으로 입력된 내용을 표현하는데 사용된 언어를 명시해 줄 경우 사용하는 것이다. 'xml:lang' 속성은 Dublin Core의 기본 데이터 요소명 혹은 세분화 요소명 뒤에 사용하며, 각 요소의 값으로 입력되는 내용의 언어를 지정해 준다. 'xml:lang' 속성을 사용하여 정보자원을 기술하는 예를 들면 다음과 같다.

```
〈dc:subject xml:lang="en"〉 seafood 〈/dc:subject〉
〈dc:subject xml:lang="fr"〉 fruits de mer 〈/dc:subject〉
```

이와 같은 방식으로 XML 구문을 이용해 작성한 Dublin Core 레코드의 실제 예를 들면 다음 (그림 8-3)과 같다.

```
<?xml version="1.0"?>
<metadata
  xmlns:dc="http://purl.org/dc/elements/1.1/"
  xmlns:dcterms="http://purl.org/dc/terms/">
 <dc:title> UKOLN </dc:title>
 <dcterms:alternative> UK Office for Library and Information Networking
 </dcterms:alternative>
 <dc:subject> national centre, network information support, library
  community, awareness, research, information services, public library
  networking, bibliographic management, distributed library systems,
  metadata, resource discovery, conferences, lectures, workshops
 </dc:subject>
 <dc:subject scheme="dcterms:DDC"> 062 </dc:subject>
 <dc:subject scheme="dcterms:UDC"> 061(410) </dc:subject>
 <dc:description> UKOLN is a national focus of expertise in digital
  information management. It provides policy, research and awareness
  services to the UK library, information and cultural heritage
  communities. UKOLN is based at the University of Bath.
 </dc:description>
 <dc:description xml:lang="fr"> UKOLN est un centre national d'expertise
  dans la gestion de l'information digitale. </dc:description>
 <dc:publisher> UKOLN, University of Bath </dc:publisher>
 <dcterms:isPartOf scheme="URI"> http://www.bath.ac.uk
 </dcterms:isPartOf>
 <dc:identifier scheme="URI"> http://www.ukoln.ac.uk/ </dc:identifier>
 <dcterms:modified scheme="W3CDTF"> 2001-07-18 </dcterms:modified>
 <dc:format scheme="IMT"> text/html </dc:format>
 <dcterms:extent> 14 Kbytes </dcterms:extent>
</metadata>
```


(그림 8-3) XML 구문을 이용한 Dublin Core 레코드

8.5.3 RDF/XML 구문에서의 Dublin Core

Dublin Core는 초창기에는 주로 HTML 구문을 적용하여 구현되었지만, 이후 XML 등과 같은 보다 확장성 있는 마크업 언어의 개발과 함께 다양한 구문형식을 적용하여 활용되어 왔다. 현재는 XML에 기반한 RDF/XML이 Dublin Core의 구문으로 가장 널리 사용되고 있다.

Resource Description Framework(RDF)는 시맨틱 웹의 기반 기술로서, 컴퓨터가 처리할 수 있는 형태의 의미적 메타데이터를 기술하기 위한 구문으로 고안되었다.[11] 이는 World Wide Web Consortium(W3C)에서 제안한 표준적인 구문규칙으로, 메타데이터 사이의 효율적인 데이터 교환 및 상호 호환을 목적으로 구축되었다. RDF는 구조화된 의미적 표현을 지원해 주기 위한 기술언어로 XML을 사용하고 있으며, 메타데이터에 적용되는 RDF는 대부분 XML 언어를 기반으로 하여 구축되기 때문에 일반적으로 RDF/XML로 지칭된다.

미국 워싱턴(Washington)에서 개최된 제6차 Dublin Core Workshop에서는 다양한 형식의 메타데이터를 지원하기 위한 구조로 RDF를 채택하였으며, 특히 Dublin Core의 구문구조로 RDF를 선정하였다. 이후 Dublin Core의 구현은 대부분 RDF/XML로 이루어져 왔으며, 이는 기존의 구문에 비해 여러 가지 장점을 지니고 있다.

RDF는 XML을 사용하여 정보자원이 지닌 의미적 구조를 확장성 있게 표현해 주기 때문에, 다양한 메타데이터 스키마를 사용하는 커뮤니티에서는 RDF를 사용하여 정보자원이 지닌 의미적 체계를 명확하게 정의할 수 있다. 또한 RDF는 정보자원을 기술하는데 필요한 세부적인 사항들을 일일이 지정하지 않아도 다른 메타데이터 스키마에서 정의한 용어를 네임스페이스를 이용해 재사용함으로써 하나의 메타데이터 스키마를 다른 메타데이터 스키마와 의미적으로 연결시켜 줄 수 있는 확장성을 제공하고 있다.

[11] 박지형, 이명진, 홍준석. 2007. 시맨틱웹에서의 메타데이터 검색을 위한 RDF 저장 구조 및 시스템의 개발에 관한 연구. 『한국전자거래학회』, 12(2), p.292.

Dublin Core에 RDF/XML을 적용하기 위해서는 우선 XML 구문을 사용한다는 XML 선언이 이루어지고, 이후 RDF 구문이 사용된다는 선언이 이루어져야 한다. RDF 선언은 〈rdf:RDF〉의 형식으로 RDF 구문을 사용한다는 것을 명시해 주는데, 이때 RDF 선언문에서는 네임스페이스(namespace)에 대한 선언이 동시에 이루어진다. RDF/XML 구문과 Dublin Core 메타데이터 요소 세트를 사용한다는 것을 네임스페이스를 이용해 선언한 예를 들면 다음과 같다.

```
〈?xml version="1.0"?〉
〈rdf:RDF
    xmlns:rdf="http://www.w3.org/1999/02/22-rdf-syntax-ns#"
    xmlns:dc="http://purl.org/dc/elements/1.1/"〉
```

실제적인 정보자원의 기술은 〈rdf:Description〉 태그를 이용해 이루어진다. 기술의 대상이 되는 정보자원이 URI로 식별되는 경우, 〈rdf:Description〉 태그의 'rdf:about' 속성을 사용하여 해당 정보자원을 확인해 준다. 예를 들어, 'http://example.org'로 식별되는 정보자원을 기술할 경우, 기술의 대상이 되는 정보자원에 부여된 URI인 'http://example.org'는 'rdf:about' 속성의 값으로 입력된다. 이를 RDF/XML 구문으로 표현한 예를 들면 다음과 같다.

```
〈?xml version="1.0"?〉
〈rdf:RDF
    xmlns:rdf="http://www.w3.org/1999/02/22-rdf-syntax-ns#"
    xmlns:dc="http://purl.org/dc/elements/1.1/"〉
〈rdf:Description rdf:about="http://example.org/"〉
  … …
〈/rdf:Description〉
〈/rdf:RDF〉
```

정보자원을 기술하는데 사용되는 Dublin Core 요소들은 네임스페이스에서 선언된 후 <rdf:Description> 태그 안에서 실제적으로 정보자원을 기술하게 된다. RDF/XML 구문에서의 Dublin Core 요소들은 XML 구문을 적용할 때와 동일한 형식(e.g., <dc:*element name*>)을 지니게 되며, 각각의 요소는 독립적으로 사용된다. 모든 Dublin Core 요소는 시작태그와 종료태그를 사용해야 하며, <rdf:RDF> 및 <rdf:Description> 태그 역시 시작태그와 종료태그를 모두 사용한다.

```
<?xml version="1.0"?>
<rdf:RDF
    xmlns:rdf="http://www.w3.org/1999/02/22-rdf-syntax-ns#"
    xmlns:dc="http://purl.org/dc/elements/1.1/">
  <rdf:Description rdf:about="http://example.org/">
      <dc:title> Example of Dublin Core on RDF/XML Syntax </dc:title>
      <dc:creator> Seungmin Lee </dc:creator>
      <dc:date> 2015-11-17 </dc:date>
  </rdf:Description>
</rdf:RDF>
```

RDF/XML 구문을 이용해 메타데이터 레코드를 생성할 때 한 가지 유의해야 할 점은, 기술의 대상이 되는 정보자원이 단 하나의 식별자(URI)만을 가지고 있을 경우에는 이를 rdf:about="*identifier*"에서만 기술해 주며, Dublin Core 요소인 <dc:identifier>는 사용하지 않는다는 것이다. 하지만 해당 정보자원이 둘 이상의 식별자를 지니고 있는 경우, 부가적인 식별자는 <dc:identifier>를 반복해서 사용하여 각각의 식별자를 독립적으로 기술해 준다.

Dublin Core의 기본 데이터 요소 이외에 세분화 요소를 사용할 경우에는 네임스페이스에서 Dublin Core 세분화 요소에 해당하는 'dcterms'를 선언해 주어야 하며, <dcterms:*refinement name*> 태그를 사용하여 정보자원을 기술해 준다.

HTML, XML 구문과 마찬가지로, RDF/XML 구문에서도 Dublin Core 각각의 요소에 인코딩 스킴을 적용하여 요소의 값으로 입력되는 내용의 의미적 범위나 형식을 제한할 수 있다. 이를 위해서는 'scheme' 속성을 이용하며, 이는 Dublin Core의 기본 데이터 요소와 세분화 요소 모두에 적용될 수 있다. 'scheme' 속성 이외에 'xml:lang' 등과 같은 속성들도 적용될 수 있으며, 속성의 적용은 XML 구문에서와 마찬가지로 '〈dc:*element name* scheme="*encoding scheme*"〉 *element value* 〈/dc:*element name*〉'의 형식으로 적용한다.

RDF/XML 구문을 이용해 작성한 Dublin Core 레코드의 예를 들면 다음 (그림 8-4)와 같다.

```
〈?xml version="1.0"?〉
〈rdf:RDF
    xmlns:rdf="http://www.w3.org/1999/02/22-rdf-syntax-ns#"
    xmlns:dc="http://purl.org/dc/elements/1.1/"
    xmlns:dcterms="http://purl.org/dc/terms/"〉
  〈rdf:Description rdf:about="http://example.org"〉
    〈dc:title〉 Example of Dublin Core on RDF/XML Syntax 〈/dc:title〉
    〈dc:title xml:lang="fr"〉 L'Initiative de m?adonn?s du Dublin Core
    〈/dc:title〉
    〈dc:title xml:lang="de"〉 der Dublin-Core Metadata-Diskussionen
    〈/dc:title〉
    〈dc:description〉 The Dublin Core Metadata Initiative Web site
    〈/dc:description〉
    〈dc:date〉 2015-11-17 〈/dc:date〉
    〈dc:format〉 text/html 〈/dc:format〉
    〈dc:language〉 en 〈/dc:language〉
    〈dc:contributor〉 The Dublin Core Metadata Initiative 〈/dc:contributor〉
    〈dcterms:abstract〉 Example of using Dublin Core refinements
    〈/dcterms:abstract〉
    〈dc:identifier〉 http://example.org/dublincore_metadata 〈/dc:identifier〉
  〈/rdf:Description〉
〈/rdf:RDF〉
```

(그림 8-4) RDF/XML 구문을 이용한 Dublin Core 레코드

8.6 Dublin Core 의의

Dublin Core는 웹 상의 정보자원을 기술하기 위해 고안된 메타데이터 표준으로서, 기존의 MARC 구조에 비해 그 형식과 내용이 간단하며, 디지털 형태의 정보자원을 풍부하게 기술해 줄 수 있다는 장점이 있다. 또한 자연어 형식의 요소를 사용함으로써 일반 이용자들도 손쉽게 Dublin Core 레코드를 작성할 수 있어, 폭증하는 정보자원을 기술하는데 효과적으로 적용될 수 있다는 특성을 지니고 있다.

Dublin Core는 총 15개의 기본 데이터 요소 및 한정어를 적용한 단순한 구조를 지니고 있지만, 웹 상의 디지털 정보자원이 지닌 고유한 특성을 기술하는데 필요한 필수적인 요소들을 수록하고 있으며, 필요에 따라 요소를 추가·보완할 수 있는 확장성 또한 지니고 있다. Dublin Core의 이러한 특징은 여러 커뮤니티에서 다양한 정보자원을 기술하는데 있어 상당한 융통성을 부여해 주고 있으며, 특히 웹 상의 정보자원을 기술하는데 효과적으로 활용되고 있다. 이는 Dublin Core의 구조적 단순성에 기반을 두고 있으며, 이러한 장점으로 인해 Dublin Core는 현재 전 세계적으로 널리 사용되는 기본적인 메타데이터 표준으로 자리 잡고 있다.

반면, Dublin Core는 그 구조적인 단순성으로 인해 몇 가지 문제가 지속적으로 발생하고 있다. 이 가운데 대표적인 문제점으로는 일부 Dublin Core 요소를 정의할 때 발생하는 의미적인 중첩을 들 수 있다. 예를 들면, 'Creator'는 'Contributor'의 한 유형으로도 볼 수 있으며, 'Source'는 특정 유형의 'Relation'이라고도 볼 수 있다. 이러한 의미적인 모호함은 정보자원의 특정 측면을 기술할 때 Dublin Core 레코드 구축자들이 어떤 요소를 사용할 것인지를 선택하는데 있어 어려움을 가져올 수 있다.

이러한 문제를 해결하기 위해, 'Creator', 'Contributor', 'Publisher' 요소를 통합하여 'Agent'라고 하는 하나의 요소로 사용하는 것이 제안되기도 했지만, 이는 Dublin Core의 전체적인 구조에 명확하게 적용될 수 없다는 이유로 채택되지 않았다. 이외에도, 'Relation' 요소의 사용과 관련해서 'Source' 요소의 사용을 반대하는 의견이 제안되기도 하였다. Dublin Core의 데이터 요소가 지닌 이러한 의미적 포괄성은 정보자원을 기술하는데 있어서 융통성을 부여할 수 있다는 장점이 되기도 하지만, 정보자원이 지닌 세부적인 측면을 기술하는데 있어서는 정확성을 저하시킨다는 단점이 되고 있다.

이와 같이 Dublin Core는 다양한 유형의 정보자원, 특히 웹 상의 정보자원을 기술하는데 있어서 여러 가지 장점과 단점을 동시에 지니고 있다. 하지만 Dublin Core가 지닌 구조적 특성은 다른 메타데이터 표준을 구축하는데 있어서 이론적인 기반을 제시해 주었으며, 이러한 이유로 Dublin Core는 MARC와 더불어 전 세계적으로 가장 널리 사용되는 메타데이터 표준으로 자리 잡고 있다.

제 9 장 Metadata Object Description Standard

제 9 장 Metadata Object Description Standard

9.1 MODS의 배경

디지털 형태로 생성되는 정보자원의 수가 급격하게 증가하면서, 도서관 장서의 범주에 디지털 정보자원이 포함되는 등 도서관계에서도 인쇄형태의 정보자원과 더불어 디지털 정보자원이 차지하는 비중이 점점 더 커지게 되었다. 특히, 웹 상에 존재하는 정보자원은 그 접근과 관리에 있어서의 편리함과 비용적·공간적 장점으로 인해 도서관 장서에서 차지하는 비율이 계속해서 높아지는 경향을 보이고 있다.

이와 함께, 기존의 인쇄형태 정보자원을 디지털 형식으로 변환하려는 움직임도 계속되어 왔으며, 도서관 현장에서는 이에 필요한 변환 도구와 기술들을 직접 도입하여 도서관 장서의 디지털화를 추진해 왔다. 이러한 움직임은 네트워크 기반의 디지털 도서관을 구축하기 위한 다양한 프로젝트로 이어져 왔으며, 전통적인 도서관으로부터 디지털 도서관으로의 진화는 지금까지 도서관이 인쇄 기반에서 수행해 왔던 여러 가지 기능들을 디지털 기반으로 변화시키는 계기가 되었다.

이러한 장서의 형태적인 변화 이외에도, 도서관계에서는 디지털 환경에 적합한 새로운 서지적 도구에 대한 필요성이 대두되기 시작하였다. 도서관계에서 사용하던 기존의 서지도구들은 인쇄형태 정보자원의 특성을 기술하는데 특화된 방식으로 고안된 것이었으며, 도서관의 서지작업에 컴퓨터가 도입되면서부터는 카드목록 방식을 대체한 MAchine Readable Cataloging(MARC)이 도서관 장서의 서지레코드 작성에 널리 사용되었다.

하지만 MARC 역시 인쇄형태의 정보자원을 기술하는데 최적화된 구조이기 때문에, 디지털 형태의 정보자원이 지닌 고유한 특성을 기술하는데 있어서는 여러 가지 한계를 보이게 되었다. 이에 디지털 정보자원을 기술하는데 있어 MARC가 지닌 문제점들을 해결하기 위한 여러 가지 방안이 지속적으로 논의되었으며, 1990년대 후반 들어서는 MARC 기반의 서지레코드를 대신하여 디지털 정보자원을 효율적으로 기술할 수 있는 메타데이터의 도입에 대한 논의가 활발하게 이루어지게 된 것이다.

하지만 도서관 현장에서는 기존에 사용하던 MARC 기반의 서지기술 방식이 이미 확고하게 자리를 잡고 있었으며, MARC 형식으로 생성된 서지레코드를 상호 교환하고 검색하는데 익숙했던 도서관계에서는 메타데이터의 도입이나 메타데이터의 표준화에 대해서는 부정적인 입장을 견지하였다. 이러한 현장의 분위기에도 불구하고 디지털 형태의 정보자원은 그 수가 급속하게 증가하였으며, 이에 도서관계에서도 기존의 MARC 구조가 디지털 기술을 적용하면서 진화하는 도서관 환경에 적합한지에 대한 의문이 지속적으로 제기되어 왔다.

기존의 MARC 형식은 그 구조가 방대하고 복잡하기 때문에 상당히 많은 수의 필드가 정보자원의 기술에 사용되며, 숫자 형식의 태그는 일반 이용자들이 쉽게 인식하기 어렵다는 문제를 지니고 있었다. 이에 기존의 인쇄형태를 비롯하여 다양한 형태로 생성되는 정보자원을 기술하는데 보다 쉽고 효과적으로 적용할 수 있는 방식에 대한 필요성이 점차 확산되었으며, 이로 인해 디지털 정보자원의 기술을 위해 고안된 메타데이터를 도서관 환경에 도입해야 한다는 주장이 힘을 얻기 시작하였다.

하지만 이 당시는 메타데이터를 이용한 정보자원의 기술 방식이 표준화되지 않았던 시기였고, 여러 커뮤니티에서는 자신들의 고유한 목적을 충족시키기 위해 다양한 메타데이터 스키마를 구축하여 서지레코드의 작성에 활용하고 있었다. 출판계에서 사용하는 ONline Information Exchange(ONIX), 시각자료의 기술에 적용되는 Categories for the Description of Works of Art(CDWA) 등은 해당 커뮤니티 내에서는 널리 활용되는 메타데이터 스키마였지만, 해당 커뮤니티 이외의 분야, 특히 도서관계에서는 효과적으로 적용하기 어렵다는 문제를 지니고 있었다.

이러한 상황에서, 도서관계에서는 MARC가 수행해 오던 기능을 유지하면서도 디지털 형태의 정보자원을 충분하게 기술해 줄 수 있는 도서관 환경에 특화된 메타데이터를 구축해야 한다는 필요성이 제기되었다. 이 당시에는 Dublin Core가 구축되어 디지털 정보자원뿐만 아니라 다양한 형태의 정보자원을 기술하는데 사용되고 있었으나, 이는 15개의 기본 데이터 요소만을 사용하고 있었으며, 각각의 요소가 지닌 의미적 범위가 상당히 넓게 적용되어 있다는 비판을 받고 있었다.

Dublin Core가 지닌 이러한 특성은 서지레코드를 작성하는데 있어서 여러 가지 한계에 직면하게 되었으며, 이를 해결하기 위해 적용한 한정어(qualifier)의 사용은 Dublin Core로 작성된 레코드와 다른 메타데이터 레코드 사이의 상호운용성을 저해한다는 단점을 지니고 있었다.

이에 미국의회도서관(Library of Congress)의 Network Development and MARC Standards Office에서는 MARC 구조 및 기존의 메타데이터 스키마가 지니고 있는 단점을 극복하면서도 도서관계의 요구를 충족시켜 줄 수 있는 새로운 메타데이터 표준으로 Metadata Object Description Schema(MODS)를 구축하였다.

MODS는 도서관 환경에서 다양한 유형의 정보자원을 기술하기 위한 목적으로 2002년에 구축된 메타데이터 표준이다. 이는 도서관계에서 오랫동안 사용해 온 MARC 구조에 전 세계적으로 널리 적용되고 있는 메타데이터 표준인 Dublin Core를 적용하여 기존의 MARC 형식을 보다 단순한 형태로 변환한 서지도구이며, 도서관에서 소장하고 있는 다양한 유형의 정보자원을 기술하는데 특화된 메타데이터 표준으로 개발되었다.[1] 2002년에 MODS 1.0이 발표된 이후 개정을 거듭하여, 2015년 5월에는 MODS 3.6이 발표되어 현재에 이르고 있다.

MODS는 MARC의 복잡성과 Dublin Core의 단순성을 보완할 수 있는 구조로 구축되었으며, 기존의 MARC에 비해 보다 유연하고 명확하게 서지적 계층구조를 표현할 수 있다는 특성을 지니고 있다. 또한 XML 구문을 기반으로 하고 있기 때문에 구조와 구문규칙이 상대적으로 단순하고, 요소의 명칭에 숫자 대신 자연어를 이용하고 있어 비전문가라 하더라도 MODS의 데이터 요소를 충분히 활용할 수 있다는 장점이 있다. 이와 함께 MODS는 디지털 정보자원의 고유한 특성을 반영함과 동시에 다양한 접근점을 제공할 수 있도록 고안되었기 때문에, 여러 가지 유형의 정보자원을 효과적으로 기술할 수 있는 대표적인 서지적 메타데이터로 인정받고 있다.

[1] 국립중앙도서관. 2011. 『MODS 기술 세부규칙: 온라인자료』. 서울: 국립중앙도서관, p.9.

9.2 MODS의 특징

MODS는 도서관 장서에 대한 상세한 서지사항을 생성하기 위해 고안된 XML 기반의 메타데이터 표준이다. 이는 다양한 형태의 정보자원에 대한 서지레코드를 생성할 수 있도록 하였을 뿐만 아니라 도서관계에서 널리 사용되고 있는 MARC 및 비교적 단순한 구조의 Dublin Core의 장점을 결합하여 보다 효율적으로 정보자원을 기술하기 위한 목적으로 구축되었다.[2] 이러한 MODS가 지닌 특징을 구체적으로 살펴보면 다음과 같다.

9.2.1 범용성 및 확장성

MODS는 정보자원을 기술하는데 있어서 MARC, Dublin Core 등 기존의 메타데이터 표준들이 지니고 있는 포괄성 및 세부성에서의 한계를 모두 극복할 수 있는 범용적인 메타데이터 표준으로 구축되었다. 특히, MODS는 Dublin Core가 제공하지 못하는 풍부한 서지기술사항이라는 장점을 지니고 있으며, MARC와 같은 복잡하고 방대한 구문을 사용하지 않기 때문에 보다 범용적으로 사용될 수 있다는 특징이 있다.

이러한 장점을 바탕으로, MODS는 다양한 유형의 정보자원을 기술하는데 적용되고 있으며, 특정 기관에서 작성된 메타데이터 레코드를 다른 기관과 보다 효율적으로 교환하거나 서로 다른 커뮤니티에서 구축한 메타데이터 표준을 상호 연결할 수 있는 확장성도 확보하고 있다. 하지만 아직까지는 MODS로 작성된 메타데이터 레코드의 수가 많지 않기 때문에, MODS의 장점이 폭넓게 활용되기 위해서는 상당한 시간이 필요하다는 한계가 지적되고 있다.

9.2.2 구문의 단순성 및 유연성

MODS는 Dublin Core, MARC 등 다른 메타데이터 표준이 지닌 복잡성, 비호환성 등의 단점을 보완하기 위한 목적으로 구축된 메타데이터 표준이다. 따라서 구조적

[2] 국립중앙도서관. 2011. 『MODS 기술 세부규칙: 온라인 자료』. 서울: 국립중앙도서관, p.9.

으로 복잡한 데이터 요소나 세밀한 형식의 필드가 거의 적용되지 않는 단순한 구조를 지니고 있다. 또한 MARC의 숫자 필드와는 달리 자연어에 기반한 데이터 요소를 사용하고 있어, 전문적인 지식이 없더라도 MODS를 이용해 메타데이터 레코드를 생성할 수 있다는 장점이 있다. 데이터 요소의 적용에 있어서도 대부분의 요소들을 선택적으로 사용할 수 있고 필요한 경우 반복해서 사용할 수 있기 때문에, 데이터 요소의 사용을 위한 규칙에 유연성이 있다는 특성을 지니고 있다.

9.2.3 계층성

MODS의 데이터 요소들은 상위요소와 하위요소로 구분되어 있으며, 이들 사이에는 의미적인 계층구조가 형성되어 있다. 상위요소는 하위의 세부적인 요소들을 의미적으로 포괄하는 기능을 수행하며, 하위에 수록하는 세부적인 요소를 통해서 실제적으로 정보자원을 기술해 준다. 이와 함께, MODS에서는 각각의 상위요소와 하위요소가 지닌 세부적인 측면을 상세하게 표현해 주기 위해 각 요소별로 속성(attributes)을 적용하고 있다.

이러한 요소 사이의 계층적 구조 및 속성의 적용을 통해 각각의 요소가 지닌 의미적 범주를 명확하게 규정해 줄 수 있으며, 정보자원의 기술에 있어 보다 효율적으로 데이터 요소를 적용할 수 있는 기반을 마련해 준다. 또한, 데이터 요소 사이의 계층적 구조를 통해 정보자원의 기술에 있어서 상호 관련된 측면들이 하나의 상위요소 아래로 그룹화될 수 있다는 장점을 지니고 있다.

9.2.4 MARC와의 호환성

MODS는 MARC의 데이터 필드를 재구성하거나 통합하여 메타데이터의 형식으로 구현한 구조이다. 이는 MARC에서 사용되는 필드들 가운데 정보자원의 기술에 필요한 핵심적인 요소들을 추출하여 메타데이터 스키마를 구축하였기 때문에 일반적으로 MARC의 하위 구조로 인식되기도 한다. MARC와 MODS 사이의 이러한 유사성으로 인해, MODS는 MARC와의 양방향에서의 호환이 상당히 높은 수준에서 이루어지고 있다. 이는 현재 활용되고 있는 엄청난 양의 MARC 레코드를 의미적 손실 없이 MODS 형식으로 변환할 수 있도록 지원함으로써 기존의 MARC 레코드를 메타데이터 형식으로 다시 작성해야 하는 비효율성을 방지하는 효율적인 메타데이터 표준으로 인식되고 있다.

9.2.5 데이터 요소의 확장성

MODS는 기존의 MARC 구조 및 데이터 요소에 기반을 두고 구축되기는 했지만, 인쇄형태의 정보자원뿐만 아니라 멀티미디어 및 디지털 형태의 정보자원을 상세하게 기술하는데 특화된 메타데이터 표준으로 구축되었다. 즉, 인쇄형태 정보자원의 고유한 특성에 최적화된 MARC 필드 이외에도 디지털 정보자원이 지닌 다양한 측면을 반영할 수 있는 여러 가지 데이터 요소들 또한 마련하고 있다. 또한 확장성 있는 XML 기반의 구문규칙을 이용해 디지털 형태의 정보자원이 지닌 다양한 속성들을 풍부하게 기술해 줄 수 있다.

이와 함께, MODS는 다른 XML 형태의 문서들을 통합함으로써 데이터 요소들을 확장할 수 있는 메커니즘을 포함하고 있기 때문에, 특정 정보자원과 관련된 다른 정보자원에 대해 작성된 레코드들을 상호 연결시켜 줄 수 있다는 장점을 지니고 있다. 이외에도, MODS는 Metadata Encoding and Transmission Standard(METS)를 함께 적용하고 있기 때문에, 메타데이터뿐만 아니라 정보자원의 원문까지도 포함하여 기술할 수 있는 확장성을 지니고 있다.

9.3 MODS의 구문

MODS는 XML 구문을 기반으로 하고 있으며, MODS에서 제시하는 상위요소, 하위요소, 속성 등은 모두 XML의 구문 규칙에 따라서 구현된다. MODS의 XML 구문은 Dublin Core와 마찬가지로 네임스페이스(namespace)를 사용하며, 이를 통해 다른 메타데이터 표준에서 마련된 데이터 요소들을 MODS 메타데이터 레코드를 작성하는데 활용할 수 있게 된다.

XML 구문을 이용해 MODS를 구현하기 위해서는 우선 XML 구문에 대한 선언을 해야 하며, 네임스페이스를 이용해 MODS의 데이터 요소를 선언해 주어야 한다. MODS 데이터 요소의 정의는 'http://www.loc.gov/mods/v3'에서 확인할 수 있으며, xmlns:mods="http://www.loc.gov/mods/v3"의 형식으로 선언해 준다.

모든 XML 문서는 XML 스키마에 대하여 유효한 것으로 여겨지기 위해 XML 스키마에 대한 참조를 해야 한다. 이를 위해서는 해당 레코드에서 XML 스키마를 사용한다는 것을 선언해 주어야 하는데, 이때 사용되는 것이 XML Schema Instance(xsi)이다. 이는 XML 구문의 규칙 등을 정의해 놓은 것이며, 작성된 XML 문서와 XML 스키마를 연결시켜 주는데 사용된다. XML Schema Instance(xsi)에 대한 네임스페이스는 일반적으로 xmlns:xsi="http://www.w3.org/2001 /XMLSchema-instance"로 지정해 주며, 이를 통해 해당 레코드가 XML 스키마를 참조한다는 것을 명시해 준다.

XML 선언과 네임스페이스의 정의 이후에는 MODS 데이터 요소를 이용하여 실제적으로 정보자원을 기술해 준다. 일반적으로 정보자원의 기술은 MODS의 20개 상위요소와 64개의 하위요소에 정보자원으로부터 추출한 요소값을 부여함으로써 이루어진다. 하지만 이들 기술사항들이 메타데이터 레코드를 구성하기 위해서는 모든 데이터 요소와 요소값을 하나의 MODS 레코드로 묶어줄 수 있는 근본적인 카테고리가 필요하다. 이를 위해 MODS에서는 〈mods〉 및 〈modsCollection〉 요소를 마련하고 있다.

〈mods〉와 〈modsCollection〉은 일반적인 기술 요소가 아닌 근본적인 요소(root elements)이며, MODS에서 사용하는 요소들을 하나의 MODS 레코드로 통합시켜 주는 기능을 수행한다. 하지만 〈mods〉와 〈modsCollection〉 사이에는 기능적인 차이가 존재한다. 〈mods〉 요소는 하나의 MODS 레코드를 구성해 주는 기능을 수행하며, MODS에서 제공하는 모든 상위요소를 하위요소로 적용하고 있다.

즉, 〈mods〉 요소는 하나의 정보자원을 기술해 주는 항목을 통합함으로써 하나의 MODS 레코드를 형성해 주는 기능을 수행한다. 반면, 〈modsCollection〉은 여러 MODS 레코드를 하나로 묶어주는 기능을 수행하며, 〈mods〉 요소를 하위요소로 적용한다. 즉, 〈modsCollection〉은 하나의 단일 MODS 레코드를 형성하는

〈mods〉 요소를 하위요소로 적용함으로써 여러 개의 MODS 레코드를 하나로 통합해 주는 기능을 수행하는 것이다.

이러한 기능적인 차이는 〈mods〉와 〈modsCollection〉 요소의 실행에 있어서도 차이를 가져오는데, 〈modsCollection〉은 속성으로 네임스페이스(xmlns)를 적용하며, 이외에도 하나의 MODS 레코드에서 사용하는 메타데이터 스키마의 위치를 명시해 주는 'xsi:schemaLocation'을 속성으로 적용한다. 이 속성은 해당 문서가 xsi 네임스페이스 내에 정의된 'schemaLocation' 속성을 선언하고 있다는 것을 의미하며, MODS 메타데이터 레코드에서의 'schemaLocation' 속성은 특정한 네임스페이스 안에 존재하는 MODS 데이터 요소와 속성에 대한 스키마의 위치를 지정해 준다.

이 속성의 값은 네임스페이스 URI이며, 해당 네임스페이스에 대한 스키마를 식별할 수 있는 URL과 함께 제공된다. 이 속성은 두 개의 값을 갖는데, 첫 번째 값은 해당 레코드에서 사용할 네임스페이스이며, 일반적으로는 기본 네임스페이스와 동일하다. 두 번째는 해당 네임스페이스에 대해 사용할 XML 스키마의 위치를 나타내 준다. 이들 두 개의 값 사이에는 공백(space)을 두어 구분을 해준다.

〈mods〉는 하나의 정보자원을 기술하는 하나의 MODS 레코드를 형성하며, MODS의 모든 상위요소를 하위요소로 적용하여 하나의 정보자원에 대한 모든 기술사항을 하나의 MODS 레코드로 통합해 준다. 〈mods〉 요소는 속성으로 'version'을 사용하여 해당 레코드에서 사용하는 MODS의 버전을 명시해 주며, 〈mods version="3.6"〉과 같은 형식으로 표현해 준다.

이상과 같이 MODS에서 XML 선언과 네임스페이스를 적용하는 기본적인 형식은 다음과 같다.

```
〈?xml version=“1.0”?〉
〈modsCollection
   xmlns:xsi="http://www.w3.org/2001/XMLSchema-instance"
   xmlns:mods="http://www.loc.gov/mods/v3"
   xsi:schemaLocation="http://www.loc.gov/mods/v3 http://www.lo
   c.gov/standards/mods/v3/mods-3-3.xsd"〉
  〈mods version=“3.6”〉
    … …
  〈/mods〉
〈/modsCollection〉
```

XML 선언과 네임스페이스 선언을 하고 난 후에는 〈mods〉 요소 안에서 실제 MODS 데이터 요소를 이용하여 정보자원을 기술해 준다. MODS 요소의 사용은 접두사 없이 요소의 이름을 직접 태그로 사용하며, '〈 〉'를 이용해 요소명을 표현해 준다. XML 구문에 따라 MODS의 각각의 요소들은 시작태그와 종료태그로 이루어지며, 종료태그는 요소명 앞에 ' / '를 부가하여 해당 요소의 사용이 종료되었음을 명시해 준다. XML 구문에서 MODS 요소를 구현하는 예를 들면 다음과 같다.

```
〈titleInfo〉
    〈title〉 FranUlmer.com -- Home Page 〈/title〉
〈/titleInfo〉
〈genre〉 Web site 〈/genre〉
〈subject〉
    〈topic〉 Governors 〈/topic〉
    〈geographic〉 Alaska 〈/geographic〉
    〈topic〉 Election 〈/topic〉
〈/subject〉
```

위의 예에서 보여주는 바와 같이, MODS의 모든 요소들은 시작태그와 종료태그를 함께 사용해 주며, 시작태그와 종료태그 사이에 해당 요소의 값을 입력해 준다. 또한, MODS의 데이터 요소는 상위요소와 하위요소로 이루어진 계층적인 구조를 지니고 있으며, 하위요소는 상위요소가 지닌 세부적인 측면을 구분하여 기술해 준다.

〈genre〉 등과 같은 상위요소는 그 자체가 요소값을 부여받을 수도 있지만, 〈titleInfo〉, 〈subject〉와 같이 하위요소를 사용하는 상위요소의 경우에는 상위요소는 요소값을 갖지 않으며, 각각의 하위요소가 요소값을 부여받아 정보자원에 대한 기술사항을 표현해 준다. 이때, 상위요소는 하위요소를 포괄하는 요소 카테고리로서의 기능만을 수행한다.

MODS 요소에 속성을 적용할 경우에는 요소명 뒤에 속성의 유형을 입력하고 어떤 속성이 사용되는지를 기재해 준다. MODS 요소에 속성을 적용하는 일반적인 형식은 다음과 같다.

```
〈originInfo〉
    〈dateCaptured point="start" encoding="iso8601"〉 20020702 〈/dateCaptured〉
    〈dateCaptured point="end" encoding="iso8601"〉 20021203 〈/dateCaptured〉
〈/originInfo〉
〈language〉
    〈languageTerm authority="iso639-2b"〉 eng 〈/languageTerm〉
〈/language〉
```

위의 예에서 나타난 바와 같이, 'point', 'encoding', 'authority' 등은 MODS에서 사용하는 속성이다. 이는 속성을 적용하고자 하는 요소명 뒤에 기재하며, 각각의 속성은 'start', 'end', 'iso8601' 등 해당하는 속성값을 부여받게 된다. 이는 해당 속성이 적용되는 상위요소 혹은 하위요소의 의미적 범위를 세분해 주거나 요소의 값으로 입력되는 내용의 형식을 규정해 주며, 이를 통해 보다 일관성 있는 메타데이터 레코드를 작성할 수 있도록 해준다.

XML 구문을 이용해 작성한 MODS 레코드의 실제 예를 들면 다음 (그림 9-1)과 같다.

```
<?xml version="1.0"?>
<modsCollection
    xmlns:xsi="http://www.w3.org/2001/XMLSchema-instance"
    xmlns:mods="http://www.loc.gov/mods/v3"
    xsi:schemaLocation="http://www.loc.gov/mods/v3 http://www.
    loc.gov/standards/mods/v3/mods-3-3.xsd" >
  <mods version="3.6">
    <titleInfo>
        <title> FranUlmer.com -- Home Page </title>
    </titleInfo>
    <titleInfo type="alternative">
        <title> Fran Ulmer, Democratic candidate for Governor, Alaska,
         2002 </title>
    </titleInfo>
    <name type="personal">
        <namePart> Ulmer, Fran </namePart>
    </name>
    <originInfo>
        <dateCaptured point="start" encoding="iso8601"> 20020702
        </dateCaptured>
    </originInfo>
    <language>
        <languageTerm authority="iso639-2"> eng </languageTerm>
    </language>
    <physicalDescription>
        <internetMediaType> text/html </internetMediaType>
    </physicalDescription>
    <subject>
        <topic> Governors </topic>
        <geographic> Alaska </geographic>
    </subject>
  </mods>
</modsCollection>
```

(그림 9-1) XML 구문을 이용한 MODS 레코드

9.4 MODS의 요소 및 속성

2015년 5월 발표된 MODS 3.6에서는 정보자원을 기술하는데 사용되는 데이터 요소를 총 20개의 상위요소(top-level element)와 75개 이상의 하위요소(subelement)로 정의하고 있다. 이들 데이터 요소는 인쇄형태의 정보자원뿐만 아니라 디지털 정보자원을 포함한 다양한 유형의 정보자원이 지닌 특성들을 폭넓게 반영하고 있으며, 이를 통해 도서관 장서에 대한 상세하고 풍부한 기술사항을 생성할 수 있도록 지원하고 있다.

또한 각각의 상위요소에 하위요소를 계층적으로 부여함으로써 정보자원이 지닌 세부적인 특성을 명확하게 기술할 수 있는 구조를 마련하고 있다. MODS에서 적용하고 있는 데이터 요소를 살펴보면 다음 〈표 9-1〉과 같다.

〈표 9-1〉 MODS의 상위요소 및 하위요소

상위요소	하위요소		
	제1하위요소	제2하위요소	제3하위요소
titleInfo	title		
	subtitle		
	partNumber		
	partName		
	nonSort		
name	namePart		
	displayForm		
	affiliation		
	role	roleTerm	
	description		
typeOfResource	-		
genre	-		
originInfo	place	placeTerm	
	publisher		
	dateIssued		
	dateCreated		
	dateCaptured		
	dateValid		
	dateModified		
	copyrightDate		
	dateOther		
	edition		
	issuance		
	frequency		
language	languageTerm		
physicalDescription	form		
	reformattingQuality		
	internetMediaType		
	extent		

상위요소	하위요소		
	제1하위요소	제2하위요소	제3하위요소
	digitalOrigin		
	note		
abstract	-		
tableOfContents	-		
targetAudience	-		
note	-		
subject	topic		
	geographic		
	temporal		
	titleInfo	title	
		subTitle	
		partNumber	
		partName	
		nonSort	
	name	namePart	
		displayForm	
		affiliation	
		role	roleTerm
		description	
	geographicCode	continent	
		country	
		province	
		region	
		state	
		territory	
		county	
		city	
		citySection	
		island	
		area	
		extraterrestrialArea	
	genre		
	hierarchicalGeographic		
	cartographics	coordinates	
		projection	
		scale	
	occupation		

<table>
<tr><th rowspan="2">상위요소</th><th colspan="3">하위요소</th></tr>
<tr><th>제1하위요소</th><th>제2하위요소</th><th>제3하위요소</th></tr>
<tr><td>classification</td><td>-</td><td></td><td></td></tr>
<tr><td>relatedItem</td><td>[top-level elements]</td><td></td><td></td></tr>
<tr><td>identifier</td><td>-</td><td></td><td></td></tr>
<tr><td rowspan="10">location</td><td>physicalLocation</td><td></td><td></td></tr>
<tr><td>shelfLocator</td><td></td><td></td></tr>
<tr><td>url</td><td></td><td></td></tr>
<tr><td rowspan="6">holdingSimple</td><td rowspan="6">copyInformation</td><td>form</td></tr>
<tr><td>sublocation</td></tr>
<tr><td>shelfLocator</td></tr>
<tr><td>electronicLocator</td></tr>
<tr><td>note</td></tr>
<tr><td>enumerationAndChronology</td></tr>
<tr><td>holdingExternal</td><td></td><td></td></tr>
<tr><td>accessCondition</td><td>-</td><td></td><td></td></tr>
<tr><td rowspan="9">part</td><td rowspan="3">detail</td><td>number</td><td></td></tr>
<tr><td>caption</td><td></td></tr>
<tr><td>title</td><td></td></tr>
<tr><td rowspan="4">extent</td><td>start</td><td></td></tr>
<tr><td>end</td><td></td></tr>
<tr><td>total</td><td></td></tr>
<tr><td>list</td><td></td></tr>
<tr><td>date</td><td></td><td></td></tr>
<tr><td>text</td><td></td><td></td></tr>
<tr><td>extension</td><td>-</td><td></td><td></td></tr>
<tr><td rowspan="8">recordInfo</td><td>recordContentSource</td><td></td><td></td></tr>
<tr><td>recordCreationDate</td><td></td><td></td></tr>
<tr><td>recordChangeDate</td><td></td><td></td></tr>
<tr><td>recordIdentifier</td><td></td><td></td></tr>
<tr><td>recordOrigin</td><td></td><td></td></tr>
<tr><td rowspan="2">languageOfCataloging</td><td>languageTerm</td><td></td></tr>
<tr><td>scriptTerm</td><td></td></tr>
<tr><td>descriptionStandard</td><td></td><td></td></tr>
</table>

〈표 9-1〉에서는 MODS에서 사용되는 상위요소 및 하위요소를 보여주고 있다. 이 가운데 〈titleInfo〉 요소는 모든 MODS 레코드에서 필수적으로 사용해야 하며, 〈titleInfo〉를 제외한 모든 상위요소와 하위요소는 필요한 경우에 선택적으로 사용할 수 있다. 또한, 특정 요소에 해당하는 값이 둘 이상일 경우 해당 요소를 반복해서 사용할 수 있다. 상위요소에 이와 관련된 하위요소가 규정되어 있을 경우, 각 하위요소는 해당 상위요소의 아래에 위치한다.

이 경우 상위요소는 하위요소를 포괄하는 요소(container element)로서의 기능을 하며, 요소의 값은 상위요소에 부여하는 것이 아니라 하위요소에 부여해야 한다. 상위요소에 하위요소가 마련되어 있지 않은 경우에는 상위요소 자체가 요소값을 부여받아 정보자원을 기술하는데 사용된다.

각각의 상위요소에서는 그에 적용될 수 있는 하위요소와 속성을 별도로 정의하고 있으며, 일부 하위요소는 다시 2차적인 하위요소나 속성을 정의할 수 있다. 각각의 속성들은 Dublin Core의 한정어와 유사한 기능을 수행하고 있으며, 속성이 적용되는 상위요소 혹은 하위요소의 의미적 범위를 한정해 주거나 적용할 수 있는 인코딩 스킴 등에 대해서 규정해 주고 있다. MODS에서 적용하고 있는 속성의 의미와 기능을 살펴보면 다음 〈표 9-2〉와 같다.

〈표 9-2〉 MODS의 속성

속 성		설 명
언어관련	lang	개별 요소의 값을 표현하는 언어를 ISO 639-2b 형식으로 입력
	xml:lang	개별 요소의 값을 표현하는 언어를 RFC 3066 형식으로 입력
	script	개별 요소에 입력되는 문자의 유형
	transliteration	개별 요소에 입력되는 번자 혹은 음역의 유형
	altRepGroup	동일한 요소의 값으로 입력될 수 있는 상이한 내용
날짜표시관련	encoding	날짜 표기 형식
	point	시작날짜와 종료날짜
	keyDate	여러 날짜 중 가장 우선적으로 적용되는 날짜
	qualifier	날짜와 관련된 부가적인 정보

속 성		설 명
링크관련	ID	레코드 내부 또는 외부의 요소를 연결
	xlink	외부 정보원과의 연결
기타	displayLabel	요소의 값으로 입력된 내용 이외에 이용자가 선호하는 다른 표현 등의 부가적인 내용
	authorityURI	통제된 식별기호
	valueURI	식별기호의 값
	usage	정보자원의 사용 용도 혹은 이용 목적
	type	기술의 대상이 되는 개체의 유형
	authority	입력한 요소값의 전거(authority)
	supplied	요소에 부여되는 값이 정보자원 자체가 아닌 외부 정보원으로부터 제공되었다는 것을 표시
	collection	집서
	manuscript	필사자료
	objectPart	부분적인 기술의 대상
	shareable	공유가능 여부
	edition	판표시
	invalid	유효하지 않은 값의 표시
	order	기술의 순서
	dateLastAccessed	기술의 대상이 되는 개체에 접속한 최종 날짜
	note	기술의 대상이 되는 개체와 관련한 부가적인 사항
	access	정보자원에 대한 접근과 관련한 표시
	unitType	입력하는 값의 유형
	level	기술의 수준
	unit	기술의 대상이 되는 개체의 단위
	source	기술의 대상이 되는 개체의 출처

〈표 9-2〉에서 제시한 속성들은 MODS의 모든 상위요소 및 하위요소에 적용될 수 있는 범용적인 속성이며, 하나의 요소에만 적용할 수 있는 것이 아니라 복수의 요소에도 중복하여 적용할 수 있다. 이는 각각의 요소가 지닌 의미적 범위를 세분하거나 한정할 수 있으며, 요소의 값으로 입력되는 내용의 표현 형식을 통제할 수도 있다. 이를 통해서 MODS 레코드의 정확성 및 일관성을 확보할 수 있으며, 검색에

있어서의 효율성을 높일 수 있게 된다.

MODS에서 적용하고 있는 요소와 속성의 의미 및 기능에 대해 구체적으로 살펴보면 다음과 같다.

9.4.1 <titleInfo>

〈titleInfo〉는 정보자원에 부여된 표제를 기술하는데 사용된다. 이는 정보자원을 식별하고 검색하는데 있어 거의 필수적으로 사용되는 항목이기 때문에, 모든 MODS 레코드에서는 〈titleInfo〉 요소를 반드시 적용해야 한다. 이 요소는 정보자원의 본표제뿐만 아니라 표제의 나머지 부분, 기타 표제 관련 정보 등을 기술하는데 사용되며, 편제 · 권제 등도 〈titleInfo〉 요소를 이용하여 기술해 준다.

〈titleInfo〉 요소는 본표제, 표제 관련 정보, 권차 표제 등 표제와 관련된 사항을 기술해 주는 세부요소를 하위에 지니고 있으며, 〈titleInfo〉는 요소값을 갖지 않고 하위요소들을 포괄해 주는 상위요소(container element)로 기능한다. 〈titleInfo〉 요소에서 적용하는 하위요소를 살펴보면 다음 〈표 9-3〉과 같다.

〈표 9-3〉 〈titleInfo〉 요소의 하위요소 및 속성

하위요소	정 의
〈title〉	정보자원의 주된 표제 혹은 본표제
〈subTitle〉	부차적인 표제 혹은 본표제를 보완해 주는 표제
〈partNumber〉	개별적인 자료에 번호 등으로 순서가 부여되어 있는 경우, 해당 번호를 기술
〈partName〉	개별적인 자료의 권차, 회차, 연차에 부여된 표제
〈nonSort〉	표제를 기술할 때 제외되는 불용어 문자

정보자원을 기술할 때 실제적으로 요소값을 갖는 것은 〈titleInfo〉의 하위요소이지만, 이들 하위요소는 단독으로는 사용될 수 없으며, 반드시 상위요소인 〈titleInfo〉와 함께 사용되어야 한다. 이때, 상위요소인 〈titleInfo〉는 세부적인 하위요소를 포괄해 주는 요소로서의 기능만을 수행하며, 실제 요소값은 하위요소에 직접 부여된다.

또한, 상위요소와 하위요소에는 기술의 대상이 되는 표제의 유형을 구분해 주는 속성이 적용될 수 있는데, 이를 위해서는 일반적으로 'type' 속성이 적용되고 있다. 'type' 속성의 값으로는 'abbreviated'(축약표제), 'translated'(번역표제), 'alternative'(대등표제), 'uniform'(통일표제) 등이 적용되어 정보자원이 지닌 다양한 유형의 표제를 명시해 준다.

〈titleInfo〉 요소를 이용하여 정보자원의 표제를 기술한 실제 예를 들면 다음과 같다.

```
〈titleInfo〉
  〈title〉 Telescope Peak from Zabriskie Point 〈/title〉
〈/titleInfo〉
〈titleInfo type="alternative" 〉
  〈title〉 Telescope PK from Zabriskie Pt. 〈/title〉
〈/titleInfo〉
```

```
〈titleInfo〉
  〈nonSort〉 The 〈/nonSort〉
  〈title〉 Olympics 〈/title〉
  〈subTitle〉 a history 〈/subTitle〉
  〈partNumber〉 Part 1 〈/partNumber〉
  〈partName〉 Ancient 〈/partName〉
〈/titleInfo〉
```

정보자원에 부여된 표제가 하나 이상일 경우에는 〈titleInfo〉 요소를 표제의 수만큼 반복하여 사용이 가능하며, 속성으로 사용되는 'type' 또한 모든 〈titleInfo〉 요소에 적용하여 입력되는 각각의 표제의 유형을 명시해 줄 수 있다.

9.4.2 <name>

〈name〉은 정보자원에 수록된 콘텐츠에 주된 책임을 지는 개인, 단체, 회의 등을 입력하는데 사용되는 요소이다. 이는 해당 콘텐츠를 검색하고 식별하기 위해 콘텐츠와 관련된 책임표시사항을 기술해 주는 목적으로 사용되며, 저자, 번역자, 작곡자, 조각가, 연주가 등 정보자원의 지적 내용을 창작하거나 구현하는데 책임이 있거나 기여한 모든 개인이나 기관, 단체 등이 기술의 대상으로 포함된다.

〈name〉 요소는 정보자원의 저자와 관련된 다양한 측면들을 기술하기 위해 하위에 세부요소들을 마련하고 있으며, 따라서 〈name〉 요소 자체는 요소값을 갖지 않는 상위요소로서의 기능을 수행한다. 실제적인 요소값을 갖는 하위요소를 살펴보면 다음 〈표 9-4〉와 같다.

〈표 9-4〉 〈name〉 요소의 하위요소 및 속성

하위요소	정 의
〈namePart〉	저자의 이름을 기술하는데 사용되며, 경우에 따라서는 성, 이름 등과 같이 구조화된 형식을 적용하여 저자명을 세분하여 입력한다. 이 요소에서는 공식화된 저자명을 입력한다.
〈displayForm〉	구조화되지 않은 저자명 혹은 콘텐츠에 기술된 이름을 그대로 입력할 경우에 적용한다. 〈namePart〉와는 다르게 〈displayForm〉에서는 공식화되지 않은 상이한 형식의 저자명을 입력한다.
〈affiliation〉	저자가 속해있는 기관이나 단체와 관련된 정보
〈role〉	개인 또는 단체 등의 저자가 정보자원의 생성에 기여한 역할을 기술하는데 사용한다. 2차 하위요소로 〈roleTerm〉을 적용할 수 있다.
〈description〉	저자명과 관련된 부가적인 정보를 기술하는데 사용한다.

〈name〉 요소 및 하위요소에는 저자의 유형을 구분할 수 있도록 'type' 속성을 적용할 수 있으며, 이를 이용해 개인명, 단체명 등 저자의 유형을 구체적으로 명시해 줄 수 있다. 'type' 속성의 값으로는 'personal'(개인명), 'corporate'(단체명), 'conference'(회의명), 'family'(가계명 또는 가족명)가 주로 사용된다. 이들 속성은 일반적으로 상위요소인 〈name〉 요소에 적용되며, 이 경우 〈name〉 요소의 하위에 배치

되는 요소들의 의미적 범위는 〈name〉 요소에 적용된 저자의 유형을 그대로 이어받게 된다.

〈name〉 요소에서는 'type' 이외에 'authority' 속성도 자주 적용되고 있다. 이는 전거(authority)를 적용하여 저자명과 관련된 사항을 기술한 경우 해당 전거를 명시해 주는 기능을 수행한다. 일반적으로는 저자명과 관련된 통제어휘, Type Vocabulary 등이 전거로 많이 적용되며, 적용한 전거를 명시할 때에는 'type' 속성이 아닌 'authority' 속성을 사용해야 한다.

이외에도 〈name〉 요소에서는 2차적인 속성을 적용하고 있는데, 이는 하위요소 중 〈namePart〉 요소에 적용되는 'type' 속성이며, 이를 이용해 〈namePart〉의 값으로 입력되는 저자명의 세부적인 측면을 명시해 줄 수 있도록 지원하고 있다(〈표 9-5〉 참조).

〈표 9-5〉 〈namePart〉 요소에 적용되는 'type' 속성의 값

'type' 속성의 값	정 의
family	저자의 성(family name)
given	저자의 이름(given name)
date	저자와 관련된 날짜
termsOfAddress	저자와 관련된 칭호 또는 명칭

〈표 9-5〉에서 제시한 'type' 속성의 값은 〈name〉 요소에 적용되는 속성이 아니며, 〈namePart〉 요소에만 적용될 수 있는 속성들이다. 이는 저자의 이름, 칭호, 날짜 등과 관련된 세부적인 측면들을 구분하여 사용할 수 있도록 각각의 속성을 통해 〈namePart〉 요소의 의미적 범위를 세분해 주고 있다.

정보자원의 저자가 둘 이상일 경우에는, 〈titleInfo〉 요소의 경우와 마찬가지로 〈name〉 요소를 반복하여 모든 저자를 기술해 주는 것이 바람직하다. 이상과 같은 〈name〉 요소의 하위요소와 속성을 이용해 작성한 레코드의 예를 살펴보면 다음과 같다.

```
<name type="personal">
  <namePart> Raschke, Gregory K. </namePart>
  <displayForm> Gregory K. Raschke </displayForm>
</name>
```

```
<name type="personal">
  <namePart type="family"> Cushman </namePart>
  <namePart type="given"> Charles Weever </namePart>
  <namePart type="date"> 1896-1972 </namePart>
  <role>
    <roleTerm type="code" authority="marcrelator"> pht </roleTerm>
    <roleTerm type="text"> Photographer </roleTerm>
  </role>
</name>
```

위의 예에서, <roleTerm>에 적용된 'type' 속성은 'text', 'code'의 값을 적용하고 있는데, 'text'의 경우에는 저자의 역할을 텍스트 형식으로 입력하며, 'code'는 전거를 이용해 코드화된 값으로 저자의 역할을 명시해 준다. 따라서 'code'를 적용하는 경우에는 <roleTerm> 요소에 'authority' 속성 또한 적용하여 사용한 전거를 명시해 주어야 한다.

9.4.3 <typeOfResource>

<typeOfResource>는 정보자원이 수록하고 있는 콘텐츠의 표현 형식에 대해서 기술할 때 사용하는 요소이다. 이는 해당 정보자원의 형식을 구분하여 제시함으로써 이용자들이 정보자원을 보다 손쉽고 효율적으로 선택할 수 있도록 하기 위한 목적으로 고안되었다. 이 요소는 정보자원의 형식적인 측면을 기술할 때 주로 사용되며, 내용적인 유형 구분을 위해서는 <genre> 요소를 사용하는 것이 일반적이다.

<typeOfResource> 요소는 하위요소를 지니지 않고 있으며, <type OfResource> 요소 자체가 실제적으로 요소값을 갖게 된다. 기술의 대상이 되는 정보자원이 둘

이상의 유형을 지니고 있는 경우에는 〈typeOfResource〉 요소를 반복하여 적용할 수 있다. 또한 〈typeOfResource〉 요소에는 여러 가지 속성을 적용하여 기술의 대상이 되는 정보자원의 세부적인 특성들을 구체적으로 표현해 줄 수 있다(〈표 9-6〉 참조).

〈표 9-6〉 〈typeOfResource〉 요소의 속성

속 성	정 의
usage	정보자원의 주된 형식이 요소값으로 입력될 때 사용하며, usage="primary"로만 사용한다.
collection	집서(collection)를 명시할 때 사용하며, colletion="yes"로만 사용한다.
manuscript	필사자료를 명시할 때 사용하며, manuscript="yes"로만 사용한다.

이상과 같은 〈typeOfResource〉 요소 및 속성을 적용한 레코드의 예를 들면 다음과 같다.

```
〈typeOfResource〉 text 〈/typeOfResource〉
〈typeOfResource displayLabel="Format"〉 notated music
〈/typeOfResource〉
〈typeOfResource collection="yes"〉 cartographic 〈/typeOfResource〉
〈typeOfResource manuscript="yes" collection="yes"〉 mixed material
〈/typeOfResource〉
```

위의 예에서 제시한 〈typeOfResource〉의 속성 가운데 'collection'과 'manuscript'는 집서 혹은 필사자료 유형의 정보자원의 경우에만 적용할 수 있는 속성이다. 'displayLabel' 속성은 각각의 요소가 지닌 본래의 의미 이외에 이용자들에게 부가적인 혹은 예외적인 정보를 제공해 줄 경우에 사용하며, 이용자들이 선호하는 표현형식 등을 요소값으로 제시해 주는 기능을 수행한다.

9.4.4 <genre>

〈genre〉는 정보자원에 수록된 콘텐츠의 내용적인 스타일, 형식 등을 기술하는데 사용된다. 이는 수록된 콘텐츠의 장르나 내용적인 형식 등을 보다 상세히 제시함으로써 이용자들이 수록된 내용의 세부적인 유형을 확인할 수 있도록 해준다.[3] 〈genre〉는 정보자원의 내용적인 측면을 나타내는데 사용하는 요소이며, 자료 자체가 지니고 있는 물리적인 특성은 〈physicalDescription〉 요소를 사용하여 기술하여야 한다.

이 요소는 하위요소를 지니지 않고 있으며, 따라서 실제적으로 요소값을 부여받아 정보자원을 기술하는데 적용된다. 이때 요소의 값은 통제어휘 혹은 전거를 사용하여 표준화된 방식으로 기술하는 것이 일반적이며, 전거가 없거나 적용할 수 있는 통제어휘가 없는 경우에 한하여 요소값을 텍스트 형식으로 직접 입력한다. 〈genre〉 요소에 사용하는 통제어휘로는 MARC Genre Term List(marcgt)[4], Art and Architecture Thesaurus(aat)[5] 등이 대표적이며, 'authority' 속성을 사용하여 적용한 통제어휘를 명시해 준다. 〈genre〉 요소 및 속성을 적용한 레코드의 예를 들면 다음과 같다.

```
〈genre authority="marcgt"〉 Landscape photographs 〈/genre〉
〈genre〉 journal article 〈/genre〉
〈genre authority="aat" type="culture" displayLabel="Culture"〉
 Netherlandish 〈/genre〉
```

9.4.5 <originInfo>

〈originInfo〉는 기술의 대상이 되는 정보자원의 출처와 관련된 모든 정보를 기술하는데 사용되는 요소이다. 이는 정보자원의 발행이나 배포에 대한 정보, 수록된 내

[3] 국립중앙도서관. 2011. 『MODS 기술 세부규칙: 온라인 자료』. 서울: 국립중앙도서관, p.52.

[4] MARC Genre Term List. Retrieved January 21, 2016 from https://www.loc.gov/standards/valuelist/marcgt.html

[5] Art & Architecture Thesaurus. Retrieved January 21, 2016 from http://www.getty.edu/research/tools/vocabularies/aat/index.html

용과 관련된 모든 날짜 및 판사항, 발행빈도 등을 기술함으로써 해당 정보자원의 검색과 식별을 지원해 주는 기능을 수행한다.

〈originInfo〉 요소는 하위에 정보자원의 출처를 기술할 수 있는 세부요소들을 마련하고 있다. 따라서, 〈originInfo〉 요소 자체는 요소값을 갖지 않으며, 실제적인 기술은 하위요소를 이용해 이루어진다. 또한, 날짜와 관련된 모든 정보는 'encoding', 'point', 'keyDate', 'qualifier' 등과 같은 속성을 적용하여 기술할 수 있다. 〈originInfo〉 요소의 하위요소 및 이들 요소에 적용할 수 있는 속성을 살펴보면 다음 〈표 9-7〉 및 〈표 9-8〉과 같다.

〈표 9-7〉 〈originInfo〉 요소의 하위요소

하위요소	정 의
〈place〉	정보자원의 발행지 등과 관련된 정보를 기술한다. 2차적인 하위요소로 〈placeTerm〉을 적용하여 해당 정보자원의 발행지명을 입력할 수 있다.
〈publisher〉	정보자원을 발행·인쇄·배포·생산한 개인이나 기관을 기술하는데 사용한다.
〈dateIssued〉	정보자원의 발행·인쇄·배포 등과 관련한 날짜를 기술하는데 사용한다.
〈dateCreated〉	정보자원의 제작연도를 기술한다.
〈dateCaptured〉	정보자원에 수록된 내용을 디지털 형식으로 변환했을 경우 이와 관련한 날짜를 입력한다. 이외에도, 녹음이나 촬영, 공연, 방송 등과 관련한 일시, 장소를 기술하는데도 적용할 수 있다.
〈dateValid〉	정보자원에 수록된 내용이 유효한 날짜를 기술하는데 사용한다.
〈dateModified〉	정보자원에 수록된 내용이 수정되거나 변경된 날짜를 기술한다.
〈copyrightDate〉	정보자원에 수록된 내용의 판권 또는 저작권이 취득된 날짜를 기술하며, 정보자원의 발행년, 배포년 등과 관련된 정보를 기술하는데도 사용할 수 있다.
〈dateOther〉	날짜 관련 요소에 적용할 수는 없지만 중요한 의미를 지니는 것으로 판단되는 날짜를 기술할 필요가 있을 경우, 이 요소를 사용하여 입력한다.
〈edition〉	정보자원의 판사항이나 버전을 기술하는데 사용한다.
〈issuance〉	정보자원의 발행주기로, 해당 정보자원이 연속적으로 발행되는지 여부를 기술하는데 사용한다. 이 요소는 연속간행물 형태의 정보자원일 경우에만 적용할 수 있다. 〈issuance〉 요소의 값으로는 일반적으로 'continuing'(계속자료), 'monographic'(단행자료)의 두 가지가 사용된다.
〈frequency〉	정보자원이 간행되는 빈도를 기술하는데 사용한다. 〈issuance〉와 마찬가지로, 연속간행물 형태의 정보자원일 경우에만 이 요소를 적용할 수 있다.

〈표 9-8〉 〈originInfo〉 요소의 속성

속 성	정 의
type	〈placeTerm〉 요소에 적용할 경우, 'text', 'code' 등의 값을 갖는다. 'text'의 경우에는 장소와 관련된 정보를 텍스트로 입력하고, 'code'는 장소와 관련된 정보를 코드화된 값으로 입력할 때 사용한다.
authority	코드화된 값으로 장소를 입력할 때 사용하며, KORMARC Country Code (kormarccountry), MARC Country Code(marccountry), ISO 3166 Country Code (iso3166) 등이 일반적으로 사용되는 전거이다.
encoding	날짜 정보를 구조화된 방식으로 입력하기 위한 체계로, W3CDTF, ISO8601 등을 대표적인 인코딩 방식으로 들 수 있다.
point	'start', 'end' 등의 값을 적용하여 시작일자(start), 종료일자(end) 등 복수년도를 표기할 때 사용하는 속성이다.
keyDate	정보자원과 관련된 날짜 정보가 여러 개 존재할 때, 그 중 핵심이 되는 하나의 날짜(key date)를 별도로 지정할 경우에 사용하는 속성이다. 속성의 값으로는 'yes'를 갖는다.
qualifier	날짜 정보를 부가적으로 설명해 주는 한정어로, 'approximate'(대략), 'inferred' (추정), 'questionable'(미상) 등의 값을 갖는다.

날짜와 관련된 정보 중 시대적 배경 등과 같이 주제로서의 성격을 갖는 날짜 정보는 〈subject〉 요소의 하위요소인 〈temporal〉을 이용하는 것이 바람직하며, MODS 레코드의 생성, 수정 등과 관련된 날짜 정보는 〈recordInfo〉의 하위요소인 〈recordCreationDate〉, 〈recordChangeDate〉 등을 이용하여 기술한다. 또한 주제로서의 장소와 관련된 정보는 〈subject〉 요소의 하위요소인 〈geographic〉, 〈hierarchicalGeographic〉 등을 이용하여 기술한다.

〈originInfo〉 요소의 하위요소 및 속성을 이용해 작성한 레코드의 예를 살펴보면 다음과 같다.

```
<originInfo>
  <place>
    <placeTerm type="text"> New York </placeTerm>
  </place>
  <publisher> W. Lake Borland </publisher>
  <dateCreated encoding="w3cdtf" keyDate="yes"> 1955-03-22
  </dateCreated>
  <dateCaptured point="start" encoding="iso8601"> 20020702
  </dateCaptured>
  <dateCaptured point="end" encoding="iso8601"> 20021203
  </dateCaptured>
  <dateIssued keyDate="yes" encoding="w3cdtf"> 1889 </dateIssued>
  <copyrightDate encoding="w3cdtf"> 2003 </copyrightDate
</originInfo>
```

```
<originInfo>
  <place supplied="yes">
    <placeTerm type="code" authority="marccountry"> nyu
    </placeTerm>
    <placeTerm type="text"> New York </placeTerm>
  </place>
  <publisher> Johns Hopkins University Press </publisher>
  <dateIssued> 2003 </dateIssued>
  <issuance> monographic </issuance>
</originInfo>
```

9.4.6 <language>

<language> 요소는 정보자원이 수록하고 있는 내용을 표현하는데 적용된 언어를 명시해 주고 이와 관련한 다양한 정보를 기술하는데 사용하는 요소이다. 또한 동일한 정보자원이 여러 가지 언어로 표현되었을 경우, 이들 각각을 식별하고 검색하는 기능을 수행하기도 한다.

〈language〉 요소는 〈languageTerm〉과 〈scriptTerm〉을 하위요소로 적용하고 있으며, 이를 통해 정보자원에 수록된 내용을 표현해 주는 언어를 보다 구체적으로 기술해 주고 있다(〈표 9-9〉 참조).

〈표 9-9〉 〈language〉 요소의 하위요소

하위요소	정 의
〈languageTerm〉	정보자원에 수록된 내용을 표현하는데 사용된 언어
〈scriptTerm〉	정보자원에 수록된 내용을 표현하는데 사용되는 문자의 유형을 나타내 주는 기호 혹은 문자

〈language〉 요소에는 속성으로 'objectPart'를 적용할 수 있는데, 이는 특정 언어가 정보자원에 수록된 내용의 어느 부분을 표현하는데 사용된 것인지를 명시하는데 사용된다. 이때, 정보자원의 특정 부분에 대한 데이터는 텍스트 형태로 직접 입력하며, 이에 대한 표준화된 용어는 아직 정의되지 않은 상태이다. 이와 함께, 각 요소의 값을 입력하는데 사용된 언어를 명시하는데도 속성을 적용할 수 있는데, 이 경우에는 각 요소에 'xml:lang' 혹은 'lang' 속성을 적용하여 각각의 요소에 부여된 요소값의 언어를 명시해 줄 수 있다.

정보자원의 내용을 표현하는데 사용된 언어가 둘 이상인 경우에는 하위요소인 〈languageTerm〉을 반복하여 적용할 수 있다. 또한 사용된 언어는 텍스트 형태로 직접 입력할 수도 있고, 코드화된 값으로 표현할 수도 있다. 하지만 〈language〉 요소의 값이 어떤 형태로 입력되는지에 대해서는 반드시 명시해 주어야 하며, 이를 위해서는 'type' 속성의 값으로 'text' 혹은 'code'를 선택하여 입력한 후 해당되는 사항을 기술해야 한다. 〈language〉 요소의 값을 코드로 표현할 때는 'authority' 속성을 적용하며, ISO639-2b 혹은 RFC3066 등의 전거를 사용하는 것이 일반적이다.

대부분의 정보자원은 수록하고 있는 내용을 표현하기 위해 특정 언어를 사용하고 있지만, 〈language〉 요소를 반드시 사용해야 하는 것은 아니다. 정보자원의 언어가 중요한 의미를 지니지 않고 있다고 판단되는 경우에는 〈language〉 요소를 사용하지 않을 수도 있다.

〈language〉 요소는 정보자원에 수록된 내용 자체를 표현하는데 사용된 언어를 기술할 경우 사용되며, MODS 메타데이터 레코드를 작성하는데 사용된 언어를 기술할 경우에는 〈language〉 요소 대신 〈recordInfo〉 요소의 하위요소인 〈languageOfCataloging〉을 사용한다. 〈language〉 요소를 이용하여 정보자원을 기술한 예를 들면 다음과 같다.

```
〈language〉
  〈languageTerm type="code” authority="iso639-2b"〉 eng
  〈/languageTerm〉
  〈languageTerm type="text"〉 English 〈/languageTerm〉
〈/language〉
```

```
〈language〉
  〈languageTerm type="text" authority="iso639-2b" lang="eng"〉
   German 〈/languageTerm〉
  〈languageTerm type="text" objectPart="summary"〉 English
  〈/languageTerm〉
  〈languageTerm type="code" objectPart="caption" authority=
   "iso639-2b"〉 eng 〈/languageTerm〉
  〈scriptTerm type="code" authority="iso15924"〉 Latn 〈/scriptTerm〉
〈/language〉
```

9.4.7 <physicalDescription>

〈physicalDescription〉 요소는 정보자원의 물리적인 특성을 기술하는데 사용된다. 이는 정보자원의 형태, 크기, 수량 등 물리적인 형태에 관한 정보를 제공해 주며, 이를 통해 정보자원의 형태를 식별·검색할 수 있도록 지원해 준다.

일반적으로 정보자원의 콘텐츠는 특정한 매체에 수록되어 있으며, 이는 매체의 유형에 따라 고유한 특성을 지니게 된다. 특히, 디지털 정보자원의 경우에는 인쇄형태의 매체와는 달리 여러 가지 형태로 복제될 수 있으며, 크기나 수량 등에 있어서도 디지털적인 표현방식을 따르게 된다. 이러한 다양한 형태적인 특성을 기술하기 위해 〈physicalDescription〉 요소는 여러 가지 하위요소를 마련하여 정보자원이 지닌 세부적인 물리적 특성을 기술해 주고 있다. 〈physicalDescription〉 요소에 적용되는 하위요소를 살펴보면 다음 〈표 9-10〉과 같다.

〈표 9-10〉 〈physicalDescription〉 요소의 하위요소

하위요소	정 의
〈form〉	정보자원의 물리적인 형태나 매체의 특성에 관한 정보를 기술해 준다.
〈reformattingQuality〉	정보자원의 용도와 관련한 품질의 평가를 기술해 준다.
〈internetMediaType〉	디지털 정보자원의 내용이 표현된 유형이나 형식을 기술하는데 사용한다.
〈extent〉	정보자원의 수량과 종류, 물리적 크기 등을 기술해 준다.
〈digitalOrigin〉	디지털 정보자원의 원자료와 관련한 정보를 기술해 준다.
〈note〉	정보자원의 물리적 형태와 관련한 부가적인 정보를 기술할 경우에 사용한다.

〈physicalDescription〉 요소의 하위요소 가운데, 〈form〉 요소는 원자료의 형태를 기술하는데 사용하는 요소이다. 이는 텍스트 형식으로 입력할 수도 있지만, Genre/Form Code and Term Source Codes[6] 등과 같은 전거를 사용하여 표준화된 방식으로 정보자원의 형태를 기술하는 것이 바람직하다. 이 경우에는 'authority' 속성을 사용하여 적용한 전거를 명시해 주어야 한다.

〈reformattingQuality〉 요소는 디지털 형태의 정보자원에 주로 적용되며, 디지털 정보자원이 재포맷(reformatting)되었을 경우 이의 용도 혹은 품질에 대하여 기술해 준다. 〈reformattingQuality〉 요소의 값으로는 일반적으로 'access', 'preservation', 'replacement' 등이 사용된다. 'access'는 기술의 대상이 되는 디지털 정보자원이 원자료에 대한 접근을 지원할 목적으로 제작된 경우 사용하며, 'preservation'은 원자료를 보존하기 위한 목적으로 정보자원이 생성된 경우 적용한다. 'replacement'는

[6] Genre/Form Code and Term Source Codes. Retrieved January 21, 2016 from https://www.loc.gov/standards/sourcelist/genre-form.html

원자료가 손상되었거나 분실된 경우 원자료를 대체하기 위해 정보자원을 생성한 경우를 의미한다.

〈internetMediaType〉은 text/html, ASCII, JPEG 등과 같은 웹 정보자원의 유형을 기술하는데 사용되는 요소이다. 〈internetMediaType〉의 값은 Internet Media Types (MIME types)[7] 등과 같은 Type Vocabulary를 적용하여 표준화된 방식으로 입력하는 것이 일반적이다.

〈extent〉는 정보자원의 수량, 유형, 물리적 크기 등을 기술하는데 사용하며, 디지털 정보자원의 경우, 파일 용량, 픽셀(pixel) 등을 입력할 수도 있다.

〈digitalOrigin〉은 기술의 대상이 되는 정보자원의 원자료의 형태를 기술하는데 사용되며, 일반적으로 'born digital', 'reformatted digital', 'digitized microfilm', 'digitized other analog' 등의 값을 갖는다.

〈note〉는 정보자원의 물리적인 형태와 관련해서 추가적으로 기술해야 하는 사항이 있는 경우에 사용하며, 텍스트 형식으로 입력하는 것이 일반적이다. 이상과 같은 〈physicalDescription〉 요소를 이용하여 정보자원을 기술한 예를 들면 다음과 같다.

```
〈physicalDescription〉
  〈form authority="marcform"〉 print 〈/form〉
  〈extent〉 15 p. 〈/extent〉
〈/physicalDescription〉
```

```
〈physicalDescription〉
  〈internetMediaType〉 image/jpeg 〈/internetMediaType〉
  〈digitalOrigin〉 reformatted digital 〈/digitalOrigin〉
  〈note〉 Original 35mm slide was digitized in 2003 as a TIFF image.
   Display versions in JPEG format in three sizes are available. 〈/note〉
  〈note〉 100 f 6.3 tl 〈/note〉
〈/physicalDescription〉
```

[7] Internet Media Types. Retrieved January 20, 2016 from http://www.iana.org/assignments/media-types/media-types.xhtml

9.4.8 <abstract>

〈abstract〉 요소는 정보자원에 수록된 내용의 요약 정보 또는 초록을 기술하는데 사용한다. 일반적으로 요약, 초록, 해제, 서평 등이 〈abstract〉 요소의 기술 대상에 포함된다. 〈abstract〉 요소는 하위요소를 갖지 않으며, 따라서 〈abstract〉 요소 자체가 요소값을 부여받아 정보자원의 기술에 적용된다.

〈abstract〉 요소의 값은 일반적으로 텍스트 형식으로 입력하며, 'lang' 속성을 적용하여 요소값을 입력하는데 사용한 언어를 표기해 준다. 이외에도 'xlink' 속성을 이용해 외부 정보원을 연결하여 〈abstract〉 요소의 값을 제시할 수도 있다. 'type' 속성이 〈abstract〉 요소에 적용될 수도 있는데, 이는 입력된 내용이 어떤 유형인지를 명시해 주는데 사용되며, 'scope', 'subject', 'review' 등의 값이 적용될 수 있다. 〈abstract〉 요소를 이용하여 정보자원을 기술한 실제 예를 들면 다음과 같다.

```
<abstract lang="eng"> Website promoting the candidacy of Fran Ulmer, Democratic candidate for Governor, Alaska, 2002. Includes candidate biography, issue position statements, campaign contact information, privacy policy and campaign news press releases. Site features enable visitors to sign up for campaign email list, volunteer, make campaign contributions and follow links to other internet locations. </abstract>
```

```
<abstract type="review"
xlink:href="http://sunsite.berkeley.edu/CurrentCites/2003/cc03.14.3.html"> Written in a rather whimsical style, this short article makes a serious statement about the direction in which libraries are evolving. The word 'library' may eventually be dropped from our vocabulary, to be replaced by the 'idea store'. Books are being displaced by computers, multimedia content, playgrounds, thematic displays, and cafes. This is proving extremely popular, given the surge in client population. The library locales mentioned are local, however, the transformation of libraries is universal. </abstract>
```

9.4.9 <tableOfContents>

〈tableOfContents〉는 정보자원이 수록하고 있는 내용의 목차 혹은 각 장의 제목 등을 기술하는데 사용하는 요소이다. 이는 하위요소를 적용하지 않으며, 〈tableOfContents〉 요소에 직접 요소값을 입력한다. 〈tableOfContents〉 요소에는 텍스트 형태로 데이터를 직접 기술하는 방식이 일반적으로 적용되고 있지만, 'xlink' 속성을 사용하여 외부 정보원을 연결하여 제시할 수도 있다. 이외에도, 'type' 속성을 적용하여 기록된 목차 정보가 어떤 유형인지를 명시해 줄 수 있다.

또한 〈tableOfContents〉 요소에 속성으로 'shareable'을 적용할 수 있다. 이는 〈tableOfContents〉 요소에 입력된 값을 다른 레코드와 공유하지 않는 경우에 적용하는 것이며, 따라서 이 속성의 값은 'no'로만 사용한다. 'shareable' 속성을 사용하지 않는 경우는 〈tableOfContents〉에 입력된 값을 다른 레코드와 공유한다는 것을 의미한다. 〈tableOfContents〉 요소를 이용하여 정보자원을 기술한 실제 예를 살펴보면 다음과 같다.

```
<tableOfContents
  xlink:href="http://www.ojp.usdoj.gov/bjs/toc/cchrie98.htm"/>
</tableOfContents>
```

```
<tableOfContents type="partial contents" displayLabel="Partial Contents"> Honey
Boy - Hiawatha Song - Her Boy in Blue </tableOfContents>
```

```
<tableOfContents shareable="no"> A suitable tone ; Left hand colouring ; Rhythm
and accent ; Tempo ; Flexibility ; Ornaments -- Sonata in D major, op. V, no. 1 /
Corelli -- Sonata in G minor / Purcell (with Robert Donington, gamba) -- Forlane from
Concert royal no. 3 / Couperin </tableOfContents>
```

9.4.10 <targetAudience>

〈targetAudience〉는 특정 이용자층을 고려하여 정보자원을 생성한 경우 해당 이용 대상자 계층을 기술하는데 사용되며, 정보자원을 생성할 당시에 의도한 이용자의 지적 수준을 나타내 주는데도 사용될 수 있다. 둘 이상의 이용 대상자 계층을 명시하고자 할 경우에는 이 요소를 반복하여 기술할 수 있다.

〈targetAudience〉 요소의 값은 텍스트 형식으로 입력할 수 있으나, MARC Target Audience Term List(marctarget)[8], KORMARC 이용대상자 코드(kormarctarget) 등과 같은 전거를 이용하여 표준화된 방식으로 기술해 주는 것이 일반적이다. 〈targetAudience〉 요소는 하위요소를 갖지 않으며, 따라서 〈targetAudience〉 자체가 요소값을 부여받아 정보자원을 기술하는데 적용된다.

〈targetAudience〉 요소는 정보자원의 주된 이용자 계층에 대한 정보를 기술할 때 사용하며, 해당 정보자원의 이용이나 접근 제한에 관한 사항은 〈accessCondition〉 요소를 사용하여 기술해 준다. 〈targetAudience〉 요소를 이용하여 정보자원을 기술한 예를 들면 다음과 같다.

```
〈targetAudience〉 Genealogists 〈/targetAudience〉
〈targetAudience authority="marctarget"〉 adolescent 〈/targetAudience〉
〈targetAudience authority="marctarget"〉 adult 〈/targetAudience〉
〈targetAudience displayLabel="grade level"〉 kindergarten
〈/targetAudience〉
```

9.4.11 <note>

〈note〉는 정보자원과 관련된 일반적인 사항을 기술하는데 사용하는 요소이다. 정보자원이 지닌 특정 측면을 기술할 수 있는 다른 MODS 요소가 정의되어 있는

[8] MARC Target Audience Term List. Retrieved January 16, 2016 from https://www.loc.gov/standards/valuelist/marctarget.html

경우에는 해당 요소에 기술해야 하지만, MODS의 다른 요소에 정의되어 있지 않은 정보를 기술하고자 할 때에는 〈note〉 요소를 사용한다.

〈note〉 요소에는 하위요소가 마련되어 있지 않으며, 따라서 〈note〉 요소 자체가 요소값을 부여받아 정보자원의 기술에 적용된다. 〈note〉 요소에 입력하는 값은 일반적으로 텍스트 형식을 사용하지만, 'xlink' 속성을 사용하여 해당 정보자원과 관련된 정보를 외부 정보원으로부터 제공해 줄 수도 있다. 또한, 〈note〉 요소에는 'type' 속성을 적용하여 〈note〉 요소의 값으로 입력되는 내용이 정보자원의 어떤 측면을 기술하는지를 명시해 줄 수 있다.

〈note〉 요소는 기술의 대상이 되는 정보자원이 지닌 다양한 측면에 대해 포괄적으로 적용할 수 있지만, 정보자원의 물리적 형태에 관한 부가적인 사항을 기술할 경우에는 〈physicalDescription〉 요소의 하위요소인 〈note〉를 사용하는 것이 바람직하다. 〈note〉 요소를 이용하여 작성한 레코드의 실제 예를 들면 다음과 같다.

```
〈note〉 170 of the 177 pages of the original have been digitized. Prefaces
 and appendices were excluded. 〈/note〉
〈note type="performers"〉 Anne Baxter (Louise), Maria Perschy
(Angela), Gustavo Rojo (Bill), Reginald Gilliam (Mr. Johnson), [Catherine Elliot?]
(Aunt Sallie), Ben Tatar (waiter) 〈/note〉
```

```
〈note type="historical" displayLabel="Historical note"
 xlink:href="http://www.mnhs.org/library/findaids/80881.html"〉 The
 Faribault State School and Hospital provided care, treatment, training,
 and a variety of other services to mentally retarded individuals and
 their families. It was operated by the State of Minnesota from 1879 to
 1998 under different administrative structures and with different names.
 A more detailed history of the Hospital may be found at:
 http://www.mnhs.org/library/findaids/80881.html 〈/note〉
```

9.4.12 <subject>

〈subject〉 요소는 정보자원이 포괄하고 있는 주제 혹은 핵심적인 내용을 간략하게 표현해 주는 단어나 구를 기술하는데 사용된다. 이는 정보자원이 수록하고 있는 내용의 주제와 관련된 정보를 제공해 주는 것이 주된 목적이며, 일반주제명, 지리주제명, 시대주제명 등 정보자원의 주제를 나타내는 정보를 모두 포함한다.

정보자원이 수록하고 있는 주제는 다양한 측면에서 여러 가지 형태로 존재하며, 이들 주제를 명확하게 표현해 주기 위해 〈subject〉 요소는 다양한 하위요소를 마련하고 있다. 〈subject〉 요소 및 하위요소로 기술되는 대부분의 주제명 관련 정보는 주제명표목표나 시소러스 등을 전거로 하여 통제된 용어로 기술하는 것이 일반적이며, 이 경우에는 'authority' 속성을 사용하여 어떤 전거를 적용했는지를 명시해 준다. 〈subject〉 요소의 하위요소를 구체적으로 살펴보면 다음 〈표 9-11〉과 같다.

〈표 9-11〉 〈subject〉 요소의 하위요소

하위요소	정 의
〈topic〉	다른 요소나 하위요소를 이용해 기술할 수 없는 일반주제명을 기술하는데 사용한다.
〈geographic〉	지명이 주제명으로 사용된 경우, 이를 기술해 준다.
〈temporal〉	시대명이 주제명으로 사용된 경우 혹은 시대구분을 주제명으로 입력할 때 사용한다.
〈titleInfo〉	정보자원의 표제가 주제명으로 사용된 경우, 이를 기술해 준다.
〈name〉	개인 혹은 기관의 이름이 주제명으로 사용되었을 경우에 사용한다.
〈genre〉	정보자원이 수록하고 있는 내용의 장르나 유형 등이 주제로 사용되었을 경우에 사용한다.
〈hierarchicalGeographic〉	정보자원과 관련되어 있는 지명이 계층적인 형태를 지니고 있을 경우, 이에 대해서 기술해 준다.
〈cartographics〉	좌표, 축척 등 지도제작용 수치데이터를 기술할 경우에 사용한다.
〈geographicCode〉	지역명이 주제명으로 사용되었을 경우, 해당 지역명을 코드화하여 입력할 때 사용한다.
〈occupation〉	직업명이 주제명으로 사용되었을 경우에 사용한다.

〈subject〉 요소로 기술되는 내용은 정보자원의 주제가 무엇인지를 지칭하기보다는 해당 정보자원이 무엇에 관한 것인지를 알려주는데 목적이 있다. 따라서 〈subject〉 요소는 주제로서의 성격을 지니고 있다고 판단되는 사항을 기술할 때 주로 사용된다. 예를 들면, 정보자원이 수록하고 있는 내용의 특정 장르를 지칭할 경우에는 〈genre〉 요소를 이용하고, 장르와 관련된 정보가 주제로서의 성격을 지니고 있는 경우에는 〈subject〉 요소의 하위요소인 〈genre〉를 이용하여 기술하는 것이 바람직하다.

〈표 9-11〉에서 제시한 〈titleInfo〉, 〈name〉, 〈genre〉 등은 상위요소가 아닌 〈subject〉 요소의 하위요소로 정의된 것이다. 하지만 상위요소로서의 〈titleInfo〉, 〈name〉, 〈genre〉에 기재된 모든 정보는 〈subject〉 요소의 하위요소인 〈titleInfo〉, 〈name〉, 〈genre〉에 다시 기술할 수 있다.

〈topic〉은 다른 하위요소를 이용해서 기술할 수 없는 일반적인 주제명을 입력하는데 적용된다. 이때, 주제명에 포함된 (a, an, the 등의) 관사는 생략하고 기술하는 것이 일반적이다.

〈temporal〉 요소는 주제명으로 사용할 수 있는 시대적 구분이나 시대 관련 정보를 기술하는데 사용하며, 'encoding', 'point', 'keydate', 'qualifier' 등의 속성을 사용하여 시대와 관련된 세부적인 정보를 기술해 준다.

〈hierarchicalGeographic〉은 주제명으로서의 지명을 계층적인 형태로 기술할 경우에 적용한다. 따라서, 이 요소는 〈continent〉, 〈country〉, 〈province〉, 〈region〉, 〈state〉, 〈territory〉, 〈county〉, 〈city〉, 〈citySection〉, 〈island〉, 〈area〉, 〈extraterrestrialArea〉 등의 하위요소를 적용하고 있다.

〈cartographics〉 요소는 좌표, 축척 등 정보자원이 다루고 있는 공간적인 범위를 나타내 주는 수치데이터를 기술하는데 사용되며, 〈coordinates〉, 〈scale〉, 〈projection〉 등의 하위요소를 적용한다.

〈geographicCode〉는 정보자원에 수록된 내용이 특정 지역과 관련되어 있거나 지역명이 주제명으로 사용될 때 해당 지역에 부여된 부호를 기술해 주는데 사용하는 요소로, 시소러스 등과 같은 전거를 사용하여 부호화된 방식으로 입력하는 것이 일반적이다. 〈geogrpahicCode〉에 적용되는 전거는 MARC Code List for Geographic

Areas(marcgac)[9], MARC Code List for Countries(marccountry)[10], ISO 3166 등이 대표적이며, 'authority' 속성을 사용하여 어떤 전거를 적용하고 있는지를 명시해 준다.

<subject> 요소 및 하위요소를 사용하여 정보자원을 기술한 예를 들면 다음과 같다.

```
<subject authority="lcsh">
  <topic> Real property </topic>
  <geographic> Mississippi </geographic>
  <geographic> Tippah County </geographic>
  <genre> Maps </genre>
</subject>
```

```
<subject>
  <temporal encoding="w3cdtf" point="start"> 2001-09-11 </temporal>
  <temporal encoding="w3cdtf" point="end"> 2003-03-19 </temporal>
</subject>
```

```
<subject authority="tgn">
  <hierarchicalGeographic>
    <country> United States </country>
    <state> Mississippi </state>
    <county> Harrison </county>
    <city> Biloxi </city>
  </hierarchicalGeographic>
</subject>
```

[9] MARC Code List for Geographic Areas. Retrieved February 2, 2016 from https://www.loc.gov/marc/geoareas/

[10] MARC Code List for Countries. Retrieved February 2, 2016 from https://www.loc.gov/marc/countries/

```
<subject>
  <cartographics>
    <coordinates> E 72°--E 148°/N 13°--N 18° </coordinates>
    <scale> 1:22,000,000 </scale>
    <projection> Conic proj </projection>
  </cartographics>
</subject>
```

```
<subject authority="lcsh">
  <name type="personal" authority="naf">
    <namePart> Woolf, Virginia </namePart>
    <namePart type="date"> 1882-1941 </namePart>
  </name>
  <titleInfo>
    <title> Three Guineas </title>
  </titleInfo>
  <topic> Criticism and interpretation </topic>
</subject>
```

```
<subject>
  <occupation> Migrant laborers </occupation>
  <genre> School district case files </genre>
</subject>
```

9.4.13 <classification>

<classification> 요소는 정보자원에 수록된 내용의 주제를 표현해 주는 분류기호를 기술할 때 사용하는 요소이다. 이 요소는 하위요소를 마련하고 있지 않지만, 여러 가지 속성들을 적용하여 분류기호와 관련된 세부적인 사항들을 기술해 준다.

<classification> 요소를 사용할 때에는 'authority' 속성을 사용하여 적용한 분류표를 반드시 명시해 주어야 하며, 해당 분류표에 따른 분류기호를 기술해 준다. 분류표의 판사항을 기술해 주어야 할 경우에는 'edition' 속성을 사용하여 기술해 준다.

〈classification〉 요소를 이용해 정보자원을 기술한 예를 들면 다음과 같다.

```
〈classification authority="lcc"〉 JK609.M2 〈/classification〉
〈classification authority="lcc" displayLabel="Library of Congress
 classification"〉 ML410.B3 〈/classification〉
〈classification authority="ddc" edition="11"〉 683 〈/classification〉
〈classification authority="nlm"〉 QW 161.5.S8 〈/classification〉
〈classification authority="udc"〉 669.183.211.18 〈/classification〉
```

9.4.14 <relatedItem>

정보자원에 수록된 내용이 다른 정보자원에 수록된 내용과 관련되어 있을 경우, 관련된 정보자원을 기술하는데 사용하는 요소가 〈relatedItem〉이다. 이는 관련된 정보자원에 관한 정보를 제공해 줌으로써, 기술의 대상이 되는 정보자원 및 이와 관련된 콘텐츠까지도 포괄적으로 식별·검색할 수 있도록 하기 위한 목적으로 마련된 요소이다.

이러한 기능을 수행하기 위해서는 관련된 정보자원이 지닌 모든 측면을 충분하게 기술해 주어야 하며, 따라서 〈relatedItem〉 요소는 MODS의 20개 상위요소를 모두 〈relatedItem〉 요소의 하위요소로 사용하고 있다. 이때, 〈relatedItem〉의 하위요소는 MODS의 각 상위요소에서 정의하고 있는 모든 내용을 그대로 준수하여 기술한다.

또한 관련된 정보자원이 기술의 대상이 되는 정보자원과 어떤 서지적 관계를 갖는지를 기술하기 위해 〈relatedItem〉 요소는 'type' 속성을 적용하여 이들 정보자원 사이의 서지적 관계의 유형을 구체적으로 기술해 주고 있다. 〈relatedItem〉에서 적용하고 있는 'type' 속성을 구체적으로 살펴보면 다음 〈표 9-12〉와 같다.

〈표 9-12〉 〈relatedItem〉 요소의 'type' 속성의 값

'type' 속성의 값	정 의
preceding	기술의 대상이 되는 자료의 선행자료
succeeding	기술의 대상이 되는 자료의 후속자료
original	기술의 대상이 되는 자료의 원자료
host	기술의 대상이 되는 자료의 모체자료
constituent	기술의 대상이 되는 자료가 여러 부분으로 구성되어 있고, 이들 각각을 분리하여 기술하는 것이 효과적일 경우 사용한다.
series	기술의 대상이 되는 자료가 연속간행물 혹은 총서의 일부인 경우 이를 기술해 준다.
otherVersion	기술의 대상이 되는 자료와 다른 버전의 자료
otherFormat	기술의 대상이 되는 자료의 다른 형태의 자료
isReferencedBy	기술의 대상이 되는 자료를 인용한 자료
references	기술의 대상이 되는 자료가 참고한 자료
reviewOf	기술의 대상이 되는 자료의 서평

〈relatedItem〉 요소에서는 'type' 속성을 필수적으로 적용해야 하며, 이를 통해 기술하고자 하는 정보자원과의 서지적 관계의 유형을 보다 구체적으로 제시할 수 있다. 또한, 외부 정보원과의 연결을 통해 〈relatedItem〉 요소의 값을 입력하는 경우에는 가능하면 'xlink:href' 속성을 사용하여 기술하는 것이 보다 효과적이다. 〈relatedItem〉 요소를 사용하여 정보자원을 기술한 실제 예를 들면 다음과 같다.

```
<relatedItem displayLabel="Preceding Title" type="preceding"
 xlink:href="http://hdl.loc.gov/umich.dli.moa/AGE3371"/>
<relatedItem xlink:href="info:lccn/85000002"/>
```

```
<relatedItem type="constituent">
  <titleInfo>
    <title> [Portrait of Charlie Parker and Tommy Potter, Three Deuces,
     New York, N.Y., ca. Oct. 1947] </title>
  </titleInfo>
  <name>
    <namePart> Gottlieb, William P. </namePart>
    <namePart type="date"> 1917- </namePart>
  </name>
  <identifier type="local"> LC-GLB23-0542 </identifier>
</relatedItem>
```

```
<relatedItem type="host" displayLabel="Parent">
  <titleInfo>
    <nonSort> The </nonSort>
    <title> American ballroom companion </title>
    <subTitle> dance instruction manuals, ca. 1600-1920 </subTitle>
  </titleInfo>
  <identifier type="lccn"> 98801326 </identifier>
  <identifier type="uri">
   http://memory.loc.gov/ammem/dihtml/dihome.html </identifier>
</relatedItem>
```

```
<relatedItem type="otherFormat">
  <titleInfo>
    <title> Americas </title>
  </titleInfo>
  <identifier type="issn"> 0003-1615 </identifier>
  <identifier type="local"> (OCoLC)8370205 </identifier>
</relatedItem>
```

9.4.15 <identifier>

〈identifier〉 요소는 정보자원을 식별하는데 필요한 각종 표준번호 혹은 코드를 기술하는데 사용한다. 이는 정보자원에 부여된 고유한 번호 혹은 기호 등을 제시하여 해당 정보자원에 수록된 콘텐츠를 명확하게 식별하고 구분하기 위한 목적으로 고안된 요소이다. 〈identifier〉 요소에는 DOI, ISBN, URI 등 식별기호로 사용되는 모든 표준번호와 기호를 기술할 수 있다.

〈identifier〉 요소는 하위요소를 마련하지 않고 있으며, 〈identifier〉 요소 자체가 요소값을 부여받아 정보자원을 기술하는데 사용된다. 하지만 〈identifier〉 요소에는 'type' 속성을 반드시 사용하여 적용하는 식별기호의 유형을 기술해야 하며, 로컬 식별자를 사용할 경우에는 속성값으로 'local'을 입력한다. 'type' 속성의 값으로 사용되는 대표적인 유형을 살펴보면 다음 〈표 9-13〉과 같다.

〈표 9-13〉 〈identifier〉 요소의 'type' 속성의 값

식별자 유형	식별자 명칭
ansi	American National Standards Institute and National Information Standards Organisation Number for an ANSI or ANSI/NISO Standard
doi	Digital Object Identifier
ean	International Article Number
hdl	Handle
isan	International Standard Audiovisual Number
isbn	International Standard Book Number
ismn	International Standard Music Number
iso	International Organization for Standardization Number for an ISO Standard
issn	International Standard Serial Number
issue-number	Sound Recording Issue Number
lccn	Library of Congress Control Number
music-plate	Publisher's Music Plate Number
music-publisher	Publisher-Assigned Music Number
sici	Serial Item and Contribution Identifier
upc	Universal Product Code
uri	Uniform Resource Identifier
urn	Uniform Resource Name

〈identifier〉 요소를 사용할 때는, 더 이상 사용하지 않거나 취소된 식별기호라도 이를 기술하여 기록하고, 이에 대해 'invalid' 속성을 적용하여 사용이 정지된 식별기호임을 명시해 주는 것이 바람직하다. 동일한 정보자원에 여러 개의 식별자가 부여된 경우에는 〈identifer〉 요소를 반복하여 모든 식별자를 기술해 준다. MODS에서는 모든 메타데이터 레코드에 최소 한 개 이상의 식별기호를 사용할 것을 권장하고 있다. 〈identifier〉 요소를 사용하여 기술한 실제 레코드의 예를 들면 다음과 같다.

```
〈identifier type="doi"〉 doi:10.1006/jmbi.1995.0238 〈/identifier〉
〈identifier type="hdl"〉 hdl:loc.pnp/cph.3c30104 〈/identifier〉
〈identifier type="uri"〉 http://hdl.loc.gov/loc.law/llst.072 〈/identifier〉
〈identifier type="isbn" invalid="yes"〉 0877780116 〈/identifier〉
〈identifier type="uri" displayLabel="Active site"〉
 http://www.georgewbush.com/ 〈/identifier〉
〈identifier type="uri" displayLabel="Essays from annual reports"〉
 http://woodrow.mpls.frb.fed.us/publs/ar/index.html 〈/identifier〉
```

9.4.16 <location>

〈location〉 요소는 정보자원을 소장 혹은 보관하고 있는 기관이나 장소 등을 기술하는데 사용하며, 디지털 정보자원의 경우 해당 파일의 위치를 표시해 주는데 적용된다. 일반적으로는 정보자원을 소장하고 있는 기관명이나 리포지터리, Uniform Resource Locator(URL) 등을 기술하는데 〈location〉 요소를 사용한다.

하지만 정보자원의 형태가 다양화하고 이를 소장하기 위한 방법이 각각의 정보자원의 특성에 맞게 특화되면서, 이들 정보자원의 소장 위치를 기술하는 방식에 있어서도 여러 가지 측면이 반영될 필요가 생기게 되었다. 이에 〈location〉 요소는 정보자원의 소장사항이나 위치와 관련된 다양한 측면들을 기술할 수 있는 세부적인 요소를 하위에 마련하고 있다. 〈location〉 요소에 적용되는 하위요소를 구체적으로 살펴보면 다음 〈표 9-14〉와 같다.

〈표 9-14〉 〈location〉 요소의 하위요소

하위요소	정 의
〈physicalLocation〉	정보자원을 소장하고 있거나 이를 이용할 수 있도록 제공해 주는 물리적 기관 혹은 리포지터리를 기술해 준다.
〈shelfLocator〉	정보자원을 소장하고 있는 기관에서의 서가 위치를 기술하는데 사용한다.
〈url〉	웹 정보자원의 경우, 정보자원의 콘텐츠에 접속할 수 있는 식별자(uniform resource location)를 입력한다.
〈holdingSimple〉	복제본 등 기술의 대상이 되는 정보자원과 관련한 기타 소장정보를 기술하는데 사용한다.
〈holdingExternal〉	정보자원의 소장과 관련된 외부 정보를 기술하는데 사용된다.

〈location〉 요소 및 하위요소의 값은 텍스트 형태로 직접 입력할 수도 있고, 부호화된 코드 형태로 입력할 수도 있다. 코드로 입력할 경우에는 전거를 사용하여 표준화된 방식으로 입력하는 것이 바람직하다.

〈physicalLocation〉 요소는 소장된 정보자원의 물리적 위치와 관련된 정보를 기술하는데 사용된다. 이는 소장기관의 부호 또는 기관명을 입력하는데 적용할 수 있으며, 하위기관이나 집서(collection)와 관련된 간략한 정보를 기술하는 경우에도 사용된다. 〈physicalLocation〉 요소에는 일반적으로 'type' 속성을 적용하여 정보자원을 소장하고 있는 기관과 관련된 사항을 명시해 주고 있으며, 'current'(현재 소장기관), 'discovery'(발견 위치), 'former'(이전 위치), 'creation'(정보자원 생산 기관) 등의 값이 적용될 수 있다.

〈shelfLocator〉는 소장된 정보자원의 위치와 관련된 식별자를 기술하는데 사용한다. 이 요소는 일반적으로 서가와 관련된 정보를 기술해 주며, 분류기호, 서가번호, 별치기호, 배가에 사용된 서명, 권·연차 등과 관련된 정보 또한 기술할 수 있다.

〈url〉 요소는 웹 상에 존재하는 정보자원을 식별하는데 필요한 정보를 기술해 주며, 대부분의 경우 기술의 대상이 되는 정보자원에 부여된 URL을 입력한다. 〈url〉 요소에는 'dateLastAccessed', 'access', 'usage' 등의 속성을 적용할 수 있는데, 'dateLastAccessed' 속성은 정보자원에 접속한 가장 최근의 날짜를 입력하는데 적용된다. 이는 웹 정보자원의 휘발성이라는 특성으로 인해 고안된 속성이며, 기술의 대상이 되는 정보자원이 유효하게 사용되었던 가장 최근의 날짜를 제공함으로써 해당 정보자원에 대한 신뢰성을 확보하기 위한 것이다.

'access'는 URL을 통해 접근할 수 있는 정보자원의 유형을 명시해 주는데 사용되는 속성이며, 일반적으로 'preview', 'raw object', 'object in context' 등의 값을 갖는다. 'usage' 속성은 URL 링크를 통해 이용할 수 있는 정보자원이 어떤 용도로 사용되는 것인지를 명시해 주는데 사용되며, 'primary display', 'primary' 등의 값을 갖는다. 'primary display'는 최종 이용자들에게 정보자원을 제공해 주기 위한 목적으로 URL 링크를 제시하는 경우에 적용할 수 있으며, 'primary'는 'usage' 속성이 다른 여러 MODS 요소에서 사용되고 있을 경우에 〈url〉 요소에서 적용하는 'usage' 속성이 가장 우선적인 요소값이라는 것을 알려주는데 사용된다.

〈holdingExternal〉은 MODS 레코드를 통해서 제공하는 소장 정보 이외에 보다 상세한 소장 정보를 외부 정보원을 이용하여 기술하는데 사용하는 요소이며, 〈holdingSimple〉 요소는 소장된 정보자원에 관한 부가적인 정보를 기술하는데 사용된다. 〈holdingSimple〉 요소는 기술의 대상이 되는 정보자원의 복사본과 관련된 정보, 소장기관 내 특정 위치와 관련된 정보, 버전과 관련된 정보 등을 포괄적으로 기술할 수 있다.

이 요소는 2차적인 하위요소로 〈copyInformation〉 요소를 마련하고 있는데, 이는 기술의 대상이 되는 정보자원이 복제되었거나 다른 형태로 변환되어 생성된 경우에 이러한 2차적인 생성물에 대해 기술하기 위한 목적으로 마련된 요소이다. 하지만 특정 정보자원이 복제 혹은 다른 형태로 생성된 경우에는 원 정보자원과는 다른 곳에 소장되는 경우가 일반적이며, 원 정보자원과 다른 특성을 지니게 된다. 이러한 상이한 측면을 기술하기 위해 〈copyInformation〉 요소는 3차적인 하위요소를 마련하고 있으며, 이들 요소를 구체적으로 살펴보면 다음 〈표 9-15〉와 같다.

〈표 9-15〉 〈copyInformation〉 요소의 하위요소

하위요소	정 의
〈form〉	복제본의 물리적 유형
〈subLocation〉	복제본의 구체적인 소장 위치
〈shelfLocator〉	복제본이 소장된 서가 위치
〈electronicLocator〉	복제본의 웹 상의 위치를 식별해 주는 URL
〈note〉	복제본에 대한 부가적인 정보
〈enumerationAndChronology〉	복제본이 여러 부분으로 구성되어 있을 경우, 권·호, 생성 날짜 등 각 부분의 생성과 관련된 정보
〈itemIdentifier〉	각각의 복제본을 식별할 수 있는 고유한 식별자 혹은 부호

〈location〉 요소를 이용해 정보자원을 기술한 레코드의 실제 예를 들면 다음과 같다.

```
〈location〉
  〈physicalLocation authority="marcorg"〉 DLC MicRR Microfilm 82/528
  MicRR 〈/physicalLocation〉
〈/location〉
〈location〉
  〈physicalLocation xlink:href="http://www.loc.gov/rr/mss/"〉 Library
  of Congress Manuscript Division 〈/physicalLocation〉
〈/location〉
```

```
〈location〉
  〈url dateLastAccessed="2004-01-27"〉 http://www.loc.gov/marc/〈/url〉
〈/location〉
〈location〉
  〈url access="raw object"〉 http://www.loc.gov/standards/relreport.pdf
  〈/url〉
〈/location〉
```

```
〈location〉
  〈url access="preview"〉
  http://purl.dlib.indiana.edu/iudl/lilly/slocum/thumbnail/LL-SLO-000077
  〈/url〉
  〈url access="object in context"〉
   http://purl.dlib.indiana.edu/iudl/lilly/slocum/LL-SLO-000077 〈/url〉
  〈url access="raw object"〉
   http://purl.dlib.indiana.edu/iudl/lilly/slocum/full/LL-SLO-000077 〈/url〉
〈/location〉
```

```
〈location〉
  〈physicalLocation authority="marcorg"〉 MnRM 〈/physicalLocation〉
  〈holdingSimple〉
    〈copyInformation〉
      〈subLocation〉 Patient reading room 〈/subLocation〉
      〈shelfLocator〉 QH511.A1J68 〈/shelfLocator〉
      〈enumerationAndChronology unitType="1"〉 v.1-v.8 1970-1976
      〈/enumerationAndChronology〉
    〈/copyInformation〉
  〈/holdingSimple〉
〈/location〉
```

```
〈location〉
  〈url usage="primary display" access="object in context"〉
   http://webapp1.dlib.indiana.edu/cushman/results/detail.do?pnum
  〈/url〉
  〈url access="raw object"〉
   http://webapp1.dlib.indiana.edu/collections/cushman/full/P04995.jpg
  〈/url〉
〈/location〉
```

9.4.17 <accessCondition>

정보자원에 접근하거나 이를 이용하는데 적용되는 제한사항 혹은 이용 조건 등에 대한 정보를 제공할 경우 〈accessCondition〉 요소를 사용한다. 이 요소는 정보자원의 이용과 관련한 제반 조건에 대해 상세한 정보를 제공함으로써 정보자원에 수록된 내용의 무단 사용이나 복제를 방지하기 위한 목적으로 마련되었다. 〈accessCondition〉 요소는 하위요소를 마련하지 않고 있으며, 요소값은 일반적으로 텍스트 형태로 직접 입력한다.

〈accessCondition〉 요소는 'type' 속성을 이용하여 이용 제한이나 접근 제한의 유형을 명시해 주는데, 'restriction on access', 'use and reproduction' 등이 'type' 속성의 값으로 주로 사용되고 있다. 'restriction on access'는 정보자원에 대한 접근에 있어서 제한사항이 부여되어 있다는 것을 의미하며, 'use and reproduction'은 정보자원을 이용하거나 복제하는데 있어서의 제한사항을 명시할 때 사용한다. 경우에 따라서는, 'xlink' 속성을 이용하여 외부 정보원을 통해 정보자원의 이용과 관련한 제한사항을 제공해 줄 수도 있다. 〈accessCondition〉 요소를 이용해 작성한 레코드의 예를 들면 다음과 같다.

```
〈accessCondition type="use and reproduction"
 displayLabel="Restricted"〉 Copying allowed only for non-profit
 organizations 〈/accessCondition〉
```

```
〈accessCondition type="restriction on access"〉 Restricted: cannot be
 viewed until 2010; Members of donor's family 〈/accessCondition〉
```

```
〈accessCondition type="use and reproduction"
 xlink:href="http://www.loc.gov/rr/print/res/273_brum.html"〉
 Rights status not evaluated. For general information see "Copyright and
 Other Restrictions". 〈/accessCondition〉
```

9.4.18 <part>

〈part〉는 정보자원을 구성하는 세부적인 부분들을 기술하는데 사용되는 요소이다. 이는 기술의 대상이 되는 정보자원이 물리적으로 구분이 가능한 여러 구성요소로 이루어져 있을 때 이들 각각의 구성요소나 해당 정보자원의 하위 단위에 대한 정보를 제공해 주기 위한 목적으로 마련된 요소이다.

〈part〉 요소는 정보자원을 구성하는 각각의 부분들이 지닌 여러 가지 특성을 기술해 주기 위해 세부적인 하위요소들을 마련하고 있으며, 이를 구체적으로 살펴보면 다음 〈표 9-16〉과 같다.

〈표 9-16〉 〈part〉 요소의 하위요소

하위요소	정 의
〈detail〉	정보자원을 구성하는 세부적인 부분의 유형을 명시하는데 사용한다. 2차적인 하위요소로 〈number〉, 〈caption〉, 〈title〉을 마련하고 있다.
〈extent〉	정보자원을 구성하는 부분의 크기, 양 등을 기술하는데 적용한다. 2차적인 하위요소로 〈start〉, 〈end〉, 〈total〉, 〈list〉를 마련하고 있다.
〈date〉	정보자원을 구성하는 부분과 관련된 날짜를 기술하는데 사용한다.
〈text〉	정보자원을 구성하는 부분에 대한 부가적인 정보를 텍스트 형태로 기술하는데 적용한다.

이들 하위요소 가운데 〈detail〉 요소에는 'type' 속성을 적용하여 정보자원을 구성하는 부분의 유형을 구체적으로 명시해 줄 수 있는데, 이때 적용되는 'type' 속성의 값은 다음 〈표 9-17〉과 같다.

〈표 9-17〉 〈detail〉 요소에 적용되는 'type' 속성의 값

'type' 속성의 값	정 의
volume	권차
issue	호수
chapter	장 혹은 챕터
section	부분 혹은 섹션
paragraph	문단
track	트랙

〈extent〉 요소는 2차적인 하위요소로 〈start〉, 〈end〉, 〈total〉, 〈list〉를 마련하고 있는데, 〈start〉는 첫 페이지 등과 같이 정보자원을 구성하는 부분의 시작 단위를 기술하는데 사용하며, 〈end〉는 구성 부분의 마지막 단위를 기술해 준다. 〈total〉은 정보자원을 구성하는 부분의 총 크기나 길이 등을 기술하는데 적용하며, 〈list〉에는 구성 단위의 범위나 리스트 등을 기술할 수 있다. 이외에도 〈extent〉 요소에는 'unit' 속성을 적용하여 정보자원을 구성하는 단위의 유형을 명시해 줄 수 있다.

〈date〉 요소는 정보자원을 구성하는 각각의 부분과 관련된 날짜 정보를 기술하는데 사용되며, 일반적으로 'encoding' 속성을 사용하여 날짜를 표준화된 방식으로 입력해 준다.

〈text〉 요소는 정보자원을 구성하는 부분과 관련된 부가적인 정보를 텍스트 형식으로 입력할 때 사용한다. 외부 정보원을 연결하여 정보자원을 구성하는 부분에 대한 정보를 제공해 줄 경우에는 'xlink' 속성을 적용할 수 있다.

〈part〉 요소를 사용하여 생성한 레코드의 실제 예를 들면 다음과 같다.

```
〈part〉
  〈detail type="page number"〉
    〈number〉 3 〈/number〉
  〈/detail〉
  〈extent unit="pages"〉
    〈start〉 3 〈/start〉
  〈/extent〉
〈/part〉
```

```
〈part〉
  〈detail type="volume"〉
    〈number〉 99 〈/number〉
  〈/detail〉
  〈detail type="issue"〉
    〈number〉 5 〈/number〉
    〈caption〉 no. 〈/caption〉
  〈/detail〉
  〈extent unit="page"〉
    〈start〉 131 〈/start〉
    〈end〉 146 〈/end〉
  〈/extent〉
  〈date encoding="w3cdtf"〉 1999 〈/date〉
〈/part〉
```

〈part〉 요소는 상위요소(container element)로 사용되기도 하지만, 〈relatedItem〉 요소의 하위요소로 사용되어서 관련된 정보자원을 구성하는 세부적인 부분을 구체적으로 명시하는데 적용되기도 한다. 이 경우에도 상위요소로서의 〈part〉가 지닌 의미적 범위나 기능, 속성 등은 그대로 적용된다. 〈relatedItem〉 요소의 하위요소로 사용된 〈part〉 요소의 예를 들면 다음과 같다.

```
<relatedItem type="host">
  <titleInfo>
    <title> Post-Fordism </title>
    <subTitle> A Reader </subTitle>
  </titleInfo>
  <name type="personal">
    <namePart type="given"> Ash </namePart>
    <namePart type="family"> Amin </namePart>
    <role>
      <roleTerm type="text"> editor </roleTerm>
    </role>
  </name>
  <part>
    <extent unit="page">
      <start> 23 </start>
      <end> 45 </end>
    </extent>
  </part>
</relatedItem>
```

9.4.19 <extension>

MODS의 요소들을 이용해서 기술하기 어려운 부가적인 정보가 있을 경우, 이는 〈extension〉 요소를 통해서 제공해 줄 수 있다. 이는 MODS 레코드를 생성하는 개인이나 기관이 기술할 필요가 있다고 판단하는 사항들을 자유롭게 입력할 수 있도록 하기 위해 마련된 요소이다. 〈extension〉 요소는 하위요소를 마련하고 있지 않지만, XML 네임스페이스(xmlns)를 속성으로 적용함으로써 다른 메타데이터 스키마를 이용해서 생성된 레코드를 MODS 레코드와 연결시켜 주는데 사용할 수도 있다.

〈extension〉 요소를 이용해 생성한 레코드의 예를 들면 다음과 같다.

```
<extension
 xmlns:etd="http://www.ntltd.org/standards/metadata/etdms/1.0/etdms.xsd">
  <etd:degree>
    <etd:name> Doctor of Philosophy </etd:name>
    <etd:level> Doctoral </etd:level>
    <etd:discipline> Educational Administration </etd:discipline>
  </etd:degree>
</extension>
```

9.4.20 <recordInfo>

〈recordInfo〉 요소는 기술의 대상이 되는 정보자원 자체에 대한 정보가 아니라 해당 정보자원의 메타데이터 레코드에 대한 정보이다. 이는 메타데이터 레코드를 관리하는데 필요한 정보를 제공해 주기 위한 요소이며, 메타데이터 레코드를 생성하거나 수정한 기관 등 레코드의 관리와 관련된 정보를 기술하는데 사용할 수 있다.

〈recordInfo〉 요소는 메타데이터 레코드와 관련된 다양한 측면들을 기술하기 위한 세부요소들을 하위에 마련하고 있는데, 이를 구체적으로 살펴보면 다음 〈표 9-18〉과 같다.

〈표 9-18〉 <recordInfo> 요소의 하위요소

하위요소	정 의
<recordContentSource>	레코드를 생성 또는 수정한 기관명 혹은 기관에 부여된 코드를 기술해 준다.
<recordCreationDate>	레코드를 처음으로 생성한 날짜와 관련된 정보를 입력하는데 사용한다.
<recordChangeDate>	레코드를 수정한 날짜와 관련된 정보를 명시하는데 사용한다.
<recordIdentifier>	레코드를 생성하거나 이용하는 기관에 의해 부여된 레코드 제어번호를 입력하는데 사용한다.
<recordOrigin>	레코드의 출처에 관한 정보를 기술해 준다.
<recordInfoNote>	레코드와 관련한 부가적인 정보를 자유롭게 기술할 수 있다.
<languageOfCataloging>	레코드를 생성하는데 사용된 언어를 기술해 주며, 2차적인 하위요소로 <languageTerm>, <scriptTerm>을 적용할 수 있다.
<descriptionStandard>	정보자원을 기술하는데 사용된 규칙을 명시해 준다.

<recordContentSource>는 메타데이터를 생성하거나 수정한 기관 혹은 메타데이터를 관리하는 기관의 부호를 입력하는데 사용하는 요소이다. 기관의 부호를 입력하는데 있어서는 'authority' 속성을 이용해 MARC Code List for Organizations[11], Organization Code Source Codes[12] 등과 같은 전거를 적용하는 것이 일반적인 방식이다.

<recordCreationDate>는 메타데이터 레코드가 최초로 생성된 날짜를 입력하는데 사용하는 요소이며, 일반적으로는 'encoding', 'point', 'keyDate', 'qualifier' 등의 속성을 적용하여 레코드 생성 날짜와 관련된 다양한 측면을 기술해 주고 있다.

<recordChangeDate>는 생성된 레코드가 수정된 가장 최근의 날짜를 기술하는데 사용된다. 이 요소는 <recordCreationDate>와 마찬가지로 'encoding', 'point', 'keyDate', 'qualifier' 등의 속성을 적용하여 레코드의 수정과 관련된 날짜들을 세부

[11] MARC Code List for Organizations. Retrieved January 22, 2016 from https://www.loc.gov/marc/organizations/

[12] Organization Code Source Codes. Retrieved January 21, 2016 from https://www.loc.gov/standards/sourcelist/organization.html

적으로 표현해 줄 수 있다.

〈recordIdentifier〉 요소는 메타데이터 레코드를 생성 · 이용 · 배포하는 기관에서 부여한 레코드 제어번호를 입력하는데 사용되며, 모든 MODS 레코드에는 단 하나의 〈recordIdentifier〉만이 사용될 수 있다. 이 요소에는 'source' 속성이 적용될 수 있는데, 이는 〈recordIdentifier〉 요소에 입력된 제어번호를 부여한 기관의 코드나 이름을 명시해 주는데 사용된다.

〈recordOrigin〉은 레코드를 생성한 기관명이나 해당 기관에서 부여한 레코드 제어번호 등과 같은 레코드의 출처를 기술하는데 사용되는 요소이다.

〈recordInfoNote〉는 MODS 3.6에서 새롭게 추가된 요소로, 〈recordInfo〉 요소의 다른 하위요소에 적용할 수 없는 사항을 기술하고자 할 경우에 사용하는 요소이다. 이 요소에는 메타데이터 레코드와 관련된 사항을 텍스트 형태로 자유롭게 입력할 수 있다.

〈languageOfCataloging〉은 메타데이터 레코드의 생성에 적용한 언어를 기술하는데 사용하는 요소이며, 〈languageTerm〉, 〈scriptTerm〉을 2차적인 하위요소로 적용하고 있다. 이들 하위요소에는 ISO639-2b, RFC3066 등의 인코딩 스킴을 적용하여 표준화된 방식으로 언어를 표기해 주며, 이때 적용한 인코딩 스킴은 'authority' 속성을 이용하여 명시해 준다.

〈descriptionStandard〉는 레코드를 작성하는데 사용된 규칙이나 준거 등을 기술하는데 사용하는 요소이며, Description Convention Source Codes[13] 등과 같은 통제된 값을 적용할 수 있다. 이때 적용한 통제어휘는 'authority' 속성을 이용하여 명시해 준다. 이상과 같이 〈recordInfo〉 요소의 하위요소와 속성을 적용하여 생성한 레코드의 예를 들면 다음과 같다.

[13] Description Convention Source Codes. Retrieved February 4, 2016 from https://www.loc.gov/standards/sourcelist/descriptive-conventions.html

```
〈recordInfo〉
  〈recordContentSource authority="marcorg"〉 CStmoGRI
  〈/recordContentSource〉
  〈descriptionStandard authority="marcdescription"〉 cco
  〈/descriptionStandard〉
  〈recordIdentifier source="dlc"〉 85753651 〈/recordIdentifier〉
〈/recordInfo〉
```

```
〈recordInfo〉
  〈recordCreationDate encoding="w3cdtf"〉 2001-07-12
  〈/recordCreationDate〉
  〈recordChangeDate encoding="iso8601"〉 20020311 〈/recordChangeDate〉
〈/recordInfo〉
```

```
〈recordInfo〉
  〈recordContentSource authority="oclcorg"〉 UIU 〈/recordContentSource〉
  〈recordOrigin〉 Record has been transformed into MODS from a
   qualified Dublin Core record using a stylesheet available at
   http://www.sample.edu/. Metadata originally created in a locally
   modified version of qualified Dublin Core (data dictionary available:
   http://www.sample.edu/) 〈/recordOrigin〉
  〈languageOfCataloging〉
    〈languageTerm authority="iso639-2"〉 eng 〈/languageTerm〉
  〈/languageOfCataloging〉
〈/recordInfo〉
```

9.5 MODS의 의의

도서관계에서는 Dublin Core와 같이 최소한의 요소 및 간단한 구조를 지닌 단순한 형식의 메타데이터와 MARC 등과 같이 다양한 데이터 요소와 복잡한 구조를 지닌 상세한 메타데이터 사이에서의 대안적인 서지정보 기술 형식에 대한 필요성이 점차 대두되었다. 따라서 MODS는 이러한 현장의 요구를 충족시키기 위해 마련된 메타데이터 표준이다. 현재 MODS는 인쇄형태 이외의 다양한 형태의 정보자원에 대해서도 상세한 서지레코드를 작성할 수 있는 서지적 구조의 마련이라는 도서관계의 요구를 충족시킴과 동시에, 기존의 메타데이터 표준이 지니고 있던 상호운용성의 문제와 서지기술의 정확성 확보 등을 해결할 수 있는 대안으로 인식되고 있다.

MODS는 XML 구문을 기반으로 하고 있으며, 정보자원의 다양한 측면을 보다 편리하고 효율적인 방식으로 상세하게 기술할 수 있는 요소와 구조를 마련하고 있다. 또한 자연어 기반의 태그를 사용하고 있기 때문에, 전문적인 지식을 갖고 있지 않은 일반 이용자들도 MODS를 보다 손쉽게 이용할 수 있다는 장점이 있다.

MODS는 기존의 MARC 필드 가운데 정보자원의 기술에 필요한 핵심적인 서지기술 요소들을 추출하여 메타데이터 스키마를 구축하였기 때문에, MARC의 데이터 요소가 지닌 의미를 그대로 계승하고 있다. 또한 'genre' 등과 같은 일부 MODS 요소는 MARC의 고정길이필드에서 사용하는 통제어휘를 사용하기도 하며, 이러한 이유로 MODS 레코드는 MARC 레코드와 높은 수준에서 상호 호환이 이루어진다는 특징을 지니고 있다.

또한 MODS는 MARC 구조가 지닌 복잡한 서지적 구조라는 문제를 해결하면서도 Dublin Core에 비해 보다 풍부하게 정보자원을 기술해 줄 수 있다는 장점을 지니고 있다. 특히, MODS는 디지털 정보자원이 지닌 복합적인 특성을 수용할 수 있도록 구축되었기 때문에 디지털 정보자원에 대한 대표적인 기술적 메타데이터(descriptive metadata)로 인정받고 있다. 이러한 MODS의 장점을 간략하게 정리하면 다음과 같다.

(1) XML 기반의 구문규칙을 적용하여 확장성을 확보하고 있다.
(2) 다양한 유형의 디지털 정보자원에 대한 서지정보 기술이 가능하다.
(3) 디지털 정보자원의 복잡한 계층적 구조에 대한 기술이 가능하다.
(4) 데이터 요소가 Dublin Core보다 풍부하고 MARC에 비해 간단하다.
(5) 미국의회도서관(Library of Congress)에서 개발하여 국제적인 메타데이터 기술 표준을 지향하고 있으므로, 표준을 따르기가 쉽고 지속적으로 메타데이터 스키마를 업데이트할 수 있다.
(6) MARC에서 추출한 요소를 XML 구문을 이용하여 표현할 수 있으며, MARC 이외의 메타데이터와도 호환이 가능하다. 단순한 구조의 Dublin Core에서부터 다소 복잡하고 도서관 서지데이터와 호환이 잘되지 않는 ONIX로도 표현이 가능하다.
(7) 각 요소가 자연어를 이용한 태그로 표현되어 있어 보다 이용자 친화적이다.
(8) MARC의 하위구조로 구축되었기 때문에 MARC에 익숙한 사람들에게 친숙하며, MARC 데이터를 의미적 손실 없이 변환할 수 있다.
(9) 비전문가라 할지라도 충분히 사용할 수 있을 만큼 단순한 구조로 이루어져 있다.

하지만 아직까지는 MODS를 이용하여 정보자원을 기술한 레코드가 많지 않기 때문에, MODS를 적용하는 과정에서 발생하는 잠재적인 문제점들에 대한 대응방안이 마련되어 있지 않다는 한계가 존재한다. 또한, MARC 레코드와의 완벽한 호환성을 유지한다고 알려져 있기는 하지만, MODS로 작성된 메타데이터 레코드가 MARC로 변환될 때에는 정확한 호환이 이루어지지 않는다는 문제가 지속적으로 제기되고 있다. 이러한 단점에도 불구하고, MODS는 현재 도서관계에서 그 사용 범위가 점차 확대되고 있으며, 웹 상의 디지털 정보자원의 수가 증가함과 함께 그 중요성이 날로 커지고 있다.

제10장 주요 메타데이터 표준

1. Categories for the Description of Works of Art
2. Visual Resources Association(VRA) Core
3. Metadata Encoding and Transmission Standard

제10장 주요 메타데이터 표준

10.1 Categories for the Description of Works of Art (CDWA)

Categories for the Description of Works of Art(CDWA)는 각종 예술작품 및 그에 상응하는 이미지를 기술하기 위한 목적으로 개발된 메타데이터 표준이다. 이는 현재 미술관, 박물관, 기록보존소 등 예술정보를 생산하거나 제공하는 기관에서 전 세계적으로 널리 이용되는 대표적인 예술작품 관련 메타데이터 표준으로 자리 잡고 있다.

10.1.1 CDWA의 배경

예술작품이나 역사적 자료 등 미술관·박물관 소장자료에 대한 정보를 웹 상에서 검색하는 경우가 많아짐에 따라, 다양한 예술작품을 기술하고 이에 대한 접근점을 제공해 주는데 특화된 메타데이터 표준에 대한 필요성이 제기되었다. 이에 예술역사가, 박물관 큐레이터 및 기록자, 시각자료 전문가, 예술작품 관련 사서, 정보관리자 및 기술전문가 등 예술작품 관련 커뮤니티의 대표자들로 구성된 Art Information Task Force(AITF)에서는 Getty Art History Information Program(AHIP)과 College Art Association(CAA)의 후원을 받아 해당 커뮤니티에서 효과적으로 활용할 수 있는 메타데이터 표준인 Categories for the Description of Works of Art(CDWA)를 1994년에 구축하였다.

CDWA는 예술작품과 관련된 정보의 효율적인 제공과 이용을 위해 예술작품에 대한 서지적 기술사항의 범주(categories)를 규정해 주는 메타데이터 표준이다. 미술관이나 박물관 등과 같이 예술정보를 생산하거나 이용하는 기관에서 예술작품 및 그 이미지를 기술하기 위한 목적으로 구축되었다. CDWA는 회화나 조각, 도자기, 금속세공품, 가구, 디자인, 행위예술 등의 예술작품 자체뿐만 아니라 이들 작품을 디지털화한 동영상과 이미지까지 기술의 대상에 포함시키고 있다. 시대와 지역의 제한 없이 예술분야의 작품들을 풍부하게 기술할 수 있는 서지적 도구들을 다양하게 마련하고 있다. 이러한 다양한 기능을 수행하는 CDWA는 다음과 같은 주된 목적을 지니고 있다.[1]

1) 예술 분야의 학회나 연구자들이 공유할 수 있도록 예술작품에 대한 상세한 기술사항을 제공함과 동시에 예술작품과 관련한 학술적 정보를 정의하며,
2) 예술정보에 대한 접근을 용이하게 할 수 있도록 표준화된 용어를 마련하고 예술작품 기술사항을 위한 핵심적인 요소를 규정하며,
3) 대학과 연구자들 사이에서 예술작품 관련 정보를 공유할 수 있도록 지원하는 표준화된 체계를 구축하고, 이를 통해 일관성 있는 예술작품 관련 정보의 활용을 지원한다.

이러한 목적을 달성하기 위해 CDWA에서는 그림, 조각, 공예, 금속작품, 가구, 디자인, 공연작품 등 다양한 유형의 예술작품을 상세하게 기술할 수 있는 세부적인 데이터 요소들을 마련하고 있다. CDWA에서 적용하고 있는 데이터 요소들은 예술작품을 기술하기 위한 목적으로 고안되었지만, 이외에도 예술작품과 관련된 정보활동을 포괄적으로 지원해 주는 기능 또한 수행하고 있다. 이러한 기능에 대해 구체적으로 살펴보면 다음과 같다.

[1] 국립현대미술관. 2010. 『국내 미술관 소장품 관리시스템 구축을 위한 메타데이터 구조 설계』. 과천: 국립현대미술관, pp.80-81.

1) 정적인 이미지 작품 및 동적인 작품을 기술할 수 있는 요소를 규명
2) 모든 시대, 모든 지역의 작품을 포괄적으로 기술할 수 있는 형식 설정
3) 예술작품뿐만 아니라 해당 예술작품과 관련된 모든 정보 또한 함께 제공할 수 있도록 전체적인 체계를 구성

CDWA는 예술작품이 수록하고 있는 내용적·형태적 콘텐츠를 기술하는 방법 및 기준을 제시해 주는 개념적인 프레임워크라 할 수 있다. CDWA로 기술하는 정보 자원의 범위는 일반적으로 예술작품 및 그와 관련된 이미지로 규정하고 있는데, 예술작품은 기관이나 개인에 의해 수집된 예술적 작품이나 공연예술 등의 자료를 의미하며, 이미지에는 각 예술작품의 사진, 슬라이드 등과 같은 시각적 표현(visual representations)이 포함된다. 이와 함께 CDWA는 예술과 관련된 정보시스템에서 제공되어야 하는 정보가 어떤 것이며 타 기관이나 다른 시스템과 어떤 정보를 공유하고 교환해야 하는지를 명확히 규정해 주는 기능 또한 수행한다.[2]

10.1.2 CDWA의 구조

CDWA는 1994년에 최초로 구축된 이후 현재에 이르기까지 지속적으로 수정·보완되어 왔다. 2008년 버전에서는 27개의 카테고리에 510개의 데이터 요소를 수록하였으며, 이후 4개의 'Authority' 카테고리를 추가하였다. 2016년 현재 사용되고 있는 CDWA의 31개 카테고리를 구체적으로 살펴보면 다음 〈표 10-1〉과 같다.

[2] 한국전산원. 2003. 『국가 URN 기반 식별체계의 식별 메타데이터 연구』. 서울: 한국전산원, p.81.

〈표 10-1〉 CDWA 카테고리

카테고리	정 의
Object/Work	작품의 유형(type)과 수(number)
Classification	유사한 특성을 지닌 예술작품을 그룹화하기 위해 각각의 예술작품에 공식적인 분류표의 분류번호를 부여하는 것
Title or Names	예술작품의 제목이나 이름, 제목의 유형
Creation	예술작품의 창작, 설계, 실행, 생산 등과 관련된 사항, 작품의 생산, 행위 날짜, 발생 장소 등에 책임을 지닌 모든 개체
Styles/Periods/ Groups/Movements	규정된 스타일, 역사적 기간, 단체, 학교, 동향 등과 관련된 정보
Measurement	예술작품의 크기, 규모, 모양, 치수 등에 대한 정보
Materials and Techniques	예술작품의 창작에 사용된 물질이나 재료, 제조기술, 과정, 방법
Inscriptions/Marks	작품에 기재된 서명, 명기된 물리적 기호, 문자 도안, 주해 등을 구별하거나 규명하는 기술
State	동일한 예술작품의 상이한 단계 등과 같이 여러 가지 요소로 이루어진 작품의 상태
Edition	동일한 작품의 상이한 판사항
Facture	작품이 만들어진 방법에 대한 세부적인 사항 및 작업 과정에서의 특징 등에 대한 기술사항
Orientation/Arrangement	예술작품이 구현되고 전시되는 방법
Physical Description	작품의 물리적 형태에 대한 기술
Condition/ Examination History	특정 기간에서의 예술작품의 전반적인 물리적 조건, 특성, 완전성에 대한 평가
Conservation/ Treatment History	작품을 보수하거나 보전시키는 절차나 행위
Subject Matter	예술작품이 담고 있는 추상적이거나 비유적인 주제 혹은 내용
Context	예술작품과 관련된 정치적, 사회적, 경제적, 종교적 사건이나 동향 및 건축물의 특정 위치, 작품의 발굴이나 발견 등에 대한 정보
Description Note	특정 작품과 관련된 논의 등을 포함한 작품에 대한 기술사항
Critical Responses	특정 작품에 대해 예술가, 예술사가, 예술비평가, 예술상인, 판매자, 구매자, 공무원, 일반 대중 등이 기술한 비평적 견해
Related Works	기술의 대상이 되는 예술작품과 관련된 다른 예술작품 및 작품들 사이의 관계에 대한 설명
Current Location	예술작품을 현재 소장하고 있는 저장소(repository) 및 지리적 위치
Copyright/ Restriction	예술작품을 이용, 전시, 복사할 권리를 갖는 개인이나 단체에 대한 설명

카테고리	정 의
Ownership/ Collection History	예술작품의 창조에서 현재에 이르기까지 소유주의 출처, 유래, 역사 등에 대한 상세한 정보
Exhibition/ Loan History	예술작품의 전시와 관련한 이력
Cataloging History	예술작품에 대한 서지레코드의 생성, 수정 등 레코드 자체와 관련한 사항에 대한 기록
Related Visual Documentation	예술작품에 대한 정보를 제공해 주는 이미지에 대한 정보
Related Textual References	기록보관용 문헌(archival documents), 미간행 필사본(unpublished manuscripts), 발행된 서지자료(published bibliographic materials), 연구자나 주제전문가의 견해 등을 포함한 예술작품과 관련된 원문 정보의 출처에 대한 인용사항
Person/Corporate Body Authority	저자와 관련된 전거
Place/Location Authority	예술작품과 관련된 지역, 위치 등에 대한 전거
Generic Concept Authority	예술작품의 일반적 명칭, 개념 등과 관련된 전거
Subject Authority	예술작품의 주제와 관련된 전거

이들 각각의 카테고리는 특정 예술작품이 지닌 다양한 측면을 상세하게 기술해 주기 위해 하위에 세부적인 카테고리를 마련하고 있다. 이들 하위 카테고리의 의미는 상위의 기본 카테고리의 의미를 그대로 계승하고 있으며, 상위 카테고리가 지닌 포괄적인 의미적 범위를 세분해 주는 기능을 수행한다. 또한 하위 카테고리는 또 다른 2차 하위 카테고리를 지닐 수도 있으며, 이는 1차 하위 카테고리의 의미를 세분해 주는 기능을 수행한다. 상위 카테고리와 하위 카테고리의 예를 들면 다음 〈표 10-2〉와 같다.

〈표 10-2〉 CDWA 상위 카테고리 및 하위 카테고리(Titles or Names 카테고리의 예)

카테고리	1차 하위 카테고리	2차 하위 카테고리
Titles or Names	Title Text	-
	Title Type	-
	Preference	-
	Title Language	-
	Title Date	Earliest Date
		Latest Date
	Remarks	-
	Citations	Page

CDWA는 이들 카테고리에 수록된 데이터 요소를 이용해서 다양한 형태의 예술작품을 기술하고 있다. 또한 데이터 요소들을 확장·전개하여 예술작품 관련 데이터베이스 구축의 기반을 마련하기도 하며, 예술작품을 기술하는데 사용되는 기존의 기술도구를 평가하는 기준으로도 사용되고 있다.

하지만 CDWA의 데이터 요소들은 데이터베이스의 구조나 데이터베이스의 필드를 설명하기 위한 것은 아니며, 예술작품과 관련한 정보를 생성하고 관리하기 위한 요소들로 구성되어 있다. 즉, 예술작품을 기술하는데 필요한 항목들을 표현하는 방법 및 작품의 기술을 위한 기준을 지정해 주는 것으로 요소의 기능을 한정하고 있다. 이러한 특성으로 인해, CDWA를 이용하여 예술작품을 기술할 경우, 해당 기관의 고유한 목적을 충족시킬 수 있도록 데이터 요소의 구조와 기술의 수준을 결정해야 한다.

CDWA의 요소 가운데 일부 카테고리와 하위 카테고리는 예술작품을 식별하거나 기술하는데 있어 필수적인 항목으로 규정되어 있으며, 이들 카테고리는 핵심적인 항목으로 'core'라고 명시해 주고 있다. 'core' 카테고리는 예술작품에 대한 기술사항을 생성할 때 반드시 사용해야 하는 것이며, 이는 특정 예술작품을 식별하고 검색하는데 있어 중요한 기능을 수행하고 있다. CDWA에서 규정하고 있는 'core' 카테고리를 살펴보면 다음 〈표 10-3〉과 같다.

〈표 10-3〉 CDWA의 Core 카테고리 및 하위 카테고리

카테고리	1차 하위 카테고리	2차 하위 카테고리
Object/Work	Catalog Level	
	Object/Work Type	
Classification	Classification Term	
Titles or Names	Title Text	
Creation	Creator Description	Creator Identity
		Creator Role
	Creation Date	Earliest Date
		Latest Date
Measurements	Dimensions Description	
Materials/Techniques	Materials/Techniques Description	
Subject Matter	General Subject Terms	
Current Location	Current Repository/Geographic Location	
	Current Repository Numbers	
Related Textual References	Source Brief Citation	Source Full Citation
Person/Corporate Body Authority	Person/Corporate Body Name	Name Source
	Display Biography	
	Birth Date	
	Death Date	
	Person Nationality/Culture/Race	
	Life Roles	
Place/Location Authority	Place Name	Name Source
	Place Types	
	Place Broader Context	
Generic Concept Authority	Concept Term	Term Source
	Concept Broader Context	
	Concept Scope Note	Note Source
Subject Authority	Subject Name	Name Source
	Subject Broader Context	

이와 같이, CDWA는 예술작품을 기술하는데 특화된 다양한 데이터 요소들을 마련하고 있으며, 'core' 카테고리를 이용해 기술의 수준을 결정할 수 있는 유연성을 부여하고 있다. CDWA를 이용해 필름 형태로 된 정보자원을 기술한 레코드의 실제 예를 들면 다음 (그림 10-1)과 같다.

*Classification**	graphic arts	[value from controlled vocabulary]
*Object/Work Type**	drawing	[Value from controlled vocabulary]
*Title or Names**	Group of Nine Standing Figures	
*Creation-Creator/Role**	Parmigianino	
	draftsman: Parmigianino (Francesco Mazzola) (Italian painter, 1503-1540)	[Value from controlled vocabulary]
*Creation-Date**	mid 1520s	
	earliest: 1523	latest: 1527
Creation-Place	probably Rome (Italy)	
Styles/Periods	Mannerist	[Value from controlled vocabulary]
*Subject Matter**	male figures	apostles
	Spozalizio	[Value from controlled vocabulary]
Measurements	124 x 131 mm	
	height: 124 mm	width: 131 mm
Materials and Techniques	Pen and brown ink, and brush and brown wash, on tan laid paper, laid down on tan laid card	
	ink	laid paper
	wash	[Value from controlled vocabulary]
Inscriptions/Marks	Inscribed verso on mount, at left, in pen and brown ink (by. A. M. Zanetti): e La stampa intagliata all'acqua / forte in Londra da Enrico Vander / Borcht da [questo] disegno, che era di / quelli dello studio famoso del S. Conte / d'Arondell Inglese; at center left, in graphite: Parmigianino; at lower left, in graphite: S. Woodburn	
Descriptive Note	This drawing may have been a preparatory study for a religious composition, possibly for a Marriage of the Virgin...	
Related Works	model for: object/work type: etching title: Six Apostles standing creator: Hendrik van der Borcht the younger creation date: 1636/1646	
*Current Location-Repository Name**	Art Institute of Chicago	
Current Location-Repository Location	Chicago (Illinois, USA)	
Current Location-Repository Numbers	1978.275	

(그림 10-1) CDWA를 이용한 레코드[3]

[3] Categories for the Description of Works of Art(CDWA): High Level Categories. Retrieved February 12, 2016 from http://jennriley.com/presentations/slis/05fall/l566/vrHandout.pdf

10.2 Visual Resources Association(VRA) Core

Visual Resources Association(VRA) Core는 시각자료의 내용과 구조를 기술하고, 해당 정보자원을 디지털 방식으로 공유하기 위해 개발된 메타데이터 표준이다. 이는 Categories for the Description of Works of Art(CDWA)의 단점을 보완하고 시각자료의 기술에 최적화된 새로운 구문과 데이터 요소들을 도입함으로써 시각자료, 특히 문화유산과 관련된 분야에서 효과적으로 사용할 수 있는 메타데이터 표준으로 인정받고 있다.

10.2.1 VRA Core의 배경

정보통신기술(ICT)의 급속한 발전과 함께, 전통적인 인쇄형태 기반의 정보환경은 디지털 방식에 기반한 네트워크 중심으로 진화해 왔다. 이러한 정보환경의 변화 속에서, 기존의 오프라인 중심의 기술방식은 다양한 형태로 생성되는 정보자원을 기술하고 관리하는데 있어서 여러 가지 한계에 직면하게 되었다.

특히 시각자료, 문화유산 등의 자료 형태는 전통적인 인쇄자료와는 상당히 다른 속성을 지니고 있기 때문에, 이들 자료들이 지닌 고유한 특징들을 충분하게 기술해 줄 수 있는 디지털 기반의 서지적 기술 방식에 대한 요구가 대두되었으며, 이를 웹 환경에 적용하여 시각자료 및 문화유산과 관련된 정보를 효과적으로 조직·관리·교환할 수 있는 새로운 모델의 필요성이 지속적으로 제기되어 왔다. 이에 미국시각자료협회(Visual Resources Association)에서는 1993년에 데이터표준위원회(VRA Data Standards Committee)를 조직하여 웹 환경에 적용할 수 있는 표준화된 데이터 모델의 구축에 착수하였다.

이전까지 문화유산 자료의 기술에 사용되어 오던 CDWA 메타데이터 표준은 박물관 소장 자료를 기술하는데 있어서는 풍부한 기술요소를 적용하고 있었지만, 이미지 등의 시각자료를 기술하는데 적용할 수 있는 요소는 상대적으로 미흡하였다. 특히, CDWA는 건축물 등의 기술에 필요한 요소가 포함되지 않았다는 문제가 지속적으로 제기되어 왔다. 이에 데이터표준위원회에서는 건축물을 포함하여 예술작품,

공예품 등의 문화유산 및 이를 이미지화한 시각적 자료를 풍부하게 기술하기 위한 지침을 마련하고자 하였다.

이 위원회에서는 CDWA의 Core 카테고리를 문화유산 및 이미지 자료의 기술에 적용할 수 있도록 재정비함과 동시에, 이를 데이터 표준, 데이터 공유, 데이터 저장 등의 분야에 적용할 수 있도록 지원하는 새로운 기술들을 도입하였다. 이러한 결과로 제안된 데이터 모델이 Visual Resources Association(VRA) Core이다.

현재 VRA Core는 문화유산과 관련된 커뮤니티에서 적용할 수 있는 표준화된 데이터 모델로 사용되고 있다. VRA Core는 문화유산 및 이를 이미지화한 시각자료를 기술하는데 특화된 데이터 요소들을 수록하고 있으며, 이들 요소를 계층적으로 구현할 수 있는 체계화된 구조를 마련하고 있다. 데이터 요소 및 구조를 구현하기 위해 VRA Core는 버전 4.0에서부터는 XML 스키마를 적용하고 있으며, 이는 생성된 메타데이터 레코드를 효과적으로 관리하고 다른 기관과 공유하거나 교환할 수 있는 기반을 마련해 주고 있다.

또한 데이터 요소의 표준화 및 데이터 기술에 있어서의 일관성 확보를 위해 문화유산 관련 커뮤니티에서 사용해 오던 통제어휘를 메타데이터 레코드의 생성에 폭넓게 적용하고 있다. VRA Core에서 적용하고 있는 대표적인 통제어휘로는 Thesaurus for Graphic Materials(TGM)[4], Art & Architecture Thesaurus(AAT)[5], Union List of Artist Names(ULAN),[6] Thesaurus of Geographic Names(TGN)[7] 등을 들 수 있다.

[4] Thesaurus for Graphic Materials. Retrieved February 13, 2016 from http://www.loc.gov/pictures/collection/tgm/

[5] Art & Architecture Thesaurus Online. Retrieved February 13, 2016 from http://www.getty.edu/research/tools/vocabularies/aat/

[6] Union List of Artist Names Online. Retrieved February 13, 2016 from http://www.getty.edu/research/tools/vocabularies/ulan/

[7] Getty Thesaurus of Geogrpahic Names Online. Retrieved February 13, 2016 from http://www.getty.edu/research/tools/vocabularies/tgn/index.html

10.2.2 VRA Core의 구조

VRA Core의 데이터 요소는 CDWA에서 사용하는 요소를 문화유산 관련 커뮤니티의 특성에 맞게 변형시킨 형태라고 볼 수 있으나, VRA Core 스키마의 구축은 Dublin Core를 기반으로 하여 이루어졌다. Dublin Core와 마찬가지로, VRA Core는 스키마를 구현하는데 있어서 특정한 구문규칙을 적용해야 한다는 제한이 없으며, 특정 상황에 적합한 다양한 인코딩 구문을 적용할 수 있는 융통성이 부여되어 있다. 특히, VRA Core의 요소들은 필요에 따라 선택적으로 사용할 수 있으며, 반복해서 사용이 가능하다는 특징이 있다.

1994년, 데이터표준위원회는 'Core' 개념을 도입하여 21개 요소를 수록하는 'The Core Category for Visual Resources' 버전 1.0을 구축하였다. 이후, 1997년에 발표된 VRA Core 2.0에서는 기존의 21개 요소를 확장하여 작품설명범주(Work Description Categories) 19개 요소와 시각문헌범주(Visual Document Description Categories) 9개 요소 등 두 개의 핵심 카테고리로 전체 요소를 구분하였다. 2002년 발표된 VRA Core 3.0에서는 핵심 카테고리를 다시 17개 요소로 정의하였는데, 이는 기존의 28개 요소 가운데 핵심적으로 사용되는 요소들만을 선정하여 보다 간단하고 확장성 있는 구조로 재구성한 것이다.

2007년에는 VRA Core 4.0이 발표되었다. VRA Core 4.0에서는 Dublin Core에서 적용되었던 '1:1 원칙(One-to-One Discipline)'을 채용하고 있으며, XML 구문을 적용하는데 최적화된 방향으로 전체적인 스키마를 재정비하였다. 특히, VRA Core 4.0은 'Unrestricted version'과 'Restricted version'의 두 가지로 발표되었는데, 'Unrestricted version'은 기본적인 스키마 구조만을 이용하는 것이며, 'Restricted version'은 Type Vocabulary와 통제어휘 등을 적용하여 정보자원의 기술 및 레코드 생성에 있어서 일관성 및 확장성을 확보하고 있다.

VRA Core 3.0 이전까지는 문화유산 및 그 이미지에 대한 카테고리를 별도로 설정하여 각각의 요소 세트로 구분하였으나, VRA Core 3.0 이후로는 카테고리의 구분 없이 문화유산과 이미지 모두에 적용할 수 있는 19개의 단일 세트 카테고리를 사용하고 있다. VRA Core에서 새롭게 추가된 카테고리인 'Record Type'은 각각의 레코드를 예술작품 혹은 이미지로 구분해 주는 기능을 수행하고 있으며, 이를 통해 VRA Core 메타데이터의 구조를 단순화시켜 주고 있다.

VRA Core 3.0과 VRA Core 4.0에 수록된 메타데이터 요소 사이의 주요한 차이로는 기존에 사용되던 5개 요소의 명칭을 변경하고 3개의 새로운 요소(Inscription, State Edition, TextRef)를 추가함과 동시에 XML을 사용하는 구조로 변경한 것 등을 들 수 있다.

〈표 10-4〉 VRA Core 4.0에서의 요소 명칭 변경

VRA Core 3.0	VRA Core 4.0
Record Type	Work, Collection, or Image
Creator	Agent
Culture	Cultural Context
Type	Work Type
ID Number	Location

이렇게 설정된 VRA Core의 핵심 카테고리는 Dublin Core가 지니고 있는 이미지 기술에 있어서의 한계를 극복하고 CDWA의 부족한 요소들을 보완하는 새로운 메타데이터 요소 세트로써, 문화유산 등의 예술작품과 그에 대한 시각적 대용물(visual surrogate)까지도 기술할 수 있는 확장성을 확보하고 있다.

〈표 10-5〉 VRA Core 4.0의 상위요소 및 하위요소

상위요소	1차 하위요소	2차 하위요소
work, collection, or image (id)		
agent	attribution	
	culture	
	dates(type)	earliestDate(circa)
		latestDate(circa)
	name(type)	
	role	
culturalContext		
date(type)	earliestDate(circa)	
	latestDate(circa)	
description		
inscription	author	
	position	
	text(type)	
location(type)	name(type)	
	refid(type)	
material(type)		
measurements(type, unit)		
relation(type, relids)		
rights(type)	rightHolder	
	text	
source	name(type)	
	refid(type)	
stateEdition(count, num, type)	description	
	name	
stylePeriod		
subject	term(type)	
textref	name(type)	
	refid(type)	
title(type)		
technique		
workType		

이와 함께 VRA Core에서는 상위요소 및 하위요소에 적용할 수 있는 속성(global attribute)을 마련하여 각 요소의 의미적 범위를 세분해 주고 있다. 이들 속성은 VRA Core 4.0의 모든 요소에 적용할 수 있으며, 다음 〈표 10-6〉과 같이 총 9개로 구분할 수 있다.

〈표 10-6〉 VRA Core 4.0의 속성

속 성	설 명
dataDate	정보자원과 관련된 이미지가 생성된 일시
extent	상위요소 혹은 하위요소로 기술되는 정보자원, 이미지 등의 범위
href	관련된 정보자원과 연결시켜 주는 링크
pref	동일한 요소나 하위요소에 둘 이상의 데이터 값이 부여될 경우, 보다 적합한 값을 지시
refid	VRA Core를 사용하는 기관에서 부여한 ID 혹은 코드(code)
rules	정보자원의 기술사항에 적용된 데이터 표준
source	정보자원과 관련된 다른 정보가 있을 경우, 해당 정보의 출처
vocab	정보자원을 기술하는데 사용한 통제어휘 혹은 Type Vocabulary
xml:lang	정보자원을 기술하는데 사용한 언어

이외에도 VRA Core 4.0에서는 circa, unit, num, count, relids 등과 같이 특정 요소에 최적화된 속성도 마련하고 있으며, 이는 해당 요소에 부여될 수 있는 값의 범위를 설정하거나 형식을 규정해 주는데 사용되고 있다.

이와 같이 정의된 VRA Core의 상위요소, 하위요소 및 속성을 사용하여 기술한 레코드의 실제적인 예를 살펴보면 다음 (그림 10-2)와 같다.

```
<?xml version="1.0" encoding="UTF-8"?>
<vra xmlns="http://www.vraweb.org/vracore4.htm"
     xmlns:xsi="http://www.w3.org/2001/XMLSchema-instance"
     xsi:schemaLocation="http://www.vraweb.org/vracore4.htm
       http://www.loc.gov/standards/vracore/vra-strict.xsd">
  <work id="w_24" source="Core 4 Sample Database (VCat)" refid="24">
    <agentSet>
      <display> unknown(Netherlandish tapestry weaver) </display>
      <agent>
        <name vocab="ULAN" refid="500125274" type="personal">
         unknown </name>
        <role> tapestry weaver </role>
      </agent>
    </agentSet>
    <culturalContextSet>
      <culturalContext> French </culturalContext>
    </culturalContextSet>
    <dateSet>
      <display> ca. 1495-1505 (creation) </display>
      <date type="creation">
        <earliestDate> 1490 </earliestDate>
        <latestDate> 1510 </latestDate>
      </date>
    </dateSet>
    <materialSet>
      <display> wool; metallic threads; silk </display>
    </materialSet>
    <sourceSet>
      <display> Core 4 Sample Database (VCat) </display>
      <source>
        <name> Core 4 Sample Database (VCat) </name>
      </source>
    </sourceSet>
    <stylePeriodSet>
      <display> Medieval </display>
      <stylePeriod vocab="AAT" refid="300020756"> Medieval</stylePeriod>
    </stylePeriodSet>
```

(그림 10-2) VRA Core 4.0을 이용한 레코드의 일부 예

10.3 Metadata Encoding and Transmission Standard

Metadata Encoding and Transmission Standard(METS)는 디지털 형태의 정보자원에 대한 구조적, 기술적, 관리적 메타데이터를 입력하기 위한 목적으로 고안된 구조화된 체계이며, XML 기반의 메타데이터 인코딩 표준으로 널리 사용되고 있다.

10.3.1 METS의 배경

디지털 정보자원은 도서 등과 같은 인쇄형태 정보자원과는 상당히 다른 특성을 지니고 있으며, 그 구조 자체에서도 디지털 형태의 매체가 지닌 고유한 특성을 그대로 반영하고 있다. 이러한 디지털 정보자원을 효과적으로 관리하고 활용하기 위해서는 각각의 디지털 정보자원이 어떻게 구성되어 있는지를 파악하는 과정이 선행되어야 하며, 이를 위해서는 기존의 인쇄형태의 정보자원을 관리하는데 사용되어 온 서지도구나 메타데이터와는 다른 기술 메타데이터(technical metadata)가 필요하게 되었다. 이러한 요구를 충족시키고 디지털 기반의 정보자원에 대한 기술적, 관리적, 구조적 메타데이터의 인코딩 형식을 구축하기 위해 'Making of America II(MoA2)' 프로젝트가 진행되었다.

MoA2 프로젝트는 디지털 정보자원이 지닌 기술적인 측면 및 구성을 상세하게 기술하기 위한 체계화된 구조를 마련하고 이들 기술사항을 인코딩하기 위한 표준화된 스키마를 구축하는데 주된 목적을 두고 진행되었으며, 이 프로젝트를 통해서 구축된 메타데이터 표준이 Metadata Encoding and Transmission Standard(METS)이다.

METS는 디지털 정보자원에 대한 구조적, 관리적 메타데이터를 입력하기 위한 XML 기반의 스키마로, 디지털 정보자원에 대한 레코드를 표준화하는데 사용되는 메타데이터 표준이다.[8] 미국 디지털도서관연맹(Digital Library Federation)의 주도 하에 2001년 METS 1.0이 개발되었으며, 2005년에는 METS 1.4가, 2010년에는 METS 1.6이 발표되었다. 현재는 미국의회도서관에서 METS의 스키마 유지와 관리를 담당하고 있다.

---

[8] 한국도서관협회. 2010. 『문헌정보학용어사전. 개정판』. 서울: 한국도서관협회, p.126.

10.3.2 METS의 구조

METS는 텍스트와 이미지뿐만 아니라 오디오, 동영상 등과 같은 디지털 형태의 정보자원에 대한 구조적 데이터를 제공해 줄 수 있는 메타데이터 표준이다. 이는 다양한 정보시스템 사이에서 디지털 정보의 교환과 상호운용성을 촉진하고, 디지털 정보자원의 보존을 지원하기 위한 목적으로 구축되었다.

현재 METS는 디지털 정보자원의 구조적인 특성을 기술해 주는데 특화된 메타데이터 표준으로 인정받고 있으며, XML 기반의 구문 구조를 채택함으로써 디지털 정보자원의 전송·교환·보존 등을 지원할 수 있는 표준으로 널리 사용되고 있다. METS는 디지털 개체를 식별하거나 디지털 정보자원의 위치를 기술할 수 있으며, 디지털 정보자원과 관련된 다양한 메타데이터를 연결시켜 주는 기능 또한 수행한다.

〈표 10-7〉 METS의 구조

섹션(section)	설 명
METS Header	METS 문서 자체를 설명해 주는 메타데이터
Descriptive Metadata	디지털 정보자원에 대한 내부적인 기술사항으로서의 메타데이터
Administrative Metadata	디지털 정보자원의 관리와 관련된 정보를 제공해 주는 외부적인 기술사항으로서의 메타데이터
File Section	기술적 메타데이터, 관리적 메타데이터 등 정보자원의 디지털 버전을 구성하는 콘텐츠를 담고 있는 모든 파일들을 열거
Structural Map	디지털 정보자원의 계층적 구조를 보여주는 METS의 핵심 항목
Structural Links	계층구조 상의 노드(node)들 사이의 하이퍼링크의 존재를 기록
Behavior	디지털 정보자원을 활용하는데 필요한 소프트웨어의 작동을 기록

METS의 스키마는 7개의 섹션(section)으로 구성된다(〈표 10-7〉 참조). 이들 가운데, METS Header와 Structural Map은 필수 항목이며, 이는 METS를 이용해 정보자원을 기술할 때 반드시 적용되어야 한다. METS Header와 Structural Map을 제외한 나머지 항목들은 상황에 따라 선택적으로 적용할 수 있다.

METS Header 섹션은 디지털 개체를 기술해 주는 메타데이터가 아닌 METS 문서 자체에 대한 메타데이터를 저장해 주며, METS의 필수 항목 가운데 하나이다. METS Header 섹션은 에이전트(agent) 이름, 에이전트의 역할 등과 같은 항목을 수록하고 있으며, METS 문서에 대한 레코드 ID, METS 문서의 생성 시간, 문서의 상태(status) 등에 대한 사항을 기록해 준다. METS Header 섹션은 레코드 내에서 〈metsHdr〉 요소를 사용하여 표현된다.

```
〈metsHdr CREATEDATE="2005-07-13T11:24:07"
 LASTMODDATE="2008-03-12T09:46:02"〉
     〈agent ROLE="CREATOR" TYPE="ORGANIZATION"〉
          〈name〉 Library Systems Office, University of California,
          Berkeley 〈/name〉
     〈/agent〉
〈/metsHdr〉
```

(그림 10-3) METS Header 섹션의 예

Descriptive Metadata 섹션은 METS 레코드로 표현하려는 디지털 개체에 관한 모든 메타데이터를 저장하는 역할을 수행한다. 이는 레코드의 형식과 관련된 부분은 정의하지 않지만, 다른 메타데이터의 형식을 METS 내에 포함시킬 수 있는 방법을 제공해 주고 있다.

Descriptive Metadata 섹션은 〈dmdSec〉 요소를 이용하여 표현해 주며, Descriptive Metadata 섹션에서 제공하는 메타데이터는 내부 서지정보 메타데이터(internal descriptive metadata)와 외부 서지정보 메타데이터(external descriptive metadata)의 두 가지로 구분할 수 있다. 내부 서지정보 메타데이터는 METS 문서 내부에서 Dublin Core 등과 같은 외부 메타데이터 표준을 이용할 때 제공되며, 〈mdWrap〉 요소 및 하위요소인 〈xmlData〉를 적용한다. 외부 서지정보 메타데이터는 〈mdRef〉 요소를 이용하여 METS 이외의 메타데이터의 URI를 명시해 주고, 이를 통해 외부 메타데이터를 식별할 수 있도록 해준다.

```
〈dmdSec ID="dmd002"〉
    〈mdWrap MIMETYPE="text/xml" MDTYPE="DC" LABEL="Dublin Core
     Metadata"〉
        〈xmlData〉
          〈dc:title〉 Alice's Adventures in Wonderland 〈/dc:title〉
          〈dc:creator〉 Lewis Carroll 〈/dc:creator〉
          〈dc:date〉 Between 1872 and 1890 〈/dc:date〉
          〈dc:publisher〉 McCloughlin Brothers 〈/dc:publisher〉
          〈dc:type〉 text 〈/dc:type〉
        〈/xmlData〉
    〈/mdWrap〉
〈/dmdSec〉
〈dmdSec ID="dmd003"〉
    〈mdWrap MIMETYPE="application/marc" MDTYPE="MARC"
     LABEL="OPAC Record"〉
        〈binData〉 MDI0ODdjam0gIDIyMDA1ODkgYSA0NU0wMDAxMDA
        〈/binData〉
    〈/mdWrap〉
〈/dmdSec〉
```

(그림 10-4) Descriptive Metadata 섹션의 예

Administrative Metadata 섹션은 기술의 대상이 되는 디지털 개체와 관련된 관리적 메타데이터로, 〈amdSec〉 요소를 사용하여 표현하며, 하나의 METS 문서에서는 한 번만 사용할 수 있다. Descriptive Metadata 섹션과 마찬가지로, Administrative Metadata 섹션에서도 레코드의 형식과 관련된 부분은 정의하지 않는다.

Administrative Metadata 섹션은 기술 메타데이터(technical metadata), 소스 메타데이터(source metadata), 저작권 메타데이터(rights metadata), 출처정보 메타데이터(digital provenance metadata)의 4가지 세부영역으로 구분할 수 있다. 〈amdSec〉 요소는 이들 4가지 유형의 Administrative Metadata 영역을 구분하여 〈techMD〉, 〈sourceMD〉, 〈rightsMD〉, 〈digiprovMD〉 등과 같이 각각 별도의 요소로 표현해 준다.[9]

[9] Library of Congress. 2011. *METS: An Overview & Tutorial*. Retrieved July 28, 2014 from http://www.loc.gov/standards/mets/METSOverview.v2.html

```
〈techMD ID="AMD001"〉
    〈mdWrap MIMETYPE="text/xml" MDTYPE="NISOIMG" LABEL="NISO
    Img. Data"〉
        〈xmlData〉
            〈niso:MIMEtype〉 image/tiff 〈/niso:MIMEtype〉
            〈niso:Compression〉 LZW 〈/niso:Compression〉
            〈niso:Orientation〉 1 〈/niso:Orientation〉
            〈niso:ScanningAgency〉 NYU Press 〈/niso:ScanningAgency〉
        〈/xmlData〉
    〈/mdWrap〉
〈/techMD〉
```

(그림 10-5) Administrative Metadata 섹션의 예(techMD의 예)

File Section 섹션은 디지털 개체를 구성하는 모든 파일을 수록해 준다. 즉, 기술의 대상이 되는 개체의 디지털 버전을 구성하는 모든 사항을 제공해 주며, 기술적 메타데이터, 관리적 메타데이터 등 해당 개체와 관련된 다른 디지털 파일로 연결시켜 주는데 필요한 정보를 포함하고 있다. File Section 섹션은 〈fileSec〉 요소를 이용하여 표현해 주며, 하나의 METS 문서에서는 한 번만 사용할 수 있다.

File Section 섹션은 하나 이상의 〈fileGrp〉 요소를 사용하는데, 이는 해당 디지털 개체와 관련된 여러 개의 파일들을 하나로 묶어주는 역할을 한다. 〈fileGrp〉 요소는 디지털 개체를 구성하는 모든 파일들을 수록해 주며, METS 문서에 포함되는 디지털 파일들을 하나의 카테고리로 통합시킨다.

```
<fileSec>
  <fileGrp USE="image/master">
    <file ID="FID1" MIMETYPE="image/tiff" SEQ="1"
     CREATED="2003-01-22T00:00:00.0" ADMID="ADM1 ADM5"
     GROUPID="GID1">
      <FLocat xlink:href="http://nma.berkeley.edu/ark:/28722/bk0001
       m10" LOCTYPE="URL" />
    </file>
  </fileGrp>
  <fileGrp USE="image/thumbnail">
    <file ID="FID2" MIMETYPE="image/gif" SEQ="1"
     CREATED="2003-01-22T00:00:00.0" ADMID="ADM2 ADM6"
     GROUPID="GID1">
     <FLocat xlink:href="http://nma.berkeley.edu/ark:/28722/bk0001j1m
      2j" LOCTYPE="URL" />
    </file>
  </fileGrp>
</fileSec>
```

(그림 10-6) File Section 섹션의 예

Structural Map 섹션은 기술의 대상이 되는 디지털 개체의 구조를 이해할 수 있도록 해당 개체의 내부적 계층구조를 정의해 주는 것으로, METS의 핵심 항목 가운데 하나이다. 이는 〈structMap〉 요소를 이용하여 표현해 주며, 〈div〉 요소 사이의 관계를 이용하여 디지털 개체 내부의 계층적 구조를 표현해 준다. 〈div〉 요소는 METS 문서에 대한 지시자(pointer)인 〈mptr〉 요소와 파일 지시자인 〈fptr〉 요소를 사용하는데, 이 요소들은 〈div〉 요소가 지시해 주는 METS 문서와 연결시켜 주는 기능을 한다.

```
〈structMap TYPE="LOGICAL"〉
    〈div TYPE="Monograph" ID="log0001" DMDID="dmdlog0001"〉
        〈div TYPE="TitlePage" ID="log0002"/〉
        〈div TYPE="Dedication" ID="log0003"/〉
        〈div TYPE="CurriculumVitae" ID="log0005"/〉
    〈/div〉
〈/structMap〉
```

(그림 10-7) Structural Map 섹션의 예

Structural Links 섹션은 Structural Map 섹션의 요소인 〈div〉 사이의 하이퍼링크를 표현해 준다. 이는 하이퍼링크 구조에 대한 기록을 유지함과 동시에 웹사이트 전체를 저장하는 경우에 효과적으로 사용할 수 있다. Structural Links 섹션은 〈smLink〉를 이용해서 표현되며, 하나의 METS 문서에서는 〈smLink〉 요소를 한 번만 사용할 수 있다.

```
〈div ID="P1" TYPE="page" LABEL="Page 1"〉
    〈fptr FILEID="HTMLF1"/〉
        〈div ID="IMG1" TYPE="image" LABEL="Image Hyperlink to Page 2"〉
    〈fptr FILEID="JPGF1"/〉
〈/div〉
〈div ID="P2" TYPE="page" LABEL="Page 2"〉
    〈fptr FILEID="HTMLF2"/〉
〈/div〉
〈structLink〉
  〈smLink xlink:from="IMG1" xlink:to="P2" xlink:title="Hyperlink from
   JPEG Image on Page 1 to Page 2" xlink:show="new"
   xlink:actuate="onRequest"/〉
〈/structLink〉
```

(그림 10-8) Structural Link 섹션의 예

Behavior 섹션은 METS 레코드 내에 수록된 콘텐츠를 이용하여 수행할 수 있는 모든 활동과 관련된 정보를 제공해 주는데 사용하는 항목이며, 〈behavior〉 요소를 사용하여 표현된다. 〈behavior〉 요소는 하위에 〈interfaceDef〉 및 〈mechanism〉 요소를 적용하고 있는데, 이는 〈behavior〉 요소를 통해 표현되는 사항들에 대한 구체적인 지시자(pointer)를 제공해 준다.

```
<behavior ID="DISS1.1" STRUCTID="S1.1"
 BTYPE="uva-bdef:stdImage"
 CREATED="2002-05-25T08:32:00" LABEL="UVA Std Image Disseminator"
 GROUPID="DISS1" ADMID="AUDREC1">
    <interfaceDef LABEL="UVA Standard Image Behavior Definition"
     LOCTYPE="URN" xlink:href="uva-bdef:stdImage"/>
    <mechanism LABEL="A NEW AND IMPROVED Image Mechanism"
     LOCTYPE="URN" xlink:href="uva-bmech:BETTER-imageMech"/>
</behavior>
```

(그림 10-9) Behavior 섹션의 예

제 11 장 메타데이터 상호운용성

제 11 장 메타데이터 상호운용성

11.1 메타데이터 상호운용성의 배경

다양한 정보자원이 복합적이고 이질적인 형태로 공존하는 현재의 정보환경에서 메타데이터는 정보자원의 관리와 검색을 신장시킬 수 있는 서지적 도구로 인식되어 왔다. 현재 메타데이터는 전통적인 인쇄형태에서부터 웹 상에 존재하는 디지털 형태에 이르기까지 다양한 유형의 정보자원을 기술하기 위한 포괄적인 '데이터에 관한 구조화된 데이터'로 사용되고 있다.

초창기의 메타데이터는 간단한 데이터 기술을 지칭하는 것으로 소개되었지만, 메타데이터의 개념이 여러 커뮤니티에서 다양한 목적을 충족시키기 위해 적용되면서 그 의미는 계속해서 진화하고 있다. 특히, 문헌정보학 분야에서의 메타데이터는 정보자원을 기술하는데 있어서 일관된 방식을 제공함으로써 정보자원이 지니고 있는 여러 가지 측면들을 체계화된 기본 단위로 구분하여 표현하고, 이를 기반으로 여러 커뮤니티가 정보자원의 기술사항을 서로 공유하는데 활용되고 있다.

하지만 정보기술이 급속하게 발전하면서 이전과는 다른 특성을 지닌 다양한 형태의 정보자원이 개발되어 왔으며, 각 커뮤니티에서는 해당 커뮤니티에서 활용하는 정보자원의 유형이나 형태에 특화된 메타데이터 스키마를 구축하거나 기존의 메타데이터 표준을 수정·변경해서 사용하고 있다(<표 11-1> 참조).

〈표 11-1〉 메타데이터 표준의 생성

메타데이터 표준	구축연도	발표연도	대상 정보자원
Text Encoding Initiative(TEI) Header	1987	1994	전자형태 텍스트
Dublin Core(DC)	1995	1995	디지털 정보자원
Encoded Archival Description(EAD)	1995	1996	고문서
Visual Resources Association(VRA) Core	1995	1996	시각자료
Government Information Locator Service(GILS)	1994	1997	정부자료
Consortium for Interchange of Museum Information(CIMI)	1995	1998	문화유산
Categories for the Description of Works of Art(CDWA)	1994	2000	예술작품

〈표 11-1〉에 나타난 바와 같이, 각 커뮤니티는 자신들이 주된 대상으로 다루고 있는 정보자원의 특성에 적합한 그리고 해당 커뮤니티의 고유한 특성과 목적을 충실하게 반영할 수 있는 메타데이터 스키마 혹은 메타데이터 표준을 구축해 왔다. 하지만 이들 메타데이터 스키마와 표준들은 해당 커뮤니티의 고유한 특성에 최적화된 것이기 때문에, 하나의 커뮤니티에서 구축한 메타데이터 표준을 다른 커뮤니티에 적용하는데 있어서는 여러 가지 어려움이 따르고 있다.

이러한 이유로 여러 커뮤니티에서는 자신들만의 고유한 메타데이터 표준을 계속해서 구축해 왔으며, 이는 각 커뮤니티에 특화된 이질적인 메타데이터 요소, 구문규칙, 구조 등을 지닌 메타데이터 표준의 범람이라는 현상을 초래하고 있다. 이러한 메타데이터 표준의 문제는 메타데이터 표준의 다양성에 기인하는 것이 아니라 메타데이터 표준 사이의 상호운용성을 저해하는 비호환성으로 인한 것이다.[1]

메타데이터 표준을 구축하는 가장 근본적인 목적은 정보자원을 기술하는데 있어 일관적인 방식을 적용함으로써 정보자원에 대한 기술사항을 상호 교환할 수 있도록 하는 것이다.[2] 하지만 비호환적인 메타데이터 표준을 사용하게 되면, 하나의 커뮤

[1] Christophe Blanch & Jason Petrone. 2001. Distributed Interoperable Metadata Registry. *D-Lib Magazine*, 7(12). Retrieved January 28, 2014 from http://dlib.org/dlib/december01/blanchi/12blanchi.html

[2] John Graybeal, Stephanie Watson & Philip Bogden. 2004. *Marine Metadata Interoperability: A*

니티에서 생성한 메타데이터 레코드는 다른 커뮤니티에서 사용하는 메타데이터 표준과는 다른 형식으로 구성되기 때문에, 동일한 정보자원에 대해서도 여러 커뮤니티가 메타데이터 레코드를 중복해서 작성해야 하는 비효율성이 발생하게 된다.

이외에도, 각각의 메타데이터 표준은 그 이질성 및 고유성으로 인해 다른 표준과는 독립적으로 존재하기 때문에, 하나의 메타데이터 표준은 하나의 커뮤니티에서만 고립되어 사용된다는 한계가 발생한다.

모든 커뮤니티가 단 하나의 범용 메타데이터 표준을 사용한다면, 이러한 모든 문제들을 이상적으로 해결할 수 있다. 하지만 다양한 형태로 생성되는 정보자원은 각 유형에 특화된 메타데이터 표준을 통해서 정확하게 기술될 수 있기 때문에, 범용 메타데이터 표준을 활용하는 것이 항상 바람직한 것은 아니다.[3] 이러한 문제를 해결하기 위해서 그리고 메타데이터 레코드를 보다 효율적으로 활용하기 위해서 문헌정보학계에서는 메타데이터 표준 사이의 이질성을 최소화하거나 메타데이터 표준 사이의 상호운용성을 지원할 수 있는 여러 가지 방안을 마련해 왔다.

11.2 메타데이터 상호운용성의 의미

메타데이터 측면에서의 상호운용성(interoperability)은 상당히 포괄적인 의미를 지닌 용어이며, 분야나 목적에 따라 다양한 방식으로 적용되고 있다. 일반적으로 상호운용성은 "둘 또는 그 이상의 시스템이나 구성요소가 특별한 노력 없이도 상호간에 정보를 교환하거나 교환된 정보를 활용하는 능력"으로 정의할 수 있다.[4] 하지만 상호운용성의 의미는 메타데이터 표준에 적용될 경우에는 보다 구체적으로 정의되고 있다.

Community Framework. American Geophysical Union, Fall Meeting 2004.

[3] Seungmin Lee. 2010. *Building Bridges: An Integrated Approach to Metadata Interoperability Using Concept Meta-Framework Interoperability Schema(CMF)*. Doctoral Dissertation. School of Library and Information Science, Indiana University at Bloomington, p.14.

[4] Seungmin Lee. 2010. *Building Bridges: An Integrated Approach to Metadata Interoperability Using Concept Meta-Framework Interoperability Schema(CMF)*. Doctoral Dissertation. School of Library and Information Science, Indiana University at Bloomington, pp.9-10.

메타데이터 상호운용성은 여러 가지 측면에서 정의할 수 있지만, 이들 대부분은 메타데이터 표준 사이의 이질적인 특성들을 제거함으로써 메타데이터 레코드를 효율적으로 공유하거나 재사용하는데 중점을 두고 있다. 그리고 "구문적, 구조적, 의미적 비일관성을 최소화함으로써 둘 또는 그 이상의 메타데이터 표준 사이에서 데이터를 교환하고, 이를 통해서 정보를 공유하거나 재사용할 수 있는 기회를 극대화하는 능력"으로 정의되기도 한다.[5] 이 정의의 핵심은 메타데이터 표준 사이에 존재하는 이질성을 제거함으로써 메타데이터 레코드를 명확하게 교환할 수 있도록 하는 메타데이터 표준의 확장성에 중점을 두는 것이다.[6][7]

상호운용성은 메타데이터 레코드를 상호 교환하는데 있어 여러 가지 장점을 지니고 있다. 상호운용성은 하나의 메타데이터 레코드를 생성하는 과정에서 여러 가지 메타데이터 표준을 활용할 수 있도록 해주며, 이를 기반으로 정확하고 상세하게 정보자원을 기술할 수 있도록 지원해 준다. 또한 각 커뮤니티에서는 상호운용성을 확보함으로써 여러 개의 메타데이터 표준으로부터 동일하거나 유사한 의미를 지닌 메타데이터 요소를 추출하고 이들 사이의 관계를 형성함으로써 다양한 메타데이터 레코드를 종합적으로 활용할 수 있게 된다.

이는 결국 메타데이터 상호운용성을 통해 기존의 메타데이터 레코드를 공유하거나 재사용할 수 있는 기반이 되고 있으며, 동일한 정보자원에 대해 여러 커뮤니티에서 메타데이터 레코드를 중복해서 생성하는 비효율성을 방지할 수도 있다. 또한 여러 커뮤니티에서 생성된 메타데이터 레코드를 특정 커뮤니티의 레코드에 효과적으로 통합할 수 있도록 해주는 장점을 지니고 있다.

---

[5] Paul Miller. 2000. Interoperability: What Is It and Why Should I Want It?. *Ariadne*, 24. Retrieved September 20, 2013 from http://www.ariadne.ac.uk/issue24/interoperability/

[6] William Y. Arms, et al. 2002. A Spectrum of Interoperability: The Site for Science Prototype for the NSDL. *D-Lib Magazine*, 8(1). Retrieved December 16, 2013 from http://www.dlib.org/dlib/january02/arms/01arms.html

[7] Erik E. Oltmans. 2001. *Metadata Interoperability*. Telematica Institute. Retrieved January 23, 2014 from https://doc.telin.nl/dsweb/Get/Document-14690/interoperability.pdf

메타데이터 표준 사이의 상호운용성을 확보하기 위해서는 궁극적으로 이질적인 메타데이터 표준을 의미적으로 통합해야 한다. 이를 위해서는 메타데이터 표준 사이의 일관성을 확보하는 과정이 선행되어야 한다.[8] 하지만 메타데이터 표준은 메타데이터 요소, 구문규칙, 구조 등 여러 가지 구성요소로 이루어져 있으며, 이들 구성요소들은 독립적으로 기능하는 것이 아니라 상호 연결되어서 종합적으로 기능을 수행한다. 따라서, 완전한 메타데이터 상호운용성을 확보하기 위해서는 이들 각각의 구성요소 수준에서의 일관성이 확보되어야만 한다.

11.3 메타데이터 상호운용성의 구분

메타데이터 표준 사이의 상호운용성을 확보하기 위해 문헌정보학계에서는 여러 가지 접근방법을 개발해 왔다. 현재까지 제안된 접근방법들은 공통적으로 메타데이터 표준을 구성하는 데이터 요소들 사이의 의미적 관계를 형성하는데 기반을 두고 있지만, 각각의 접근방법은 메타데이터가 지닌 여러 가지 측면 가운데 어떤 측면에 중점을 두는지에 따라 명확한 차이를 보이고 있다.

Chan & Zeng은 상호운용성을 확보하기 위한 접근방법을 메타데이터 표준 사이에 형성되는 관계의 수준에 따라서 크게 스키마 수준(schema level), 레코드 수준(record level), 리포지터리 수준(repository level)의 세 가지 카테고리로 구분하고 있다.[9]

스키마 수준은 메타데이터 요소에 중점을 두고 메타데이터 표준 사이의 상호운용성을 확보하는 방식이며, 크로스워크(crosswalk), 어플리케이션 프로파일(application profile), 레지스트리(registry) 등의 접근방법이 이에 해당된다. 레코드 수준은 메타데이터 요소의 매핑을 통해서 메타데이터 레코드를 통합하는 방식이며, 메타데이터 요소

[8] Tony Gill & Paul Miller. 2002. Re-Inventing the Wheel?: Standards, Interoperability and Digital Cultural Content. *D-Lib Magazine*, 8(1). Retrieved January 26, 2014 from http://www.dlib.org/dlib/january02/gill/01gill.html

[9] Lois Mai Chan & Marcia Lei Zeng. 2006. Metadata Interoperability and Standardization: A Study of Methodology, Part I. *D-Lib Magazine*, 12(6). Retrieved August 5, 2014 from http://www.dlib.org/dlib/june06/chan/06chan.html

매핑(element mapping)이나 데이터 통합(data integration) 등이 이에 포함된다. 리포지터리 수준은 특정 데이터 요소 및 관련된 요소값들을 상호 연결시켜 주는 방식을 통해서 상호운용성을 확보하는 접근방법이다. 메타데이터 리포지터리(metadata repository) 및 메타데이터 종합(aggregation) 등이 리포지터리 수준의 접근방법에 해당한다.

이외에도 메타데이터 상호운용성을 확보하는데 있어 실질적으로 적용될 수 있는 여러 가지 방법 또한 제시되어 왔다. Moen은 메타데이터 상호운용성을 확보하기 위한 메커니즘을 메타데이터 요소 매핑(element mapping) 및 크로스워크(crosswalks), 어플리케이션 프로파일(application profiles), 메타데이터 레지스트리(metadata registries), Resource Description Framework (RDF) 등의 네 가지 접근방법으로 구분하여 제시하고 있다.[10]

Moen에 따르면, 메타데이터 요소 매핑은 서로 다른 메타데이터 표준에 수록된 동일한 요소들을 의미적으로 식별하는 과정이며, 크로스워크는 메타데이터 요소 매핑을 위한 기본적인 이론을 실질적으로 실행시켜 주는 기반으로 설명하고 있다. 어플리케이션 프로파일은 메타데이터 표준에 대한 정보를 공유하기 위해 스키마 수준에서의 상호운용성을 확보하는 과정이며, 서로 다른 메타데이터 표준이 의미적으로 동일한 데이터 요소를 상호 교환하고 재사용할 수 있도록 해준다.

메타데이터 레지스트리는 기존의 메타데이터 요소를 재사용할 수 있도록 메타데이터 요소에 대한 색인을 제공해 주고 각각의 요소에 대한 명확한 정의를 내려주는 방법을 의미한다. RDF는 XML에 기반한 구문으로서, 메타데이터 레코드 내의 구성요소를 통합할 수 있는 프레임워크를 통해 메타데이터 상호운용성을 확보하는 접근방법이다. RDF 구문은 서로 다른 메타데이터 표준에 수록된 요소들을 하나의 메타데이터 레코드 내에서 활용할 수 있는 기반을 마련해 주기는 하지만, 구문규칙의 제공이라는 측면으로 그 적용범위가 한정된다는 점에서 다른 접근방법들과 차이를 보이고 있다.

---

[10] William E. Moen. 2004. *Metadata Interaction, Integration, and Interoperability*. Presentation in National Information Standards Organization(NISO) Workshop: Metadata Practices on the Cutting Edge, May 20, 2004, Washington, D.C.

Hodge는 메타데이터 상호운용성 접근방법 가운데 여러 커뮤니티에 걸쳐서 일반적으로 사용되고 있는 접근방법들을 구분하여 제시하고 있으며, 메타데이터 프레임워크(metadata framework), 크로스워크(crosswalk), 메타데이터 레지스트리(metadata registry) 등을 대표적인 접근방법으로 언급하고 있다.[11]

메타데이터 프레임워크는 다양한 메타데이터 표준을 하나의 표준화된 메타데이터 스키마로 통합하는 것이다. 이는 다른 메타데이터 표준이 참조할 수 있는 개념적인 구조를 제공해 주는 하나의 참조모델이라고 할 수 있다. 크로스워크는 하나의 메타데이터 표준에 수록된 데이터 요소, 의미, 구문 등을 다른 메타데이터 표준에 수록된 데이터 요소, 의미, 구문 등과 의미적으로 연결시키는 접근방법이며, 이를 통해 하나의 커뮤니티에서 구축된 메타데이터 표준을 다른 커뮤니티에서도 사용할 수 있도록 해준다는 장점이 있다. 크로스워크와 유사하게, 메타데이터 레지스트리 역시 메타데이터 요소 사이의 의미적 연결에 기반을 두고 있다. 하지만 메타데이터 레지스트리는 스키마 수준(schema level)에서 매핑이 이루어지는 반면, 크로스워크는 메타데이터 요소 수준(element level)에서 매핑이 이루어진다는 차이가 있다.

11.4 메타데이터 상호운용성 접근방법

현재까지 문헌정보학계에서는 메타데이터 상호운용성을 확보하기 위한 여러 가지 접근방법이 제안되어 왔다. 이들 접근방법은 그 적용되는 상황이나 목적에 따라 고유한 특성을 지니고 있지만, 현재 문헌정보학 분야에서 널리 사용되는 접근방법으로는 메타데이터 프레임워크(uniform metadata framework), 메타데이터 요소 매핑(element mapping), 크로스워크(crosswalk), 어플리케이션 프로파일(application profile), 메타데이터 레지스트리(metadata registry) 등을 들 수 있다.

[11] Gail Hodge. 2005. Metadata for Electronic Information Resources: From Variety to Interoperability. *Information Services & Use*, 25(1), p.40.

11.4.1 메타데이터 프레임워크

메타데이터 프레임워크(uniform metadata framework)는 이질적인 메타데이터 표준 사이의 상호운용성을 극대화할 수 있는 가장 이상적인 방안으로 제안되었다. 이 접근방법은 하나의 표준화된 메타데이터 스키마로 모든 유형의 정보자원을 기술할 수 있다면 메타데이터 상호운용성이라는 문제를 가장 효과적으로 해결할 수 있다는 가정에서 출발한다.

하나의 표준화된 메타데이터 표준을 사용하게 되면 다양한 정보자원을 일관성 있는 방식으로 기술할 수 있으며, 모든 메타데이터 레코드는 동일한 형식으로 작성될 수 있다. 이를 통해, 여러 커뮤니티에 걸쳐서 메타데이터 레코드를 체계적으로 관리하고 조직할 수 있게 되며, 메타데이터 레코드 사이에 높은 수준의 일관성을 확보할 수 있다. 또한 메타데이터 레코드가 정보의 손실 없이 교환되고 재사용될 수 있다는 장점을 지니고 있다.

이 접근방법은 도서관계에서는 MAchine Readable Cataloging(MARC)의 형태로 50여 년간 사용되어 왔으며, 메타데이터 상호운용성을 위한 가장 이상적인 해결책이 되어 왔다. 현재 메타데이터 프레임워크로 사용될 수 있는 메타데이터 표준으로는 MARC와 Dublin Core 등을 들 수 있다. 이들 메타데이터 표준은 전 세계적

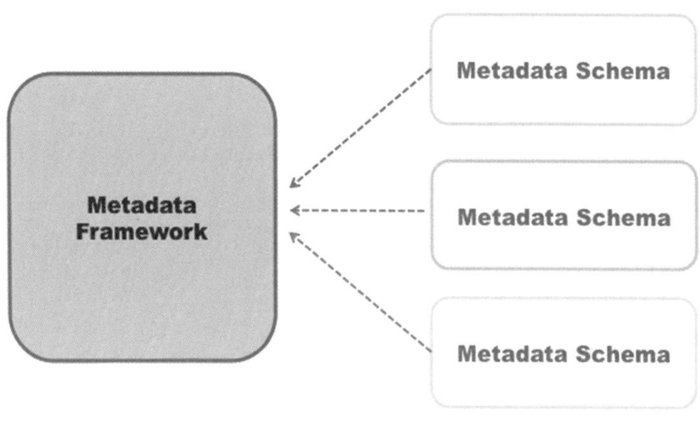

(그림 11-1) 메타데이터 프레임워크의 구조

으로 널리 사용되는 범용적인 메타데이터 표준으로 인식되고 있으며, 여러 커뮤니티에 걸쳐서 다양한 정보자원을 기술하는데 손쉽게 적용될 수 있다는 특성이 있다.

메타데이터 프레임워크 접근방법은 메타데이터 개발 초기에는 유용하게 사용될 수 있는 방법이었다. 하지만 수많은 메타데이터 표준들이 구축되고 이를 통해 다양한 정보자원이 이질적인 방식으로 기술되고 있는 현재의 메타데이터 환경에서 이 접근방법을 적용할 경우, 기존의 메타데이터 레코드를 메타데이터 프레임워크로 선정된 메타데이터 표준의 형식에 맞게 모두 재작성해야 한다.

이는 현실적으로 불가능한 일이며, 따라서 이 접근방법은 더 이상 적용이 가능하지 않다고 볼 수 있다. 또한 메타데이터 프레임워크는 모든 유형의 정보자원을 다룰 수 있을 정도로 포괄적이어야 하며 또한 상세하게 정보자원을 기술할 수 있어야 한다. 하지만 현재의 메타데이터 환경에서 이러한 조건을 모두 충족시켜 주는 메타데이터 표준은 현재로서는 존재하지 않고 있다.

11.4.2 메타데이터 요소 매핑

메타데이터 요소 매핑(element mapping)은 각각의 메타데이터 표준이 지니고 있는 형식과 구조가 상호운용성을 확보하는 과정에서 그대로 유지되어야 한다는 실질적인 관점에서 접근하는 방법이다. 메타데이터 요소 매핑에서는 하나의 메타데이터 표준에 수록된 각각의 데이터 요소들이 다른 메타데이터 표준에 수록된 동일한 혹은 유사한 의미를 지닌 요소와 의미적으로 짝을 이루게 된다. 이를 통해서 하나의 메타데이터 표준을 이용해 작성된 메타데이터 레코드가 다른 메타데이터 표준과 연결되는 방식을 취하고 있다.[12]

[12] Corporation for Public Broadcasting(CPB). 2005. Mapping PBCore to Other Metadata Standards. In *User Guide to PBCore*, version 1.1. Retrieved February 11, 2014 from http://www.pbcore.org/PBCore/PBCore_Mappings.html

메타데이터 요소 매핑은 각각의 데이터 요소가 지닌 의미를 확인하는데 기반을 두고 있다. 따라서 이는 메타데이터 표준 사이의 의미적 상호운용성을 확보하는데 중점을 두고 있으며, 메타데이터 레코드의 교환·공유·재사용을 주된 목적으로 하는 접근방법이라고 볼 수 있다.[13] 일반적으로 메타데이터 요소 매핑은 두 개의 메타데이터 표준 사이에서 이루어지는데, 하나의 메타데이터 표준에 수록된 데이터 요소는 다른 메타데이터 표준에 수록된 요소 가운데 동일하거나 유사한 의미를 지닌 요소와 대응하는 것으로서의 관계가 형성된다.[14]

대표적인 메타데이터 요소 매핑으로는 미국의회도서관에서 수행한 Dublin Core와 USMARC 사이의 요소 매핑을 들 수 있으며, 이외에도 MARC21과 Dublin Core 사이의 요소 매핑, USMARC와 EAD 사이의 요소 매핑 등이 수행되었다.

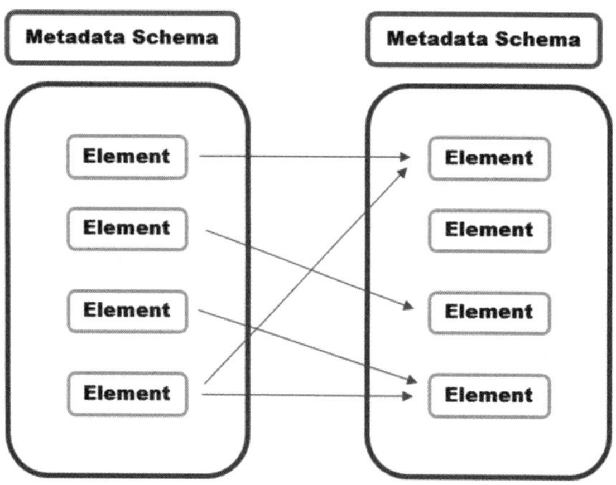

(그림 11-2) 메타데이터 요소 매핑

---

[13] Mary S. Woodley. 2000. Crosswalks: The Path to Universal Access?. In Baca, Murtha. eds. *Introduction to Metadata: Pathways to Digital Information*. Getty Research Institute, Los Angeles, CA. Retrieved November 30, 2013 from http://www.getty.edu/research/conducting_research/standards/intrometadata/path.html

[14] Marcia Lei Zeng & Lois Mai Chan. 2006. Metadata Interoperability and Standardization: A Study of Methodology, Part II: Achieving Interoperability at the Record and Repository Levels. *D-Lib Magazine*, 12(6). Retrieved November 21, 2013 from http://www.dlib.org/dlib/june06/zeng/06zeng.html

Dublin Core	UNIMARC
Title	200 $a Title Proper 200 $e Other Title Information (for subtitle) 517 $a Other Variant Titles (for other titles)
Creator	700 $a Personal Name - Primary Intellectual Responsibility, or if more than one: 701 $a Personal Name - Alternative Intellectual Responsibility 710 $a Corporate Body Name - Primary Intellectual Responsibility, or: 711 $a Corporate Body Name - Alternative Intellectual Responsibility 200 $f First Statement of Responsibility
Subject	610 $a Uncontrolled Subject Terms 606 Topical Name Used as Subject (for LCSH and MeSH) 675 UDC 676 DDC 680 LCC 686 Other Classification Systems
Description	330 $a Summary or Abstract
Publisher	210 $c Name of Publisher, Distributor, etc.
Contributors	701 $a Personal Name - Alternative Intellectual Responsibility 711 $a Corporate Body Name - Alternative Intellectual Responsibility 200 $g Subsequent Statement of Responsibility (if role known)
Date	210 $d Date of Publication, Distribution, etc.
Type	608 Form, Genre or Physical Characteristics Heading
Format	336 $a Type of Computer File (provisional)
Identifier	001 (mandatory for UNIMARC) 010 (ISBN) 011 (ISSN) 020 (National Bibliography Number) 300 $a General Note (for URL)
Source	324 Original Version Note
Language	101 Language of the Item 300 General Note
Relation	300 General Note
Coverage	300 General Note
Rights	300 General Note

(그림 11-3) 메타데이터 요소 매핑의 예(Dublin Core to UNIMARC)[15]

[15] Mapping from Dublin Core to UNIMARC. Retrieved February 13, 2016 from http://www.ukoln.ac.uk/metadata/interoperability/dc_unimarc.html

메타데이터 요소 매핑은 메타데이터 상호운용성을 확보하는데 있어서 가장 널리 사용되는 접근방법 가운데 하나이다. 이는 메타데이터 요소 사이의 관계를 형성하는 과정에서 특정한 모델이나 형식을 필요로 하지 않기 때문에 매핑의 결과가 단순한 형태로 나타날 수 있으며, 이로 인해서 메타데이터 레코드의 교환이나 공유가 손쉽게 이루어질 수 있다는 장점이 있다. 또 다른 장점으로는 메타데이터 요소 사이의 관계가 각각의 요소가 지닌 의미에 기반을 두고 있기 때문에, 요소의 매핑이 메타데이터 표준의 구조를 변경하거나 수정하지 않는다는 것을 들 수 있다.

이와 같이, 메타데이터 요소 매핑은 메타데이터 상호운용성의 확보에 있어서 비교적 간단하게 적용할 수 있는 방법이다. 하지만 단순한 매핑의 과정과 그 결과의 모호성으로 인해서 여러 가지 실제적인 문제 또한 지니고 있다. 대표적인 문제로는 매핑의 과정에서 발생하는 요소의 누락(missing element)을 들 수 있다. 이는 하나의 메타데이터 표준에 수록된 요소가 다른 메타데이터 표준에 수록된 요소 가운데 의미적으로 상응하는 요소를 발견할 수 없는 경우에 발생한다. 요소의 누락은 메타데이터 표준의 구조적인 차이에서 발생하기도 하며, 각 메타데이터 표준에 수록된 요소의 세부성의 정도에 기인하기도 한다.[16]

메타데이터 표준 사이에 세부성의 차이가 발생할 경우, 하나의 메타데이터 표준에 수록된 모든 요소가 다른 메타데이터 표준에 수록된 요소와 모두 대응할 수는 없으며, 이로 인해서 많은 메타데이터 요소가 매핑의 과정에서 누락될 수 있다는 문제가 발생하고 있다. 이러한 이유로, 두 개의 메타데이터 표준이 유사한 메타데이터 요소를 지니고 있거나 동일한 정도의 세부성을 지니고 있지 않는 한 메타데이터 요소 매핑은 신뢰성 있는 상호운용성을 확보하기가 어렵다는 한계를 지니고 있다. 메타데이터 요소 매핑은 사람의 통제가 필요한 접근방법이기 때문에, 비일관적이거나 임의적인 매핑의 결과가 발생할 수 있다는 문제 또한 지적되고 있다.[17]

---

[16] John S. Kendall. 2003. The Use of Metadata for the Identification and Retrieval of Resources for K-12 Education. In *Proceedings of the 2003 Dublin Core Conference: Supporting Communities of Discourses and Practice - Metadata Research and Applications*, September 28-October 2, 2003, Seattle, Washington.

[17] Dennis Nicholson & Ali Shiri. 2003. Interoperability in Subject Searching and Browsing. *OCLC Systems & Services*, 19(2), p.59.

11.4.3 크로스워크

크로스워크(crosswalks)는 하나의 메타데이터 표준에 수록된 다양한 메타데이터 요소를 다른 메타데이터 표준에 수록된 요소와 의미적으로 상호 연결시킴으로써 메타데이터 표준 사이의 상호운용성을 확보하는 접근방법이다. 크로스워크는 메타데이터 요소 사이의 매핑에 기반을 두고 있기 때문에, 메타데이터 요소 매핑과 동일한 접근방법으로 여겨지기도 한다.[18] 하지만 크로스워크와 메타데이터 요소 매핑은 메타데이터 상호운용성을 확보하는데 있어서 근본적으로 다른 접근방식을 취하고 있다.

크로스워크는 하나의 메타데이터 표준에 수록된 데이터 요소, 구문, 구조 등을 다른 메타데이터 표준의 요소, 구문, 구조 등과 연결시킴으로써 메타데이터 표준 사이의 관계를 형성해 주는데, 이때 형성되는 연결구조는 메타데이터 표준 사이에서 양방향으로 형성된다. 이는 메타데이터 요소 매핑과 유사한 과정이라고 볼 수 있지만, 크로스워크는 셋 이상의 메타데이터 표준에서 양방향적으로 주로 적용되는 반면, 메타데이터 요소 매핑은 두 개의 메타데이터 표준 사이에서 일방향적으로 이루어진다는 차이를 보이고 있다.

크로스워크는 스키마 수준(schema level)에서 이루어지지만, 메타데이터 요소 매핑은 요소 수준(element level)에서 이루어진다는 차이 또한 보이고 있다. 스키마 수준에서의 매핑은 각 메타데이터 표준의 의미적 구조와 구문을 고려하여 이루어지며, 이는 하나의 메타데이터 표준에 수록된 요소의 의미를 다른 메타데이터 표준에 적합한 것으로 변환시켜 주는 과정을 기반으로 한다. 따라서 크로스워크는 직접적이고 단순한 요소 매핑이라기보다는 메타데이터 요소의 의미적 변환에 중점을 두는 접근방법이라고 할 수 있다.[19]

이러한 측면에서 보면, 메타데이터 요소 매핑은 데이터 요소 사이의 매핑 자체에 중점을 두는 반면, 크로스워크는 하나의 메타데이터 표준을 다른 메타데이터 표준과 의미적으로 연결시키기 위한 기술지침서와 같은 역할을 수행한다.[20]

---

[18] Norm Medeiros. 2006. Metadata in a Global World. *OCLC Systems & Services*, 22(2), p.89.
[19] Roy Tennant. 2004. A Bibliographic Metadata Infrastructure for the Twenty-First Century. *Library Hi Tech*, 22(2), p.178.

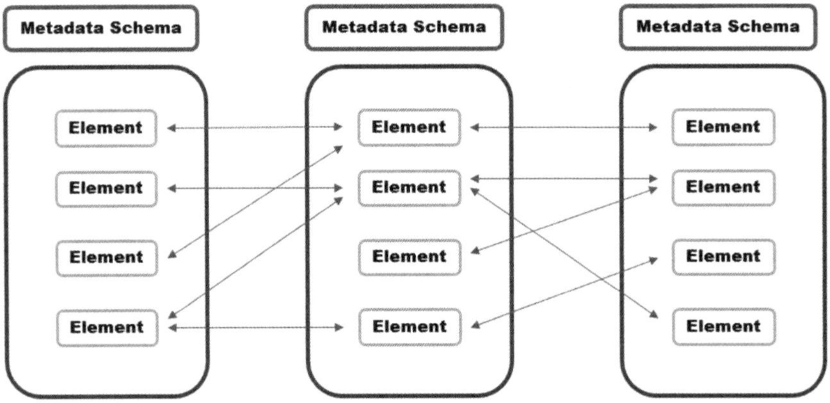

(그림 11-4) 메타데이터 스키마 사이의 크로스워크

메타데이터 표준 사이의 크로스워크를 수행한 결과는 일반적으로 테이블이나 표의 형태로 나타난다. 이를 통해, 크로스워크는 각기 다른 메타데이터 표준에 수록된 메타데이터 요소 사이의 기능적 혹은 의미적 유사성을 시각적으로 표현해 주며, 특정 메타데이터 표준을 여러 메타데이터 표준과 의미적으로 연결시켜 주는 기반이 된다.[21][22]

현재 크로스워크는 메타데이터 상호운용성을 확보하기 위한 접근방법으로 여러 커뮤니티에 걸쳐 널리 사용되고 있으며, MARC, MODS, Dublin Core 등 도서관계에서 사용되는 메타데이터 표준이 포함된 크로스워크가 상당히 다양하게 이루어지고 있다. 대표적인 크로스워크로는 Getty Institute에서 수행한 Crosswalk of Metadata Element Sets for Art, Architecture, and Cultural Heritage Information and Online Resources를 들 수 있으며, 미국의회도서관에서도 MARC 필드를 Dublin Core의 요소 및 Global Information Locator Service(GILS) 메타데이터의 속성과 연결시킨 Dublin Core/MARC/GILS Crosswalk[23] 등 다양한 크로스워크를 수행해 왔다.

---

[20] Margaret St. Pierre & William P. LaPlant, Jr. 1998. *Issues in Crosswalking Content Metadata Standards*. National Information Standards Organization(NISO) White Paper. Retrieved November 27, 2007 from http://www.niso.org/press/whitepapers/crsswalk.html

[21] William E. Moen. 2004. *Metadata Interaction, Integration, and Interoperability*. Presentation in National Information Standards Organization(NISO) Workshop: Metadata Practices on the Cutting Edge, May 20, 2004, Washington, D.C.

[22] Javier Nogueras-Iso, et al. 2003. Metadata Standard Interoperability: Application in the Geographic Information Domain. *Computers, Environment and Urban Systems*, 28(6), p.614.

VRA Core	MARC/AACR [RDF coming soon]	MODS	Dublin Core	DACS
<vra: work> or <vra: collection>	655 Genre/Form 300a Physical Description - Extent	<genre> <extent>		1 Levels of Description
<vra: worktype> in <vra: work> or <vra: collection>	655 Genre - Form	<genre>	Type	3.1 Scope and Content
	300a Physical Description - Extent	<extent>	Format.Extent	2.5 Extent 3.1 Scope and Content
				5.4 Accruals
	050 084 "Other classification number"	<classification>	Subject (classification schema)	

(그림 11-5) 메타데이터 표준 사이의 크로스워크[24]

크로스워크는 메타데이터 요소 사이의 의미적 관계를 단순한 형태로 시각화하기 때문에 상이한 메타데이터 표준 사이의 공통점과 차이점을 효과적으로 파악할 수 있으며, 이를 통해 여러 개의 이질적인 메타데이터 표준을 동시에 활용할 수 있도록 접근성을 높여준다.[25] 익숙하지 않은 새로운 메타데이터 표준을 사용해야 할 경우에도 크로스워크를 이용한 기존 메타데이터 표준과의 연결을 통해 새로운 메타데이터 표준의 의미적 구조나 구문 등을 보다 쉽게 파악할 수 있게 된다. 이러한 장점

[23] Library of Congress. 2001. *Dublin Core/MARC/GILS Crosswalk*. Retrieved October 16, 2013 from http://www.loc.gov/marc/dccross.html

[24] Getty Research Institute. 2008. *Introduction to Metadata*, Online Edition, version 3.0. Retrieved August 6, 2014 from http://www.getty.edu/research/publications/electronic_publications/intrometadata/crosswalks.html

[25] Prisilla Caplan. 2003. *Metadata Fundamentals for All Librarians*. Chicago, IL: American Library Association, pp.38-39.

으로 인해, 크로스워크는 메타데이터 상호운용성을 확보하는데 있어서 상당히 효과적인 접근방법의 하나로 인식되고 있다.

반면, 크로스워크는 메타데이터 표준 사이의 상호운용성을 완전하게 지원하지는 못한다는 한계 또한 지니고 있다. 크로스워크는 스키마 수준에서 메타데이터 요소를 의미적으로 변환하기 위해 고안된 접근방법이지만, 대부분의 크로스워크는 요소 사이의 단순한 매핑에 집중하고 있어 메타데이터 요소 매핑과 크로스워크가 동일시되는 경향을 보이기도 한다. 또한, 크로스워크는 사람의 수작업이 개입되어야 하는 과정이기 때문에 크로스워크를 수행하는 사람에 따라서 비일관적이거나 편향적인 요소 매핑이 이루어질 우려가 있다.[26]

메타데이터 요소 매핑과 마찬가지로, 크로스워크 역시 메타데이터 표준의 세부성에 따라 영향을 받기도 하는데, 각 메타데이터 표준의 세부성의 정도에 따라 크로스워크의 과정 중에 많은 메타데이터 요소들이 누락되는 경우가 발생하고 있다. 이 외에도, 각각의 메타데이터 표준이 업데이트되거나 새로운 요소가 추가될 경우에는 크로스워크의 전체 연결이 다시 이루어져야 하기 때문에, 크로스워크의 생명력이 짧다는 한계 또한 문제로 지적되고 있다.[27]

11.4.4 어플리케이션 프로파일

다양한 정보자원을 기술하는데 필요한 모든 조건과 상황을 하나의 메타데이터 표준이 모두 충족시키는 것은 현실적으로 거의 불가능한 일이다. 이에 문헌정보학계에서는 각기 다른 메타데이터 표준에 수록된 데이터 요소의 의미와 기능을 상세하게 정의하고 이들 요소를 특정 상황에 맞게 활용할 수 있도록 메타데이터 어플리케이션(metadata application)을 구축하여 정보자원의 기술에 적용하고 있다.

---

[26] Carol J. Godby, Jeffrey A. Young & Eric Childress. 2004. A Repository of Metadata Crosswalks. *D-Lib Magazine*, 10(12). Retrieved October 2, 2013 from http://www.dlib.org/dlib/december04/godby/12godby.html

[27] Margaret St. Pierrer & William P. LaPlant Jr. 1998. *Issues in Crosswalking Content Metadata Standards*. National Information Standards Organization(NISO) White Paper. Retrieved November 27, 2007 from http://www.niso.org/press/whitepapers/crsswalk.html

어플리케이션 프로파일은 각기 다른 메타데이터 표준에 수록된 요소들 가운데 동일하거나 유사한 목적으로 고안된 요소들을 모아서 유사한 유형의 정보자원을 기술하는데 종합적으로 활용할 수 있도록 해주며, 이를 통해 다양한 메타데이터 요소들을 안정적으로 재사용할 수 있도록 하기 위한 목적으로 고안되었다.

하지만 메타데이터 어플리케이션은 일반적인 상황에 적용하기 위한 것이 아니라, 특정 커뮤니티가 지니고 있는 고유한 요구를 충족시키기 위하여 각각의 메타데이터 요소들을 해당 커뮤니티의 상황에 최적화시킴으로써 커뮤니티에 특화된 정보자원의 기술을 지원하기 위한 접근방법이다. 이는 일부 커뮤니티에 의해서 오랜 기간 동안 적용되어 오기는 했지만 구체화된 접근방법이 제시되지는 않았으며, 특수한 목적을 충족시키기 위해서 다양한 메타데이터 표준에 수록된 요소들을 고유한 방식으로 재구축하는 것으로 인식되어 왔다.[28]

Dublin Core Metadata Initiative(DCMI)에서는 어플리케이션 프로파일에 대해 "특정 커뮤니티가 자신들이 사용하는 메타데이터 요소나 구문 등에 대해 명확하게 규정해 놓은 것이다. 넓은 의미에서 어플리케이션 프로파일은 특정 메타데이터 어플리케이션을 실행하는데 필요한 메타데이터 요소, 규정, 기술지침서(specification) 등을 의미한다"라고 어플리케이션 프로파일을 설명하고 있다.

이 정의에 기반해서 보면, 어플리케이션 프로파일은 다양한 메타데이터 표준에서 사용되는 데이터 요소, 구문, 규칙 등을 상세하게 정의함으로써 정보자원을 기술하는데 있어서 여러 가지 메타데이터 표준을 특정 상황에 맞는 특화된 방식으로 적용할 수 있도록 해주며, 이를 통해서 메타데이터 상호운용성을 확보하는 접근방법이라고 할 수 있다.

일반적으로 어플리케이션 프로파일은 메타데이터 표준의 구조적, 구문적 특성뿐만 아니라 특정 메타데이터 어플리케이션에서 사용되는 메타데이터 요소의 의미를 상세하게 설명해 준다. 필수요소 혹은 선택요소 등과 같이 메타데이터 요소의 사용방식을 규정하기도 하고, 메타데이터 요소들 사이의 의미적 관계를 형성하기도 한다.

---

[28] DELOS Working Group on Registries. 2002. *Principles of Metadata Registries: A White Paper of the DELOS Working Group on Registries*. Retrieved December 9, 2013 from http://delos-noe.iei.pi.cnr.it/activities/standardizationforum/Registries.pdf

어플리케이션 프로파일을 구축하기 위해서는 어떤 메타데이터 표준에 수록된 요소가 어플리케이션 프로파일의 대상이 되는지를 반드시 명시해 주어야 한다. 네임스페이스(namespace)를 이용하여 대상이 되는 메타데이터 요소 세트를 명시해 주는 것이 일반적으로 적용되는 방식이다. 네임스페이스는 어플리케이션 프로파일 내에 적용되는 요소들이 어떤 메타데이터 표준에서 사용되고 있는 것인지를 확인해 주고, 각각의 요소가 지닌 의미와 특성을 다른 메타데이터 표준이 재사용할 수 있도록 해준다.[29] 이를 통해 어플리케이션 프로파일은 다양한 메타데이터 표준에 수록된 요소들을 특정 상황에 맞게 선택하여 활용할 수 있도록 해주며, 이는 결국 메타데이터 사이의 의미적 연결을 통한 메타데이터 상호운용성의 확보로 이어지게 된다.

이와 같이, 어플리케이션 프로파일은 여러 메타데이터 표준에서 사용하는 각각의 요소들의 의미와 기능을 종합적으로 명시해 주는 기능을 수행하지만, 어플리케이션 프로파일 자체에서는 새로운 메타데이터 요소를 정의하거나 선언하지는 않는다. 다만, 하나 또는 그 이상의 네임스페이스로부터 추출한 메타데이터 요소를 재사용하며, 그 요소들의 의미를 재설정해 주고, 요소의 값이 지닌 데이터 유형이나 값으로 사용할 수 있는 어휘 등을 지정해 준다.

이러한 기능을 통해 각각의 메타데이터 표준은 정보자원을 기술하는데 있어 어플리케이션 프로파일에 포함된 다양한 메타데이터 요소를 활용할 수 있으며, 다른 메타데이터 표준과의 의미적 연결 또한 확보할 수 있다. 여러 메타데이터 표준에 수록된 다양한 요소를 활용할 수 있기 때문에 특정 커뮤니티의 상황에 특화된 요소들을 선택적으로 활용함으로써 보다 풍부하고 상세한 메타데이터 레코드를 생성할 수 있다는 장점을 지니고 있다.

[29] Rachel Heery & Manjula Patel. 2000. Application Profiles: Mixing and Matching Metadata Schemas. *Ariadne*, 25. Retrieved January 23, 2014 from http://www.ariadne.ac.uk/issue25/app-profiles/

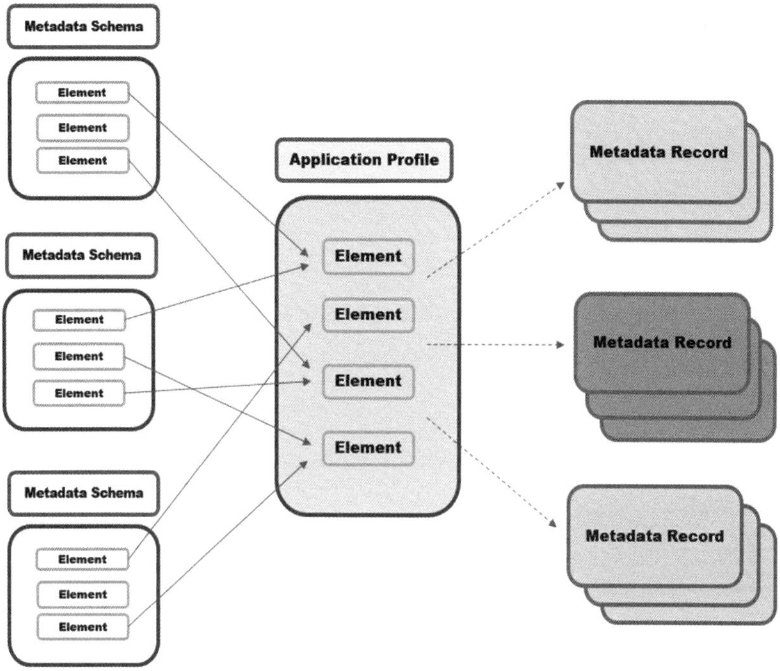

(그림 11-6) 어플리케이션 프로파일의 구조

어플리케이션 프로파일을 이용해 다른 메타데이터 표준에 수록된 요소를 차용하거나 활용하기 위해서는 어플리케이션 프로파일이 적용되는 방식을 구체화시켜 설정해 주는 기술지침서(specification)가 마련되어야 한다.[30] 기술지침서는 메타데이터 요소들이 특정한 상황에 최적화된 방식으로 활용될 수 있도록 그 의미를 한정해 주고, 인코딩 방식을 규정하며, 적용되는 방식을 설정해 준다.[31][32] 따라서 기술지침서를 마련하는 것은 어플리케이션 프로파일을 구축하고 실행하는데 있어서 가장 핵

[30] Rachel Heery & Manjula Patel. 2000. Application Profiles: Mixing and Matching Metadata Schemas. *Ariadne*, 25. Retrieved January 23, 2014 from http://www.ariadne.ac.uk/issue25/app-profiles/

[31] Thomas Baker. 2003. *DCMI Usage Board Review of Application Profiles*. Retrieved March 9, 2014 from http://dublincore.org/usage/documents/profiles/index.shtml

[32] Diane I. Hillmann & Jon Phipps. 2007. Application Profiles: Exposing and Enforcing Metadata Quality. In *Proceedings of the International Conference on Dublin Core and Metadata Applications*, August 27-31, 2007, Singapore, p.56.

심적인 과정이라고 할 수 있으며, 어플리케이션 프로파일은 정형화된 기술지침서가 없으면 완전한 어플리케이션 프로파일로 인정받지 못하고 있다.[33]

현재까지 특정 상황에 적용할 수 있는 다양한 어플리케이션 프로파일이 구축되어 왔으며, 대표적인 어플리케이션 프로파일로는 Gateway to Educational Materials (GEM) Profile[34], Agricultural Learning Resource AP(Ag-LRAP) 등을 들 수 있다.

Element Name	Mapped to Dublin Core	Obligation	Vocabulary/ Encoding Scheme	Input Guidelines
Title/Name of Bridge	Title	Required		Construct a title giving the name of the bridge first, when known, followed by the county, and the state. If the name of the bridge is not known, give the type of bridge in its place, followed by county and state.
Date of Construction	Date Created	Required if Available	W3CDTF when applicable	Give a certain date or date range whenever possible, including month and day if known. For uncertain but probable dates, add a question mark. Give the decade as in the example if known to be in that decade but exact year is unknown.
Architect or Firm	Creator	Required if Available		
Type of Bridge	Subject	Required	LCTGM	Terms must be taken from the Library of Congress Thesaurus for Graphic Materials.
Bridge Dimensions	Format Extent	Required if Available		Include whatever dimensions are available from a reliable source
County	Coverage Spatial	Required	Local authority file	Use the local list of Wisconsin county names.
Resource Type	Type	Required	DCMIType	Use Still Image for all items in this collection
Photographer	Creator	Required if Available	LCNAF when applicable	Use the form of name established in the LC Name Authority File when present. When not, follow the format of giving last name, first name, and add middle name or initial, date of birth and/or date of death, if known, as illustrated in the examples.
Date of Photograph	Date Created	Required if Available	W3CDTF when applicable	Follow the same guidelines as for Date of Construction. The examples here illustrate additional possible variants.
Original Photograph Size	Format Extent	Required if Available		Give the dimensions of a slide in millimeters and of a photoprint in inches

(그림 11-7) 어플리케이션 프로파일의 예[35]

[33] Jane Greenberg & Thomas Severiens. 2007. DCMI-Tools: Ontologies for Digital Application Description. In *Proceedings of ELPUB Conference*, June 13-15, 2007, Vienna, Austria, pp.437-444.

[34] Stuart A. Sutton. 1998. Gateway to Educational Materials(GEM): Metadata for Networked Information Discovery and Retrieval. In *Proceedings of the 7th International Conference on World Wide Web 7*, April 14, 1998, Brisbane, Australia. Retrieved November 15, 2014 from http://www7.scu.edu.au/1897/com1897.htm

[35] Steven J. Miller. 2011. *Metadata for Digital Collections: A How-to-Do-It Manual*. New York, NY: Neal-Schuman Publishers.

어플리케이션 프로파일의 장점 가운데 하나는 다양한 커뮤니티에서 구축된 여러 가지 메타데이터 표준의 요소들을 일관적으로 통합할 수 있는 기능을 제공해 줌과 동시에 특정 커뮤니티의 요구에 최적화된 독립적인 메타데이터 스키마를 형성해 준다는 점을 들 수 있다.[36] 어플리케이션 프로파일의 또 다른 특징으로는 기술지침서 자체를 들 수 있다.

이는 다양한 메타데이터 요소가 적용될 수 있는 상황을 구체적으로 명확하게 설정해 줌으로써 여러 메타데이터 표준에 수록된 유사한 메타데이터 요소를 한 곳에 모아주고, 그 요소들의 의미를 설명, 제한, 확장할 수 있도록 해준다. 이러한 장점으로 인해, 어플리케이션 프로파일은 메타데이터 상호운용성을 확보하는데 있어서 효과적인 접근방법 중의 하나로 인정받고 있다.

반면, 어플리케이션 프로파일은 근본적으로 동일하거나 유사한 의미를 지닌 요소들을 의미적으로 상호 연결시키는 요소 매핑의 방식에 기반을 두고 있기 때문에, 요소의 매핑이 정확하게 이루어지지 않는다면 메타데이터 표준 사이의 관계를 명확하게 설정할 수 없게 된다. 또한, 특정 분야에 특화되어 구축된다는 어플리케이션 프로파일의 특성은 메타데이터 상호운용성을 확보하는데 있어서는 여러 가지 한계를 가져올 수도 있다.

특정 분야에 특화된다는 것은 해당 커뮤니티의 고유한 목적을 효과적으로 충족시킬 수 있다는 측면에서는 장점이라고 볼 수 있다. 하지만 이러한 특화된 접근방법은 다양한 커뮤니티의 고유한 목적을 충족시키기 위해 수많은 어플리케이션 프로파일이 생성될 수 있다는 위험성 또한 내포하고 있다. 이러한 경우, 각각의 커뮤니티에서 사용하는 어플리케이션 프로파일을 공유하기 위해 어플리케이션 프로파일에 대한 어플리케이션 프로파일, 즉 메타 어플리케이션 프로파일이 구축되어야 할 수도 있다.

---

[36] Erik Duval, et al. 2002. Metadata Principles and Practicalities. *D-Lib Magazine*, 8(4). Retrieved August 2, 2014 from http://www.dlib.org/dlib/april02/weibel/04weibel.html

11.4.5 메타데이터 레지스트리

메타데이터 스키마 레지스트리(metadata schema registry) 혹은 메타데이터 레지스트리(metadata registry)는 이질적인 메타데이터 표준을 전체적으로 관리하고 통제함으로써 메타데이터 상호운용성을 확보하는 접근방법으로 사용되고 있다. 다양한 분야에 걸쳐서 수많은 메타데이터 표준이 구축됨에 따라, 메타데이터 레지스트리는 각각의 메타데이터 표준에 대한 신뢰성 있는 정보를 제공해 주고 이를 공유하는데 있어서 중요한 역할을 수행하고 있다.[37] 특히, 메타데이터 레지스트리는 지금까지 제안된 메타데이터 상호운용성 접근방법이 지니고 있는 여러 가지 한계와 문제들을 해결할 수 있는 가장 효과적인 접근방법으로 인식되고 있다.

메타데이터 레지스트리 접근방법은 여러 메타데이터 표준으로부터 동일하거나 유사한 의미를 지닌 메타데이터 요소를 추출하여 이를 데이터베이스 형식으로 한 곳에 등록하여 관리하는 방식이다. 따라서 메타데이터 레지스트리는 여러 개의 메타데이터 표준으로부터 추출한 각각의 요소에 대해 신뢰성 있는 정보를 기록하고 저장하는 데이터베이스라고 할 수 있다. 이들 정보를 기록하고 관리함으로써, 메타데이터 레지스트리는 메타데이터 요소를 표준화된 방식으로 표현해 줄 수 있으며, 서로 다른 메타데이터 표준에 수록된 요소들을 추적하고 출처를 확인할 수 있도록 해준다.[38]

또한 각각의 메타데이터 요소를 식별하고 재사용할 수 있게 함으로써 다양한 메타데이터 표준에 대해 여러 가지 경로로 분산된 접근을 가능하게 한다. 이와 함께, 메타데이터 요소의 값이 선정될 수 있는 통제어휘(controlled vocabulary)를 제공하여 다양한 메타데이터 표준이 체계적이고 일관된 방식으로 관리될 수 있는 기반을 마련해 준다.[39]

---

[37] Mitsuharu Nagamori & Shigeo Sugimoto. 2007. Using Metadata Schema Registry as a Core Function to Enhance Usability and Reusability of Metadata Schemas. In *Proceedings of the International Conference on Dublin Core and Metadata Applications*, August 27-31, 2007, Singapore, p.89.

[38] National Information Standards Organization(NISO). 2004. *Understanding Metadata*. Bethesda, Maryland: NISO Press. Retrieved July 9, 2014 from http://www.niso.org/standards/ resources/UnderstandingMetadata.pdf

메타데이터 레지스트리를 실행하는데 필요한 메타데이터 요소는 여러 가지 메타데이터 표준으로부터 추출된다. 이들 추출된 요소들을 기록하고 관리하기 위해서 메타데이터 레지스트리는 각각의 요소가 지닌 특징들을 기술하기 위한 색인(index)을 마련하는데, 여기에는 요소에 대한 공식적인 정의, 기원, 변형된 요소(local variation), 요소의 사용방식 등에 대한 정보가 수록된다.

대부분의 메타데이터 레지스트리는 〈ISO/IEC 11179 Standard Specification and Standardization of Data Elements〉에 근거해서 구축되는데, 이는 메타데이터 요소의 의미나 적용되는 구문규칙, 이질적인 표현방식 등을 표준화시켜 주는 프레임워크라고 볼 수 있다. ISO/IEC 11179 프레임워크를 사용하면 각각의 요소가 지닌 함축적인 의미들이 표준화된 방식으로 명확하게 표현될 수 있으며, 이를 통해 특정 메타데이터 표준에 수록된 메타데이터 요소를 다른 메타데이터 표준과 상호 교환할 수 있게 된다.

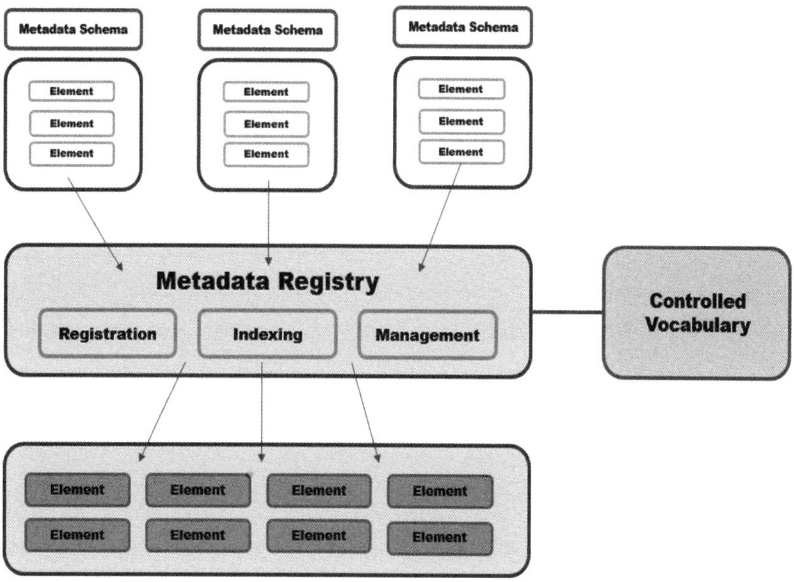

(그림 11-8) 메타데이터 레지스트리의 구조

[39] Shigeo Sugimoto. 2004. Metadata Schemas, Models and Tools: Metadata-Centered Projects at Tsukuba and Lessons Learned for Interoperability. In *Proceedings of International Conference on Digital Libraries*, February 24-27, 2004, New Delhi, India, p.695.

메타데이터 레지스트리의 장점 가운데 하나는 필요한 메타데이터 요소를 찾는 과정을 단순화함으로써 여러 가지 이질적인 메타데이터 표준의 활용을 극대화시켜 주는 메타데이터 프레임워크를 생성한다는 것이다.[40] 이외에도, 크로스워크의 의미적 매핑이나 어플리케이션 프로파일의 기술지침서 등과 같은 기존의 메타데이터 상호운용성 접근방법이 지닌 고유한 장점들을 한데 묶어준다는 강점 또한 지니고 있다. 이러한 이유로, 메타데이터 레지스트리는 현재의 메타데이터 상호운용성 접근방법들이 지닌 문제를 해결할 수 있는 강력한 접근방법으로 인식되고 있다.

현재까지 다양한 메타데이터 레지스트리가 구축되어 왔는데, Dublin Core Metadata Initiative(DCMI) Metadata Registry, Resource Organisation And Discovery in Subject-Based Services(ROADS), Development of a European Service for Information on Research and Education(DESIRE) Metadata Registry 등이 현재 널리 사용되고 있는 대표적인 메타데이터 레지스트리이다.

http://purl.org/dc/elements/1.1/title		View:
Label	Title [en-US]	RDF/XML
Definition	A name given to the resource. [en-US]	N-TRIPLE
Description	Typically, a Title will be a name by which the resource is formally known. [en-US]	N3
Is Defined By	http://purl.org/dc/elements/1.1/	
RDF Type	Property	
Type	element	
Has Version	title-004	
Issued	1999-07-02	
Modified	2002-10-04	
Is Refined By	alternative	
Usage Example(s)	title-001.rdf	

(그림 11-9) 메타데이터 레지스트리의 예(DCMI Metadata Registry)[41]

[40] National Information Standards Organization(NISO). 2004. *Understanding Metadata*. Bethesda, MD: NISO Press. Retrieved July 9, 2014 from http://www.niso.org/standards/resources/UnderstandingMetadata.pdf

[41] Dublin Core Metadata Registry: Promoting the Discovery and Reuse of Metadata. Retrieved February 13, 2016 from http://dcmi.kc.tsukuba.ac.jp/dcregistry/pageDisplayServlet?page=help_en-US.xsl

이러한 장점에도 불구하고, 메타데이터 레지스트리 접근방법에는 해결해야 할 문제들이 존재하고 있다. 우선, 메타데이터 레지스트리의 기능을 극대화하기 위해서는 메타데이터 요소의 등록이나 확인을 담당할 기관이 필요하다. 이러한 관리 기관이 없다면 메타데이터 레지스트리는 메타데이터 상호운용성을 확보할 수 있는 표준화된 방식을 구축하거나 유지할 수 없게 된다. 이로 인해서 메타데이터 레지스트리의 구축에는 오랜 기간이 소요된다는 어려움이 존재하고 있다.

또한, 메타데이터 레지스트리를 구축하기 위한 국제적인 표준으로 ISO/IEC 11179가 마련되어 있기는 하지만, 특정 커뮤니티의 고유한 요구를 충족시키기 위해 수많은 메타데이터 레지스트리가 구축될 수 있다는 문제가 발생하고 있다. 이러한 경우, 이질적인 메타데이터 레지스트리의 구축으로 인해 오히려 메타데이터 표준 사이의 상호운용성이 저해되는 경우가 발생할 수 있으며, 메타데이터 레지스트리 사이의 상호운용성을 확보하기 위한 별도의 방안이 추가적으로 마련되어야 한다는 문제를 일으킬 수 있다.

11.5 메타데이터 상호운용성 접근방법의 고려사항

최근 들어, 문헌정보학계에서는 메타데이터 상호운용성을 확보하기 위한 다양한 연구를 수행해 왔으며, 메타데이터 레코드를 상호 교환하거나 재사용할 수 있도록 지원하는 여러 가지 접근방법들이 제안되어 왔다. 대표적인 접근방법으로는 메타데이터 요소 매핑, 크로스워크, 어플리케이션 프로파일, 메타데이터 레지스트리 등을 들 수 있으며, 이들 접근방법은 메타데이터 표준 사이의 의미적 관계 형성이라고 하는 하나의 공통된 원리에 기반을 두고 있다. 이는 동일하거나 유사한 의미를 지닌 메타데이터 요소들을 상호 연결시키는 등 메타데이터의 운용에 긍정적인 효과를 가져 오고 있지만, 의미적 관계를 형성하는데 있어서는 여러 가지 한계도 보이고 있다.

메타데이터 상호운용성을 확보하는데 있어서 직면하는 어려움들은 대부분 메타데이터 표준 사이의 이질성에 기인하고 있다. 메타데이터 표준의 이질성은 여러 가지 측면에서 발생할 수 있는데, 메타데이터 요소를 표현하는 방식에서의 차이, 메타데이터 표준 자체의 구조적인 차이, 메타데이터 요소를 정의하는데 있어서의 세부성의 차이 등으로 인해 발생하고 있다. 메타데이터 표준 사이에 존재하는 이질성은 신뢰성 있는 메타데이터 상호운용성을 저해하는 주된 요인이 되고 있으며, 이를 해결하고 보다 효율적으로 메타데이터 상호운용성을 확보하기 위한 구체적인 접근방법들이 제안되어 왔다. 하지만 메타데이터 상호운용성을 포괄적이고 완전하게 확보할 수 있는 이상적인 접근방법은 아직까지 개발되지 않고 있다.

메타데이터 요소 매핑, 크로스워크 등의 접근방법은 메타데이터 요소가 지닌 의미에 기반한 요소 사이의 연결에 집중하고 있기 때문에, 부분적인 상호운용성만을 확보할 수 있다. 어플리케이션 프로파일 등과 같이 특정한 상황에 특화된 방식으로 메타데이터 상호운용성을 확보하는 접근방법은 특정 커뮤니티의 고유한 목적을 충족시키는데 있어서는 효과적으로 적용할 수 있는 방법이지만, 해당 커뮤니티에서만 제한적으로 사용될 수 있다는 한계를 지니고 있다.

메타데이터 레지스트리 접근방법은 현재까지의 접근방법 가운데 신뢰성 있는 메타데이터 상호운용성을 확보할 수 있는 가장 강력한 방법으로 인식되고 있지만, 오랜 시간이 소요되는 복잡한 과정을 거쳐야 하며, 많은 시간적·비용적 투자가 이루어져야 하기 때문에 효율성이 떨어진다는 단점이 있다. 이들 접근방법 이외에도 수많은 상호운용성 접근방법이 제안되어 왔으나, 대부분의 접근방법은 새로운 메타데이터 모델을 생성하게 되며, 이는 결국 또 다른 수준에서의 메타데이터 상호운용성이 이루어져야 한다는 문제를 야기시키고 있다.

현재까지 제안된 메타데이터 상호운용성 접근방법은 각각의 커뮤니티가 지닌 고유한 목적을 충족시키기 위해 구축된 이질적인 메타데이터 표준들을 의미적으로 상호 연결시킴으로써 다양한 메타데이터 표준을 효과적으로 활용하고 메타데이터 레코드의 상호 교환을 촉진한다는 공통된 목적을 지니고 있다. 하지만 앞으로도 다양한 목적과 고유한 특성을 지닌 메타데이터 스키마는 계속해서 구축될 것이며, 여러 커뮤니티에 걸쳐서 폭넓게 적용되는 메타데이터 표준의 수도 계속해서 증가할 것이다.

이러한 상황에서, 이질적으로 구축되는 메타데이터 표준을 효율적으로 활용할 수 있도록 지원하고 다양한 커뮤니티의 메타데이터 활용에 대한 요구를 충분히 충족시켜 주기 위해서는 각각의 메타데이터 표준이 지닌 특성을 명확하게 반영할 수 있는 의미적 프레임워크(semantic framework)가 마련되어야 한다. 이 의미적 프레임워크는 다양한 메타데이터 표준을 구성하는 각각의 구성요소들이 지닌 특성과 의미적 관계 등을 명확하게 표현해 줄 수 있어야 하며, 메타데이터 표준 사이의 상호운용성을 확보하는데 있어 의미적인 기반 또한 제공해 줄 수 있어야 한다. 이를 통해, 여러 커뮤니티의 다양한 목적을 넓은 범위에서 충족시키고, 각각의 메타데이터 표준이 지닌 특성과 구조를 보다 명확하고 세밀하게 반영할 수 있는 메타데이터 상호운용성을 확보할 수 있게 될 것이다.

참고문헌

참고문헌

국립중앙도서관. 2011. 『MODS 기술 세부규칙: 온라인자료』. 서울: 국립중앙도서관.

국립현대미술관. 2010. 『국내 미술관 소장품 관리시스템 구축을 위한 메타데이터 구조 설계』. 과천: 국립현대미술관.

김은주. 2003. 시맨틱웹. 『TTA 저널』, 87: 134-140.

김태수. 1998. 메타데이터 변환과 자원 기술구조의 연구. 『정보관리학회지』, 15(3): 95-112.

김태수. 1998. 『더블린코어(Dublin Core) 메타데이터』. 서울: 연세대학교 문헌정보학과.

남태우, 이승민. 2010. 메타데이터의 의미론적 확장에 관한 연구. 『한국문헌정보학회지』, 44(4): 373-393.

박지형, 이명진, 홍준석. 2007. 시맨틱웹에서의 메타데이터 검색을 위한 RDF 저장 구조 및 시스템의 개발에 관한 연구. 『한국전자거래학회』, 12(2): 291-304.

윤세진, 오경묵. 2002. 메타데이터간 상호운용성을 위한 비교 연구: MARC, Dublin Core, ONIX 메타데이터 요소를 중심으로. 『한국도서관·정보학회지』, 33(2): 276-301.

한국교육학술정보원. 2005. 『고등교육정보 및 저작권 관리를 위한 메타데이터(KEM v3.0) 연구』. 연구보고 KR 2005-27. 서울: 한국교육학술정보원.

한국도서관협회. 2010. 『문헌정보학용어사전』. 개정판. 서울: 한국도서관협회.

한국전산원. 2003. 『국가 URN 기반 식별체계의 식별 메타데이터 연구』. 서울: 한국전산원.

ALCTS/CCS/Committee on Cataloging: Description and Access(CC:DA). 2000. *Task Force on Metadata: Final Report*. Retrieved March 29, 2014 from http://www.libraries.psu.edu/tas/jca/ccda/tf-meta6.html

Altheim, Murray & Sean B. Palmer. 2002. *Augmented Metadata in XHTML*. Sun Microsystems, Inc. Retrieved December 18, 2013 from http://www.altheim.com/specs/meta/NOTE-xhtml-augmeta.html

Arms, William Y. 2000. *Digital Libraries*. Cambridge, MA: MIT Press.

Arms, William Y., Christophe Blanch & Edward A. Overly. 1997. An Architecture for Information in Digital Libraries. *D-Lib Magazine*, 3(2). Retrieved August 2, 2014 from http://www.dlib.org/dlib/february98/arms/02arms.html

Arms, William Y., et al. 2002. A Spectrum of Interoperability: The Site for Science Prototype for the NSDL. *D-Lib Magazine*, 8(1). Retrieved December 16, 2013 from http://www.dlib.org/dlib/january02/arms/01arms.html

Attig, John, Ann Copeland & Michael Pelikan. 2004. Context and Meaning: The Challenges of Metadata for a Digital Image Library within the University. *College & Research Libraries*, 65(3): 251-261.

Ayres, F. H. 1990. Duplicates and Other Manifestations: A New Approach to the Presentation of Bibliographic Information. *Journal of Librarianship and Information Science*, 22(4): 236-251.

Baca, Murtha & Patricia Harpring, eds. 2009. *Categories for the Description of Works of Art*. Retrieved April 18, 2014 from http://www.getty.edu/research/publications/electronic_publications/cdwa/index.html

Baca, Murtha, Patricia Harpring & Jon Ward, eds. 2008. Metadata Standards Crosswalks. In *Introduction to Metadata: Pathway to Digital Information*. Online Edition 2.1. Retrieved April 18, 2014 from http://www.getty.edu/research/conducting_research/standards/intrometadata/metadata_element_sets.html

Baca, Murtha, et al. 2000. *Introduction to Metadata: Pathway to Digital Information*. Online Edition 2.1. Glossary. Retrieved August 3, 2014 from http://www.getty.edu/research/conducting_research/standards/intrometadata/glossary.html

Baker, Thomas. 2003. *DCMI Usage Board Review of Application Profiles*. Retrieved March 9, 2014 from http://dublincore.org/usage/documents/profiles/index.shtml

Baker, Thomas, et al. 2001. What Terms Does Your Metadata Use? Application Profiles as Machine-Understandable Narratives. *Journal of Digital Information*, 2(2). Retrieved July 2, 2014 from http://jodi.tamu.edu/Articles/v02/i02/Baker/

Baker, Thomas, et al. 2003. *Principles of Metadata Registries: A White Paper of the DELOS Working Group on Registries*. Retrieved May 16 2014 from http://delos-noe.iei.pi.cnr.it/activities/standardizationforum/Registries.pdf

Barry, Randall K. 2006. *Development of the Encoded Archival Description DTD*. Retrieved May 16, 2014 from http://www.loc.gov/ead/eaddev.html

Berners-Lee, Tim. 1997. *Metadata Architecture*. Retrieved November 16, 2013 from http://www.w3.org/DesignIssues/Metadata.html

Blanch, Christophe & Jason Petrone. 2001. Distributed Interoperable Metadata Registry. *D-Lib Magazine*, 7(12). Retrieved January 28, 2014 from http://dlib.

org/dlib/december01/blanchi/12blanchi.html

Borbinha, Jose. 2004. Authority Control in the World of Metadata. *Cataloging & Classification Quarterly*, 38(3/4): 105-116.

Bray, Tim, et al. 2009. *Namespaces in XML 1.0 (Third Edition): W3C Recommendation 8 December 2009*. Retrieved August 4, 2014 from http://www.w3.org/TR/REC-xml-names/

Burnard, Lou, et al. 1996. *A Syntax for Dublin Core Metadata: Recommendations from the Second Metadata Workshop*. Retrieved July 26, 2014 from http://users.ox.ac.uk/~lou/wip/metadata.syntax.html

Burnard, Lou. 2004. *Developing Linguistic Corpora: A Guide to Good Practice Metadata for Corpus Work*. Retrieved May 1, 2014 from http://www.ahds.ac.uk/guides/linguistic-corpora/chapter3.htm

Burnett, Kathleen, Kwong Bor Ng & Soyeon Park. 1999. A Comparison of the Two Traditions of Metadata Development. *Journal of the American Society for Information Science*, 50(13): 1209-1217.

Canadian Heritage Information Network (CHIN). 2002. *Metadata Standards for Museum Cataloguing*. Retrieved December 1, 2014 from http://www.chin.gc.ca/English/Standards/metadata_crosswalks.html

Caplan, Priscilla. 1995. You Call It Corn, We Call It Syntax-Independent Metadata for Document-Like Objects. *The Public-Access Computer Systems Review*, 6(4): 19-23.

Caplan, Priscilla. 2003. *Metadata Fundamentals for All Librarians*. Chicago, IL: American Library Association.

Caplan, Priscilla. 2006. *DCC|Digital Curation Manual: Instalment on Preservation Metadata*. Retrieved February 2, 2014 from http://dcc.ac.uk/resource/curation-manual/chapters/preservation-metadata/preservation-metadata.pdf

Carini, Peter & Kelcy Shepherd. 2004. The MARC Standard and Encoded Archival Description. *Library Hi Tech*, 22(1): 18-27.

Casson, Lionel. 2002. *Libraries in the Ancient World*. London: Yale University Press.

CDL Rights Management Group. 2006. *copyrightMD Schema, Version 0.9*. California Digital Library Project. Retrieved June 25, 2014 from http://www.cdlib.org/groups/rmg/

Chan, Lois Mai. 2005. Metadata Interoperability: A Methodological Study. In *Proceedings of the 3rd China-U.S. Library Conference*, March 23-25, 2005, Shanghai, China, 110-115.

Chan, Lois Mai & Marcia Lei Zeng. 2006. Metadata Interoperability and Standardization: A Study of Methodology, Part I. *D-Lib Magazine*, 12(6). Retrieved August 5, 2014 from http://www.dlib.org/dlib/june06/chan/06chan.html

Corporation for Public Broadcasting(CPB). 2005. *Mapping PBCore to Other Metadata Standards*. In *User Guide to PBCore*, version 1.1. Retrieved February 11, 2014 from http://www.pbcore.org/PBCore/PBCore_Mappings.html

Coyle, Karen. 2005. Understanding Metadata and Its Purpose. *The Journal of Academic Librarianship*, 31(2): 160-163.

Coyle, Karen. 2010. *Understanding the Semantic Web: Bibliographic Data and Metadata*. Chicago, IL: American Library Associations.

Cronin, Christopher, Kathryn Lage & Holley Long. 2005. The Flight Plan of a Digital Initiatives Project: Providing Remote Access to Aerial Photographs of Colorado. *OCLC Systems & Services*, 21(2): 114-130.

Date, C. J. 1977. *An Introduction to Database Systems*. Reading, MA: Addison-Wesley Publications.

Day, Michael. 1997a. Extending Metadata for Digital Preservation. *Ariadne*, 9. Retrieved August 1, 2014 from http://www.ariadne.ac.uk/issue9/metadata/

Day, Michael. 1997b. *Mapping Dublin Core to UNIMARC*. The UK Office for Library and Information Networking(UKOLN). Retrieved May 10, 2014 from http://www.ukoln.ac.uk/metadata/interoperability/dc_unimarc.html

Day, Michael W. 1999. Image Retrieval: Combining Content-Based and Metadata-Based Approaches. *Ariadne*, 19. Retrieved August 1, 2014 from http://www.ariadne.ac.uk/issue38/guy/

Day, Michael W. 2001. Metadata in a Nutshell. *Information Europe*, 6(2): 11. Retrieved August 6, 2014 from http://www.ukoln.ac.uk/metadata/publications/nutshell/

DELOS Working Group on Registries. 2002. *Principles of Metadata Registries: A White Paper of the DELOS Working Group on Registries*. Retrieved December 9, 2013 from http://delos-noe.iei.pi.cnr.it/activities/standardizationforum/Registries.pdf

Dempsey, Lorcan & Rachel Heery. 1997. *DESIRE: Project Deliverable*. Retrieved March 28, 2014 from http://www.ukoln.ac.uk/metadata/desire/overview/overview.rtf

Dempsey, Lorcan & Stuart L. Weibel. 1996. The Warwick Metadata Workshop: A Framework for the Deployment of Resource Description. *D-Lib Magazine*, 2(7/8). Retrieved June 3, 2014 from http://www.dlib.org/dlib/july96/07weibel.html

Do, Hong Hai & Erhard Rham. 2000. *On Metadata Interoperability in Data Warehouses*. Technical Report 1-2000. Department of Computer Science, University of Leipzig, Germany.

Doerr, Martin, Jane Hunter & Carl Lagoze. 2003. Towards a Core Ontology for Information Integration. *Journal of Digital Information*, 4(1). Retrieved October 12, 2013 from http://jodi.tamu.edu/Articles/v04/i01/Doerr/

Dublin Core Metadata Initiative. 1999. *Dublin Core Metadata Initiative: Make It Easier to Find Information*. Retrieved January 12, 2014 from http://dublincore.org/

Dublin Core Metadata Initiative. 2003. *DCMI Frequently Asked Question(FAQ)*. Retrieved January 19, 2014 from http://dublincore.org/resources/faq/#wasthedublincore

Dublin Core Metadata Initiative. 2004. *DCMI Glossary*. Retrieved January 29, 2014 from http://dublincore.org/documents/usageguide/glossary.shtml

Dublin Core Metadata Initiative. 2005a. *Using Dublin Core*. Retrieved February 9, 2014 from http://dublincore.org/documents/usageguide/

Dublin Core Metadata Initiative. 2005b. *Using Dublin Core: The Elements*. Retrieved February 14, 2014 from http://dublincore.org/documents/usageguide/elements.shtml

Dublin Core Metadata Initiative. 2012. *DCMI Metadata Terms*. Retrieved February 15, 2014 from http://www.dublincore.org/documents/dcmi-type-vocabulary/#terms-DCMIType

Durrell, William R. 1985. *Data Administration: A Practical Guide to Data Administration*. New York, NY: McGraw-Hill, Inc.

Duval, Erik, et al. 2002. Metadata Principles and Practicalities. *D-Lib Magazine*, 8(4). Retrieved August 2, 2014 from http://webdoc.sub.gwdg.de/edoc/aw/d-lib/dlib/april02/weibel/04weibel.html

El-Sherbini, Magda. 2001. Metadata and the Future of Cataloging. *Library Review*, 50(1): 16-27.

El-Sherbini, Magda & George Klim. 2004. Metadata and Cataloging Practices. *The Electronic Library*, 22(3): 238-248.

Elings, Mary W. & Gunter Waibel. 2007. Metadata for All: Descriptive Standards and Metadata Sharing Across Libraries, Archives, and Museums. *First Monday*, 12(3). Retrieved February 2, 2014 from http://www.firstmonday.org/issues/issue12_3/elings/index.html

Fillia, Makedon, et al. 2002. MetaDL: A Digital Library of Metadata for Sensitive or Complex Research Data. In *Proceedings of ECDL 2002*, September 16-18, 2002, Rome, Italy.

Getty Research Institute. 2008. *Introduction to Metadata*, Online Edition, Version 3.0. Retrieved August 6, 2014 from http://www.getty.edu/research/publications/electronic_publications/intrometadata/

Gill, Tony. 2000. Metadata and the World Wide Web. In Baca, Murtha, et al. 2000. *Introduction to Metadata: Pathways to Digital Information*. Online Edition, Version 2.1. Retrieved May 20, 2014 from http://www.getty.edu/research/conducting_research/standards/intrometadata/metadata.html

Gill, Tony & Paul Miller. 2002. Re-Inventing the Wheel?: Standards, Interoperability and Digital Cultural Content. *D-Lib Magazine*, 8(1). Retrieved January 26, 2014 from http://www.dlib.org/dlib/january02/gill/01gill.html

Gill, Tony, et al. 2000a. Metadata Standards Crosswalks. In Murtha Baca, et al. 2000. *Introduction to Metadata: Pathway to Digital Information*. Online Edition, Version 2.1. Glossary. Retrieved January 29, 2014 from http://www.getty.edu/research/conducting_research/standards/intrometadata/metadata_element_sets.html

Gill, Tony, et al. 2000b. Metadata Standard Crosswalks: Dublin Core to EAD. In Murtha Baca, et al. 2000. *Introduction to Metadata: Pathway to Digital Information*. Online Edition, Version 2.1. Glossary. Retrieved January 28, 2014 from http://www.getty.edu/research/conducting_research/standards/intrometadata/dc_ead.html

Godby, Carol J., Jeffrey A. Young & Eric Childress. 2004. A Repository of Metadata Crosswalks. *D-Lib Magazine*, 10(12). Retrieved October 2, 2013 from http://www.dlib.org/dlib/december04/godby/12godby.html

Graybeal, John, Stephanie Watson & Philip Bogden. 2004. *Marine Metadata Interoperability: A Community Framework*. American Geophysical Union, Fall Meeting 2004.

Greenberg, Jane. 2003. Metadata and the World Wide Web. In *Encyclopedia of Library and Information Science*. New York: Marcel Dekker, Inc. (Volume 72

Supplement 35, 1876-1888).

Greenberg, Jane. 2005. Understanding Metadata and Metadata Schemes. *Cataloging & Classification Quarterly*, 40(3/4): 17-36.

Greenberg, Jane & Thomas Severiens. 2007. DCMI-Tools: Ontologies for Digital Application Description. In *Proceedings of ELPUB Conference*, June 13-15, 2007, Vienna, Austria, 437-444.

Guenther, Rebecca & Sally McCallum. 2003. New Metadata Standards for Digital Resources: MODS and METS. *Bulletin of the American Society for Information Science and Technology*, December/January 2003, 12-15.

Hakala, Juha. 1997. Dublin Core in 1997: A Report from Dublin Core Metadata Workshop 4&5. *Nordinfo-Nytt*, 20(3/4): 10-22.

Hanks, David. 2007. *All About Metadata: An Instruction for Digital Photographsers*. Retrieved January 29, 2014 from http://www.davidhanks.com/AllAboutMetadata.pdf

Heery, Rachel. 1996. Review of Metadata Formats. *Program*, 30(4): 345-373.

Heery, Rachel & Manjula Patel. 2000. Application Profiles: Mixing and Matching Metadata Schemas. *Ariadne*, 25. Retrieved January 23, 2014 from http://www.ariadne.ac.uk/issue25/app-profiles/

Heery, Rachel, Andy Powell & Michael Day. 1998. CrossROADS and Interoperability. *Ariadne*, 14. Retrieved January 18, 2014 from http://www.ariadne.ac.uk/issue14/metadata/

Hemmasi, Harriette. 2002. Why Not MARC?. In *Proceedings of the Third International Conference on Music Information Retrieval*, October, 13-17, 2002, Paris, France, 242-248.

Hillmann, Diane I. 2005. *Dublin Core Metadata Initiative: Using Dublin Core*. Retrieved November 26, 2013 from http://dublincore.org/documents/usageguide/

Hillmann, Diane I. & Jon Phipps. 2007. Application Profiles: Exposing and Enforcing Metadata Quality. In *Proceedings of the International Conference on Dublin Core and Metadata Applications*, August 27-31, 2007, Singapore, 53-62.

Hodge, Gail. 2005. Metadata for Electronic Information Resources: From Variety to Interoperability. *Information Services & Use*, 25(1): 35-45.

Hope, Barbara, et al. 1999. Meta Data Integration: Maximize the Potential of 'data about data.' In *Proceedings of EDUCAUSE Conference 1999*, October 26-29,

1999, Long Beach, California. Retrieved September 29, 2013 from http://www.educause.edu/ir/library/html/edu9902/edu9902.html

Howe, Denis. 1997. *Meta-data*. Retrieved January 25, 2014 from http://foldoc.doc.ic.ac.uk/foldoc/foldoc.cgi?query=metadata

Hunter, Jane. 2001. MetaNet: A Metadata Term Thesaurus to Enable Semantic Interoperability Between Metadata Domains. *Journal of Digital Information*, 1(8). Retrieved August 4, 2014 from https://journals.tdl.org/jodi/index.php/jodi/article/view/33/34

Hunter, Jane. 2002. *An Application Profile Which Combines Dublin Core and MPEG-7 Metadata Terms for Simple Video Description*. Draft for Distributed Systems Technology Centre. Retrieved December 8, 2013 from http://metadata.net/harmony/video_appln_profile.html

Iannella, Renato. 2001. Digital Rights Management(DRM) Architectures. *D-Lib Magazine*, 7(6). Retrieved July 20, 2014 from http://www.dlib.org/dlib/june01/iannella/06iannella.html

Iannella, Renato & Andrew Waugh. 1997. *Metadata: Enabling the Internet*. Retrieved September 19, 2013 from http://archive.dstc.edu.au/RDU/reports/CAUSE97/

Ide, Nancy M. & Michael C. Sperberg-McQueen. 1995. The TEI: History, Goals and Future. *Computers and the Humanities*, 29: 5-15.

IMS Global Learning Consortium. 2004. *IMS Meta-Data Best Practice and Implementation Guide for IEEE 1484.12.1.-2002 Standard for Learning Object Metadata*, v1.3 Public Draft Specification. Retrieved October 25, 2013 from http://ww.imsglobal.org/metadata/mdv1p3pd/imsmd_bestv1p3pd.html

Institute for Telecommunication Sciences(ITS). 2000. *Telecommunications: Glossary of Telecommunication Terms*. Boulder, CO: Institute for Telecommunication Science. Retrieved October 15, 2013 from http://glossary.its.bldrdoc.gov/fs-1037/

International Organization for Standardization(ISO). 1994. *ISO/IEC 11179-3 Information Technology - Specification and Standardization of Data Elements, Part 3: Basic Attributes of Data Elements*. First Edition. Retrieved September 15, 2013 from http://metadata-stds.org/11179-3/ISO-IEC_11179-3_1994_IS_E.pdf

International Organization for Standardization(ISO). 1999. *ISO/IEC 11179-1 Information Technology - Specification and Standardization of Data Elements, Part 1: Framework for the Specification and Standardization of Data Elements*. First

Edition. Retrieved September 15, 2013 from http://metadata-stds.org/11179-1/ISOIEC_11179-1_1999_IS_E.pdf

Internet2/CNI Performance Archive & Retrieval Working Group. 2003. *Current Practices in Digital Asset Management: Version 0.9*, Internet2. Michigan. Retrieved October 28, 2013 from http://arts.internet2.edu/files/digital-asset- management (v09).pdf

Interoperability Focus. 2006. *Interoperability Focus: FAQs*. Retrieved August 15, 2013 from http://www.ukoln.ac.uk/interop-focus/faq/

Jewett, Charles Coffin. 1853. *On the Construction of Catalogues of Libraries*. 2nd ed. Washington, D.C.: Smithsonian Institution.

JISC Digital Media. 2014. *Metadata Standards and Interoperability*. Retrieved August 5, 2014 from http://www.jiscdigitalmedia.ac.uk/guide/metadata-standards-and-interoperability/

Johnston, Pete. 2003. Metadata and Interoperability in a Complex World. *Ariadne*, 37. Retrieved November 1, 2013 from http://www.ariadne.ac.uk/issue37/dc-2003-rpt

Joseph, R. 2005. Metadata Management and Its Impact on Digital Libraries. In *Proceedings of Conference on Recent Advances in Information Technology*, July 14-15, 2005, Tamil Nadu, India, 67-76.

Kendall, John S. 2003. The Use of Metadata for the Identification and Retrieval of Resources for K-12 Education. In *Proceedings of the 2003 Dublin Core Conference: Supporting Communities of Discourses and Practice: Metadata Research and Applications*, September 28-October 2, 2003, Seattle, Washington.

Kenney, Anne R. & Oya Y. Rieger. 1999. *Managing Digital Imaging Projects Course*. Mountain View, CA: Research Libraries Group(RLG).

Knight, Jon & Martin Hamilton. 1997. *Dublin Core Standard Resource Types*. Retrieved September 30, 2013 from http://dimes.lins.fju.edu.tw/dimes/meta-ref/DC-ObjectTypes.html

Krockel, H. & J. H. Westbrook. 1987. Computerized Materials-Information Systems. Philosophical Transactions of the Royal Society of London, Series A. *Mathematical and Physical Sciences*, 322(1567): 373-391.

Kurth, Martin, David Ruddy & Nathan Rupp. 2004. Repurposing MARC Metadata: Using Digital Project Experience to Develop a Metadata Management Design.

Library Hi Tech, 22(2): 153-165.

Lagoze, Carl & Jane Hunter. 2001. The ABC Ontology and Model. *Journal of Digital Information*, 2(2). Retrieved December 2, 2013 from http://jodi.tamu.edu/Articles/v02/i02/Lagoze/

Lagoze, Carl, Jane Hunter & Dan Brickley. 2000. An Event-Aware Model for Metadata Interoperability. In *Proceedings of 4th European Conference on Research and Advanced Technology for Digital Libraries(ECDL)*, September 18-20, 2000, Lisbon, Portugal, 103-116.

Lazinger, Susan S. 2001. *Digital Preservation and Metadata: History, Theory, Practice*. Englewood, CO: Libraries Unlimited.

Ledwaba, Steve. 2004. Standards and Quality Deployment in Digital Libraries: The Metadata Role. In *Proceedings of Library and Information Association of South Africa Conference*, September 27-October 1, 2004, Polokwane, Limppo Province.

Lee, Seungmin. 2010. *Building Bridges: An Integrated Approach to Metadata Interoperability Using Concept Meta-Framework Interoperability Schema(CMF)*. Doctoral Dissertation. School of Library and Information Science, Indiana University at Bloomington.

Lee, Seungmin & Elin K. Jacob. 2011. An Integrated Approach to Metadata Interoperability. *Library Resources & Technical Services*, 55(1): 17-32.

Library of Congress. 1995. *Mapping the Dublin Core Metadata Elements to USMARC*. Discussion Paper, No. 86. Retrieved September 5, 2013 from http://www.loc.gov/marc/marbi/dp/dp86.html

Library of Congress. 1999. *MARC21 Format for Bibliographic Data*. 1999 Edition. Retrieved August 28, 2013 from http://www.loc.gov/marc/bibliographic/bd100.html

Library of Congress. 2001a. *Dublin Core/MARC/GILS Crosswalk*. Retrieved June 5, 2013 from http://www.loc.gov/marc/dccross.html

Library of Congress. 2001b. *MARC to Dublin Core Crosswalk*. Retrieved June 5, 2013 from http://www.loc.gov/marc/marc2dc.html

Library of Congress. 2011. *METS: An Overview & Tutorial*. Retrieved July 28, 2014 from http://www.loc.gov/standards/mets/METSOverview.v2.html

Lightie, Kimberly S. 2003. Using Metadata Standards to Support Interoperability. In Catherine M. Gynn & Stephen R. Acker, eds. *Learning Objects: Contexts and Conversations*. Ohio: Ohio State University, 43-48.

Liu, Jia. 2007. *Metadata and Its Applications in the Digital Library: Approaches and Practices*. Westport, CT: Libraries Unlimited.

MacDonald, Mary. 1999. Internet Review: GEM the Gateway to Educational Materials. *College & Research Libraries News*, 60(9): 768.

Mansingh, Gunjan, Lila Rao & Kweku-Muata Osei-Bryson. 2006. Towards an Ontology-Based Meta-Information Warehouse Architecture. In *Proceedings of Knowledge Sharing and Collaborative Engineering*, November 29-December 1, 2006, St. Thomas, Virgin Islands.

Marchionini, Gary. 2007. *Toward Multimedia Surrogates*. Los Angeles Chapter of the American Society for Information Science and Technology Talk.

Mascaro, Michelle J. 2004. *The Value of Flexibility in Metadata Schemas*. Master's Thesis. School of Information and Library Science, University of North Carolina at Chapel Hill.

Mason, Jon & Helen Galatis. 2007. Theory and Practice of Application Profile Development in Australian Education and Training. In *Proceedings of the International Conference on Dublin Core and Metadata Applications*, August 27-31, 2007, Singapore, 43-52.

McCarthy, John L. 1982. Metadata Management for Large Statistical Databases. In *Proceedings of the 8th International Conference on Very Large Data Bases*, September 8-10, 1982, Mexico City, Mexico, 234-243.

McCrank, Lawrence. 2002. *Historical Information Science*. Medford, N.J.: Information Today.

Medeiros, Norm. 2006. Metadata in a Global World. *OCLC Systems & Services*, 22(2): 89-91.

Merriam-Webster Dictionary. 2007. Online Edition. Retrieved April 20, 2006 from http://www.m-w.com/dictionary/interoperability

Miller, Paul. 1997. Metadata for the Masses. *Ariadne*, 5. Retrieved June 1, 2013 from http://www.ariadne.ac.uk/issue5/metadata-masses/#howe_96

Miller, Paul. 2000. Interoperability: What Is It and Why Should I Want It?. *Ariadne*, 24. Retrieved September 20, 2013 from http://www.ariadne.ac.uk/issue24/interoperability/

Miller, Steven J. 2011. *Metadata for Digital Collections: A How-To-Do-It Manual*. New York, NY: Neal-Schuman Publishers, Inc.

Milstead, Jessica & Susan Feldman. 1999. Metadata: Cataloging by Any Other Name. *Online*, January. Retrieved December 3, 2013 from http://www.onlinemag.net/OL1999/milstead1.html

MIT Libraries. 2003. *Metadata Reference Guide: Metadata Mapping(Crosswalks)*. Retrieved March 25, 2013 from http://libraries.mit.edu/guides/subjects/metadata/mappings.html

Moen, William E. 2004. *Metadata Interaction, Integration, and Interoperability*. Presentation in National Information Standards Organization(NISO) Workshop: Metadata Practices on the Cutting Edge, May 20, 2004, Washington, D.C.

Nagamori, Mitsuharu & Shigeo Sugimoto. 2004. A Framework of Metadata Schema for Functional Extension of Metadata Schema Registry. In *Proceedings of the International Conference on Dublin Core and Metadata Applications*, October 11-14, 2004, Shanghai, China, 3-11.

Nagamori, Mitsuharu & Shigeo Sugimoto. 2006. A Metadata Schema Registry as a Tool to Enhance Metadata Interoperability. *TCDL Bulletin*, 3(1). Retrieved October 11, 2013 from http://www.ieee-tcdl.org/Bulletin/v3n1/nagamori/nagamori.html

Nagamori, Mitsuharu & Sugimoto Shigeo. 2007. Using Metadata Schema Registry as a Core Function to Enhance Usability and Reusability of Metadata Schemas. In *Proceedings of the International Conference on Dublin Core and Metadata Applications*, August 27-31, 2007, Singapore, 85-95.

National Aeronautics and Space Administration(NASA). 1990. *Directory Interchange Format Manual*, Version 3.0. Greenbelt, MD: NASA/GSFC National Space Science Data Center(NSSDC).

National Aeronautics and Space Administration(NASA). 1991. *Directory Interchange Format Manual*, Version 4.0. Greenbelt, MD: NASA/GSFC National Space Science Data Center(NSSDC).

National Information Standards Organization(NISO). 2004. *Understanding Metadata*. Bethesda, MD: NISO Press. Retrieved July 9, 2014 from http://www.niso.org/standards/resources/UnderstandingMetadata.pdf

National Library of Australia. 2009. *Australian Sound Recording METS Profile*. Retrieved June 16, 2014 from http://www.nla.gov.au/standards/australian-sound-recording-mets-profile

Nicholson, Dennis & Ali Shiri. 2003. Interoperability in Subject Searching and Browsing. *OCLC Systems & Services*, 19(2): 58-61.

Nogueras-Iso, Javier, et al. 2003. Metadata Standard Interoperability: Application in the Geographic Information Domain. *Computers, Environment and Urban Systems*, 28(6): 611-634.

Nogueras-Iso, Javier, Javier F. Zarazaga-Soria & Pedro R. Muro-Medrano. 2005. *Geographic Information Metadata for Spatial Data Infrastructures: Resources, Interoperability and Information Retrieval*. Secaucus, NJ: Springer-Verlag New York, Inc.

Noufal, P. P. 2005. Metadata: Automatic Generation and Extraction. In *Proceedings of 7th MANLIBNET Annual National Convention on Digital Libraries in Knowledge Management: Opportunities for Management Libraries*, May 5-7, 2005, Indian Institute of Management Kozhikode, 319-327.

OCLC/RLG Working Group on Preservation Metadata. 2002. *Preservation Metadata and the OAIS Information Model: A Metadata Framework to Support the Preservation of Digital Objects*. Retrieved May 26, 2013 from http://www.oclc.org/research/projects/pmwg/pm_framework.pdf

O'Sullivan, Mary. 2007. The Word "META": Meaning and Pronunciation. In *HTML Code Tutorial*. Retrieved April 5, 2013 from http://www.htmlcodetutorial.com/document/index_tagsupp_14.html

Oltmans, Erik E. 2001. *Metadata Interoperability*. Telematica Institute. Retrieved January 23, 2014 from https://doc.telin.nl/dsweb/Get/Document-14690/interoperability.pdf

Oxford English Dictionary. 2007. Online Edition. Retrieved April 20, 2014 from http://dictionary.oed.com

Personal Archives Accessible in Digital Media Project. 2008. *Using METS for the Preservation and Dissemination of Digital Archives*. Retrieved August 1, 2014 from http://www.paradigm.ac.uk/workbook/metadata/mets-amdsec.html

Pierre, Margaret St. & William P. LaPlant, Jr. 1998. *Issues in Crosswalking Content Metadata Standards*. National Information Standards Organization(NISO) White Paper. Retrieved November 27, 2007 from http://www.niso.org/press/whitepapers/crsswalk.html

Public Library Association. 2007. *Metadata: Always More Than You Think*. Retrieved March 19, 2014 from http://www.pla.org/ala/pla/plapubs/technotes/metadata.cfm

Qin, Jian. 2000. Representation and Organization of Information in the Web Space: From MARC to XML. *Informing Science*, 3: 83-88.

Qin, Jian. 2006. Metadata as the Underpinning of Sustainable and Effective Access to Scientific Data. In *Proceedings of 20th International CODATA Conference: Scientific Data and Knowledge Within the Information Society*, October 22-25, 2006, Beijing, China. Retrieved March 25, 2013 from http://www.codata.org/06conf/abstracts/L6/JianQin.htm

Queensland State Archives. 2005. Understanding and Applying Recordkeeping Metadata. *Public Records Alert*, 2. Retrieved November 15, 2013 from http://www.archives.qld.gov.au/publications/PublicRecordsAlert/PRA205.pdf

Research and Development Group of UKOLN. 1999. *DESIRE Metadata Registry*. Retrieved March 15, 2013 from http://desire.ukoln.ac.uk/registry/appprofile.php?field=ID&value=agls-ap

Rust, Godfrey. 1998. Metadata: The Right Approach: An Integrated Model for Descriptive and Rights Metadata in e-Commerce. *D-Lib Magazine*, 4(7/8). Retrieved July 1, 2014 from http://www.dlib.org/dlib/july98/rust/07rust.html

Rust, Godfrey & Mark Bide. 2000. *The 〈indecs〉 Metadata Framework: Principles, Model and Data Dictionary*. Retrieved May 1, 2013 from http://www.doi.org/topics/indecs/indecs_framework_2000.pdf

Sen, Arun & Varghese S. Jacob. 1998. Industrial-Strength Data Warehousing. *Communications of the ACM*, 41(9): 28-31.

Severiens, Thomas & Jane Greenberg. 2007. The DCMI Tools Application Profile. In *Proceedings of the International Conference on Dublin Core and Metadata Applications*, August 27-31, 2007, Singapore, 30-34.

Shankaranarayanan, Ganesan. 2004. Managing Metadata in Data Warehouses: Pitfalls and Possibilities. *Communications of the Association for Information Systems*, 14: 247-274.

Shelley, Edward Paul. 1986. Resolution Committee Report. In *Proceedings of the 3rd International Conference on Geoscience Information*, vol.2, June 1-6, 1986, Adelaide, South Australia, 116-117.

Sheth, Amit P. 1999. Changing Focus on Interoperability in Information Systems: From System, Syntax, Structure to Semantics. In Michael F. Goodchild, eds. *Interoperating Geographic Information Systems*. Norwell. MA: Kluwer Academic Publishers, 1999, 5-30.

Shiri, Ali. 2003. Digital Library Research: Current Developments and Trends. *Library Review*, 52(5): 198-202.

Shoshani, Arie, Frank Olken & Harry K. T. Wong. 1985. Data Management Perspective of Scientific Data: In the Role of Data in Scientific Progress. In *Proceedings of the 9th International CODATA Conference*, June 24-28, 1985, North-Holland, Amsterdam.

Smiraglia, Richard. 2005. *Metadata: A Cataloger's Primer*. Binghamton, NY: Haworth Information Press.

Snijder, Ronald. 2001. *Metadata Standards and Information Analysis: A Survey of Current Metadata Standards and the Underlying Models*. Retrieved April 21, 2013 from http://www.geocities.com/ronaldsnijder/

Sperberg-McQueen, Michael C. & Lou Burnard, eds. 1994. *Guidelines for Electronic Text Encoding and Interchange(TEI P3)*. Chicago, IL: Text Encoding Initiative. Retrieved June 25, 2014 from http://www-sul.stanford.edu/tools/tutorials/html2.0/gentle.html

State Records Authority of New South Wales. 2000. *New South Wales Recordkeeping Metadata Standard*. Retrieved December 16, 2012 from http://www.records.nsw.gov.au/publicsector/rk/rib/rib18-en.pdf

Stuempel, Hilke, et al. 2007. Metadata Application Profile for Agricultural Learning Resources. In *Proceedings of 2nd International Conference on Metadata and Semantics Research*, October 11-12, 2007, Ionian Academy, Corfu, Greece.

Sugimoto, Shigeo. 2004. Metadata Schemas, Models and Tools: Metadata-Centered Projects at Tsukuba and Lessons Learned for Interoperability. In *Proceedings of International Conference on Digital Libraries*, February 24-27, 2004, New Delhi, India, 690-699.

Sun Microsystem. 2002. *Digital Library Technology Trends*. Santa Clara, CA: Sun Microsystem, Inc. Retrieved February 5, 2013 from http://www.sun.com/products-n-solutions/edu/whitepapers/pdf/digital_library_trends.pdf

Sundgren, Bo. 1973. *An Infological Approach to Data Bases*. Doctoral Dissertation. School of Economics, University of Stockholm, Sweden.

Sundgren, Bo. 1975. *Theory of Data Bases*. First Edition. New York: Petrocelli/Charter.

Sutton, Stuart A. 1998. Gateway to Educational Materials(GEM): Metadata for Networked Information Discovery and Retrieval. In *Proceedings of the 7th International Conference on World Wide Web 7*, April 14, 1998, Brisbane, Australia. Retrieved November 15, 2014 from http://www7.scu.edu.au/1897/com1897.htm

Svenonius, Elaine. 2003. *The Intellectual Foundation of Information Organization*. MA: MIT Press.

Szunejko, Monika H. 2001. The Description of Internet Resources: A Consideration of the Relationship Between MARC and Other Metadata Schemes. *Technical Services Quarterly*, 18(3): 1-10.

Taylor, Arlene G. 1999. *The Organization of Information*. Englewood, Connecticut: Libraries Unlimited.

Taylor, Arlene. G. 2004. *The Organization of Information*. 2nd ed. Westport, Connecticut: Libraries Unlimited.

Taylor, Conrad. 2007. Metadata's Many Meanings and Uses: Briefing Paper. *Catalogue & Index*, February 2007. Retrieved March 5, 2014 from http://communities.cilip.org.uk/blogs/catalogueandindex/archive/2007/02/20/metadata-s-meanings-and-uses.aspx

Tennant, Roy. 2001. Different Paths to Interoperability. *Library Journal*, 126(3): 118-119.

Tennant, Roy. 2004. A Bibliographic Metadata Infrastructure for the Twenty-First Century. *Library Hi Tech*, 22(2): 175-181.

Tennis, Joseph T. 2005. SKOS and the Ontogenesis of Vocabularies. In *Proceedings of International Conference on Dublin Core and Metadata Applications: Vocabularies in Practice*, September 12-15, 2005, Universidad Carlos III de Madrid, Madrid, Spain, 275-278.

Terge, Brasethvik. 1998. A Semantic Modeling Approach to Metadata. *Internet Research: Electronic Networking Applications and Policy*, 8(5): 377-386.

Tozer, Guy. 1999. *Metadata Management for Information Control and Business Success*. Norwood, MA: Artech House.

Urban, Richard J. 2012. *Principle Paradigms: Revisiting the Dublin Core 1:1 Principle*. Doctoral Dissertation. Graduate School of Library and Information Science, University of Illinois at Urbana-Champaign.

Wagner, Harry & Stuart Weibel L. 2005. The Dublin Core Metadata Registry: Requirements, Implementation and Experience. *Journal of Digital Information*, 6(2). Retrieved April 26, 2013 from http://jodi.tamu.edu/Articles/v06/i02/Wagner/

Weibel, Stuart L. 1995. Metadata: The Foundation of Resource Description. *D-Lib Magazine*, 1(1). Retrieved July 24, 2014 from http://www.dlib.org/dlib/July95/07weibel.html

Weibel, Stuart L. 1997. *The Evolving Metadata Architecture for the World Wide Web: Bringing Together the Semantics, Structure and Syntax of Resource Discovery*. Retrieved November 20, 2013 from http://www.dl.slis.tsukuba.ac.jp/ISDL97/proceedings/weibel.html

Weibel, Stuart L. & Carl Lagoze. 1997. An Element Set to Support Resource Discovery: The State of the Dublin Core. *International Journal of Digital Libraries*, 1(1): 176-186.

Wendler, Robin. 1999. Branching Out: Cataloging Skills and Functions in the Digital Age. *Journal of Internet Cataloging*, 2(1): 43-54.

Woodley, Mary S. 2000. Crosswalks: The Path to Universal Access?. In Murtha Baca, eds. 2000. *Introduction to Metadata: Pathways to Digital Information*. Getty Research Institute, Los Angeles, CA. Retrieved November 30, 2013 from http://www.getty.edu/research/conducting_research/standards/intrometadata/path.html

Wootton, Cliff. 2013. *Developing Quality Metadata: Building Innovative Tools and Workflow Solutions*. MA: Focal Press.

Younger, Jennifer A. 1997. Resources Description in the Digital Age. *Library Trends*, 45(3): 462-481.

Yousefi, Amin & Shima Yousefi. 2007. Metadata: A New Word for an Old Concept. *Library Philosophy and Practice*, August 2007. Retrieved April 1, 2013 from http://www.webpages.uidaho.edu/~mbolin/yousefi.htm

Yu, Shien-Chiang, Kun-Yung Lu & Ruey-Shun Chen. 2003. Metadata Management System: Design and Implementation. *The Electronic Library*, 21(2): 154-164.

Zeng, Marcia Lei & Lois Mai Chan. 2006. Metadata Interoperability and Standardization: A Study of Methodology, Part II: Achieving Interoperability at the Record and Repository Levels. *D-Lib Magazine*, 12(6). Retrieved November 21, 2013 from http://www.dlib.org/dlib/june06/zeng/06zeng.html

Zeng, Marcia Lei & Jian Qin. 2008. *Metadata*. New York, NY: Neal-Schuman Publishers, Inc.

Zeng, Marcia Lei & Long Xiao. 2001. Mapping Metadata Elements of Different Formats. In *Proceedings of InfoToday 2001: The Global Conference and Exhibition on Electronic Information & Knowledge Management*, May 15-17, 2001, New York, NY.

부　　록

부록 I. 분야별 메타데이터 표준

1. 천문학 분야 메타데이터

Astronomy Visualization Metadata(AVM) Standard

[http://www.virtualastronomy.org/avm_metadata.php]

Virtual Astronomy Multimedia Project(VAMP)에서 구축한 천문학 관련 메타데이터 표준으로, 천문 관련 데이터와 사진, 이미지 등을 기술하고 관리하는데 주된 목적을 두고 있다. 이 메타데이터 표준은 데이터베이스로 구축되어서 개별적인 파일에 대한 상세한 기술사항을 제공해 주고 있다.

2. 생물학 분야 메타데이터

Access to Biological Collection Data(ABCD)

[http://www.tdwg.org/standards/115/]

Biodiversity Information Standards(TDWG)가 구축·관리하고 있는 메타데이터 표준으로, 생물 표본이나 실험 데이터에 대한 접근을 제공하고 이를 상호 교환하기 위한 목적으로 구축되었다.

Darwin Core

[http://rs.tdwg.org/dwc/]

University of Kansas의 Natural History Museum과 Biodiversity Research Center가 공동으로 구축한 것으로, 생물학 분야의 다양한 어플리케이션에 적용할 수 있도록 Dublin Core의 기술요소들을 확장한 메타데이터 표준이다.

Ecological Metadata Language(EML)

[http://knb.ecoinformatics.org/software/eml/]

Knowledge Network for Biocomplexity(KNB)에서 구축한 XML 기반의 메타데이터 표준으로, 생태학과 관련된 데이터를 기술·관리·실행하는데 필요한 메타데이터를 제공해 준다.

3. 의학 분야 메타데이터

National Library of Medicine(NLM) Metadata Schema
[http://www.nlm.nih.gov/tsd/cataloging/metafilenew.html]
Dublin Core 메타데이터의 기술요소에 기반해서 구축된 메타데이터 표준으로, 미국국립의학도서관(National Library of Medicine)에서 생산한 디지털 형태의 의학자료들에 대해 상세한 데이터를 제공해 준다.

4. 수학 분야 메타데이터

Mathematical Markup Language(MathML)
[http://www.w3.org/TR/MathML2/]
World Wide Web Consortium(W3C) 권고안 중의 하나로, 수학 기호나 수학 공식의 구조·내용 등을 기술하는데 사용되는 XML 기반의 메타데이터 어플리케이션이다.

5. 지리 분야 메타데이터

Content Standards for Digital Geospatial Metadata(CSDGM)
[http://www.fgdc.gov/metadata/csdgm/]
Federal Geographic Data Committee(FGDC)에서 구축한 메타데이터 표준으로, 디지털 형태의 지리정보 관련 문서에서 사용하는 용어와 정의 등을 제공해 준다.

Core Metadata Elements: An International Metadata Standard for Geographic Information (ISO 19115:2003)
[http://www.iso.org/iso/catalogue_detail.htm?csnumber=26020]
지리정보 및 지리정보 관련 어플리케이션을 기술하는데 일반적으로 적용할 수 있는 메타데이터 스키마이다.

Education Network Australia(EdNA) Metadata Standard
[http://www.edna.edu.au/metadata]
EdNA Metadata Standard Working Group에서 구축한 메타데이터 표준으로, Dublin

Core Metadata Element Set(DCMES)에 기반을 두고 있으며, Australian Government Locator Service(AGLS)와 연계하여 활용할 수 있다.

6. 방송 분야 메타데이터

Public Broadcasting Metadata Dictionary(PBCore)
[http://pbcore.org/2.0/]
Dublin Core를 기반으로 하여 구축된 메타데이터 표준으로, 미국 내 방송 분야 및 관련 커뮤니티에 특화된 메타데이터 기술사항을 제공해 준다. 라디오 및 TV 프로그램의 아날로그 형식, 디지털 형식 모두에 대해 상세하게 기술할 수 있는 요소들을 수록하고 있다.

Standard Media Exchange Framework(SMEF)
[http://www.bbc.co.uk/guidelines/smef/]
British Broadcasting Corporation(BBC)에서 구축한 메타데이터 표준으로, 매스미디어를 생산·전달·관리하는데 필요한 정보를 통합적으로 운용하기 위한 목적으로 구축되었다. 현재는 개체-관계 모델(E-R Model) 및 데이터 사전(data dictionary)을 적용해 매스미디어에 대한 상세한 기술사항을 제공하고 있다.

7. 출판 분야 메타데이터

ONline Information Exchange(ONIX)
[http://www.editeur.org/8/ONIX/]
EDItEUR(http://www.editeur.org/)가 영국의 Book Industry Communication, 미국의 Book Industry Study Group 및 각국의 출판 관련 그룹들과 공동으로 구축한 메타데이터 표준으로, 도서의 출판과 관련된 데이터를 도서 유통 분야의 모든 이용자들에게 네트워크 방식으로 전송해 주기 위한 목적으로 사용되고 있다.

Publishing Requirements for Industry Standard Metadata(PRISM)
[http://www.prismstandard.org/specifications/]
IDEAlliance PRISM Working Group이 구축한 XML 기반의 메타데이터 표준으로, 잡지·뉴스·카탈로그·도서 등에 수록된 콘텐츠를 통합적으로 처리하고 관리하기 위한 목적으

로 구축되었다. 전체적인 콘텐츠뿐만 아니라 콘텐츠의 일부만을 처리할 수도 있도록 유연성 있는 메타데이터 요소들을 폭넓게 수록하고 있다.

Open Digital Rights Language(ODRL)
[http://www.w3.org/TR/odrl/]
오픈 소스 소프트웨어로 이용할 수 있는 데이터 모델로, 디지털 미디어를 생산·유통·소비하는 전반적인 과정을 지원해 주기 위한 목적으로 구축되었다. 특히, 출판과 관련한 다양한 시스템 사이의 상호운용성을 확보할 수 있는 표준으로 널리 사용되고 있다.

8. 교육 분야 메타데이터

ADN(ADEPT/DLESE/NASA) Metadata Framework
[http://www.dlese.org/Metadata/adn-item/0.6.50/index.php]
ADN은 Alexandria Digital Earth Prototype(ADEPT), Digital Library for Earth System Education(DLESE), NASA's Joined Digital Library의 약자로, 지구과학 교육 분야의 교육용 자료들을 기술하는데 필요한 메타데이터 요소들을 통합적으로 제공하기 위해 구축한 메타데이터 프레임워크이다.

Gateway to Educational Materials(GEM) Element Set
[http://balas.jesandco.org/schema/2002/08/15/gem#]
GEM Element Set은 다양한 형태의 교육용 자료에 대한 접근점을 제공해 주고 이들 자료를 효율적으로 조직·관리하기 위한 목적으로 구축된 교육 분야의 대표적인 메타데이터 표준이다. 정부기관, 학교, 대학, 비영리 교육단체 등의 웹사이트에서 제공하는 모든 교육용 자료에 대한 풍부한 기술사항을 제공해 준다.

Learning Object Metadata(LOM)
[http://ltsc.ieee.org/wg12/index.html]
IEEE Learning Technology Standards Committee(LTSC)에서 구축한 메타데이터 표준으로, 인쇄 형태, 디지털 형태 등 다양한 유형의 학습용 자료를 식별·관리·평가하기 위한 목적으로 구축되었다. 최신의 정보기술(IT)을 접목한 교육활동을 지원하는데 널리 이용되고 있다.

Sharable Content Object Reference Model(SCORM)

[http://www.scormsoft.com/scorm]

웹 기반의 교육용 콘텐츠와 관련된 표준이나 지침서 등을 제공해 주는 데이터 모델이며, 웹 상의 교육용 콘텐츠를 상호 교환하고 재사용하기 위한 목적으로 구축되었다.

Dublin Core-Education Application Profile(DC-ED)

[http://dublincore.org/educationwiki/DC_2dEducation_20Application_20Profile]

DCMI-Education Working Group에서 구축 중인 어플리케이션 프로파일로, 교육 분야에서 Dublin Core Metadata Element Set(DCMES)을 적용하는 방식을 명확하게 규정해 주는 기술지침서(specification)이다. 특히, 교육 관련 어플리케이션에 대한 상세한 기술 사항을 제공해 주는데 중점을 두고 구축되고 있다.

Metadata for Education Group(MEG) Registry

[http://www.ukoln.ac.uk/metadata/education/registry/contents.html]

UK Office for Library Networking(UKOLN)에서 구축한 메타데이터 레지스트리이며, 교육 분야에서 적용하는 메타데이터 기술요소들의 리포지터리로 사용되고 있다.

CanCore Learning Resource Metadata Initiative

[http://cancore.athabascau.ca/en/guidelines.html]

IEEE의 LOM 메타데이터 표준과 연계되어 있으며, 모든 디지털 정보자원을 상세하게 기술하여 교육 목적으로 활용할 수 있도록 지원해 주는 기술지침서라고 할 수 있다. LOM에서 적용하고 있는 모든 기술요소들의 사용 방식이나 권고안 등을 제공하고 있다.

Learning Resource Metadata Initiative(LRMI)

[http://dublincore.org/dcx/lrmi-terms/1.1/]

다양한 교육용 자료를 기술하는데 널리 적용되고 있는 메타데이터 표준으로, 교육용 자료를 포괄적으로 기술·관리하는데 특화된 다양한 요소들과 속성을 마련하고 있다.

9. 저작권 분야 메타데이터

copyrightMD

[http://www.cdlib.org/groups/rmg/]

California Digital Library(CDL) Rights Management Group에서 구축한 XML 기반의 메

타데이터 표준이며, 저작권과 관련된 세부적인 정보를 제공해 주기 위한 목적으로 구축되었다. 이는 저작권 관련 정보나 정책을 생성하고 입안하는데 필요한 지침인 CDL Rights Management Framework의 메타데이터적인 접근방식으로 적용되고 있다.

〈indecs〉 Metadata Framework
[http://www.doi.org/topics/indecs/indecs_framework_2000.pdf]
Interoperability of Data in E-Commerce Systems(INDECS)는 지적재산권의 관리를 지원하기 위한 목적으로 구축된 메타데이터 표준이며, 지적재산권과 관련된 디지털 형태의 정보 및 메타데이터를 하나의 프레임워크로 통합해 주는데 널리 활용되고 있다.

10. 기록보존 분야 메타데이터

Open Archival Information System(OAIS) Reference Model
[http://www.iso.org/iso/catalogue_detail.htm?csnumber=57284]
디지털 아카이빙 분야의 여러 기관들 사이에서 정보자원의 보존과 관련된 정보를 상호 공유하기 위해 개발된 데이터 모델이다. 디지털 정보자원을 장기간에 걸쳐 보존하고 관리하는데 최적화된 아카이빙 시스템을 구현하기 위한 목적으로 구축되었다.

Preservation Metadata: Implementation Strategies(PREMIS)
[http://www.loc.gov/standards/premis/v3/index.html]
OCLC의 PREMIS Working Group에서 구축한 메타데이터 표준으로, 현재는 미국의회도서관(Library of congress)에서 관리를 담당하고 있다. 정보자원의 보존에 필요한 핵심적인 메타데이터 요소를 수록하고 있으며, 다양한 디지털 정보자원의 보존 활동을 지원하기 위한 데이터 사전(data dictionary)을 제공해 준다.

11. 공학 분야 메타데이터

Australian Virtual Engineering Library(AVEL) Metadata Set
[http://avel.library.uq.edu.au/technical.html]
1998년부터 2002년에 걸쳐 구축된 메타데이터 표준으로, 공학 분야의 웹 정보자원에 대

한 신뢰성 있는 접근을 제공하기 위해 구축되었다. Dublin Core에 기반한 19개의 기술요소들로 이루어져 있다.

12. 정부기관 메타데이터

Australian Government Locator Service(AGLS) Metadata Standard
[http://www.naa.gov.au/records-management/publications/AGLS-Element.aspx]
호주국립기록보존소(National Archives of Australia)에서 관리하는 메타데이터 표준으로, 2002년 12월 Australian Standard AS 5044로 제정되었다. 정부자료를 기술·관리하는데 특화된 19개의 기술요소로 구성되어 있다.

DCMI Government Application Profile(DC-Gov)
[http://dublincore.org/documents/gov-application-profile/]
DCMI-Government Working Group에서 구축한 어플리케이션 프로파일로, 정부기관에서 Dublin Core를 이용하는 방식을 규정하기 위한 목적으로 구축되었다.

13. 도서관 메타데이터

MARCXML
[http://www.loc.gov/standards/marcxml/]
Library of Congress Network Development and MARC Standards Office에서 개발한 MARC 기반의 메타데이터 표준으로, MARC 데이터를 XML 스키마로 변환·공유하기 위한 목적으로 구축되었다.

Multilingual Access to Subjects(MACS)
[http://www.d-nb.de/eng/wir/projekte/macs.htm]
Swiss National Library(SNL), Bibliothèque Nationale de France(BnF), British Library(BL), Die Deutsche Bibliothek(DDB)가 공동으로 개발한 검색시스템으로, 참여 도서관에서 영어, 프랑스어, 독일어로 기술된 정보자원을 동시에 검색할 수 있도록 지원해 주는 시스템이다. MACS는 정보자원에 대한 다언어적인 기술사항을 제공함과 동시에, SWD(독일어), RAMEAU(프랑스어), LCSH(영어)로 작성된 색인어를 제공해 준다.

The European Library(TEL) Metadata Registry
[http://krait.kb.nl/coop/tel/handbook/registry.html]
The European Library(TEL) Metadata Working Group에서 구축한 메타데이터 레지스트리이며, 도서관에 소장된 자료를 기술하거나 전거통제 등을 위한 TEL 어플리케이션 프로파일을 생성하는데 사용되는 모든 용어와 특성 등을 수록하고 있다.

CORES Registry
[hhttp://cores.dsd.sztaki.hu/]
다양한 메타데이터에 수록된 데이터 요소의 의미를 여러 커뮤니티가 공유할 수 있도록 메타데이터의 어휘나 프로파일 등을 표준화된 데이터 모델 형식으로 구축한 메타데이터 레지스트리이며, UK Office for Library Networking(UKOLN)에서 구축 · 관리하고 있다.

14. 상업용 메타데이터

Adobe eXtensible Metadata Platform(XMP)
[http://www.adobe.com/products/xmp/]
Adobe Systems에서 제공하는 메타데이터로, 개별적인 파일 자체에 메타데이터를 수록하기 위해 개발된 레이블링 기술이다. 이는 모든 Adobe 제품 사이에서 메타데이터를 상호 교환할 수 있도록 구축된 개방형 표준이다.

Friend of a Friend(FOAF)
[http://xmlns.com/foaf/spec/20070524.html]
FOAF Vocabulary Specification은 사람이나 기관 등의 홈페이지, 블로그, SNS 등에서 사용되는 용어나 해당 개체의 속성 등을 메타데이터 형식으로 기술하는데 필요한 요소들을 제공해 준다.

부록 Ⅱ. 자료유형별 메타데이터 표준

1. 텍스트 관련 메타데이터

Text Encoding Initiative(TEI) Guidelines
[http://www.tei-c.org/]
Text Encoding Initiative Consortium에서 구축한 최초의 메타데이터 스키마이다. 초기에는 네트워크 상에서 텍스트 형태의 문서를 기술해 주고 이를 상호 교환하기 위한 목적으로 구축되었으며, 현재는 웹 상에서도 이용할 수 있도록 개발·확장되고 있다.

2. 이미지 관련 메타데이터

Data Dictionary - Technical Metadata for Digital Still Images(ANSI/NISO Z39.87-2006)
[http://www.niso.org/apps/group_public/project/details.php?project_id=69]
디지털 형태의 이미지를 관리하는데 필요한 기술적 데이터 요소(technical data element)의 리스트이다. 디지털 이미지에 대한 항구적인 접근이나 장기간의 보존 등을 지원하고, 다양한 시스템 사이의 상호운용성을 확보하기 위한 목적으로 구축되었다.

IPTC Photo Metadata Standard
[https://iptc.org/standards/photo-metadata/]
International Press Telecommunications Council(IPTC)에서 구축한 메타데이터 표준으로, 뉴스 등 언론 미디어에서 사용하는 사진에 대해 전문적인 기술사항을 제공해 주기 위한 목적으로 구축되었다.

Metadata for Images in XML Standard(MIX)
[http://www.loc.gov/standards/mix/]
MARC Standards Office of the Library of Congress와 NISO Technical Metadata for

Digital Still Images Standards Committee가 공동으로 개발한 XML 기반의 메타데이터 표준으로, 디지털 이미지를 기술하는데 필요한 기술적 데이터 요소(technical data element)들을 수록하고 있다.

Images Application Profile
[http://www.ukoln.ac.uk/repositories/digirep/index/Images_Application_Profile]
Dublin Core 어플리케이션 프로파일의 한 유형으로, 기관 리포지터리에서 소장하고 있는 이미지를 기술하기 위한 목적으로 구축되었다.

3. 멀티미디어 관련 메타데이터

MPEG-4
[http://mpeg.chiariglione.org/standards/mpeg-4]
Moving Picture Experts Group(MPEG)에서 구축한 메타데이터 표준으로, 웹 상에서 이용할 수 있는 멀티미디어를 기술하는데 적용되는 표준(ISO/IEC 14496)이다. 현재, 상호작용적 멀티미디어(interactive multimedia), 모바일 멀티미디어, 디지털 TV 등에 대한 표준을 제공하고 있다.

MPEG-7
[http://mpeg.chiariglione.org/standards/mpeg-7]
웹 상에서의 멀티미디어 활용을 지원하기 위해 구축한 메타데이터 표준으로, 멀티미디어 콘텐츠 데이터를 기술하는데 특화된 표준이다. 특히, MPEG-7은 하나의 어플리케이션만을 위한 것이 아니라, 가능한 한 폭넓은 영역의 어플리케이션을 지원하기 위한 목적으로 구축되었다.

4. 학위논문 관련 메타데이터

Electronic Theses and Dissertations Metadata Standard(ETD-MS)
[http://www.ndltd.org/standards/metadata]
Networked Digital Library of Theses and Dissertations(NDLTD)에서 구축한 메타데이터 표준으로, 디지털 형태의 석·박사 학위논문을 기술하는데 특화된 데이터 요소들을 수록하고 있다.

5. 고서 관련 메타데이터

Encoded Archival Description(EAD)
[http://lcweb.loc.gov/ead/]
Network Development and MARC Standards Office of the Library of Congress와 Society of American Archivists가 공동으로 개발한 XML 기반의 메타데이터 표준으로, 고서 등과 같은 문화적 자료를 기술할 수 있는 탐색도구(finding aids)를 제공하고 있다.

6. 예술작품 관련 메타데이터

Object ID
[http://archives.icom.museum/objectid/index.html]
문화유산 등 예술적, 문화적 가치를 지닌 객체를 기술하기 위한 국제표준의 하나로, 박물관계, 예술작품 관련 종사자, 예술작품 평가사 등 관련 분야의 전문가들의 협동작업의 결과로 구축된 메타데이터 표준이다.

Categories for the Description of Works of Art(CDWA)
[http://www.getty.edu/research/publications/electronic_publications/cdwa/ index.html]
예술작품, 건축물, 실물자료, 시각자료 등을 기술하기 위한 목적으로 구축된 메타데이터 표준으로, 현재 총 510여 개의 상위 카테고리와 하위 카테고리로 구성되어 있다.

CDWA Lite
[http://www.getty.edu/research/publications/electronic_publications/cdwa/cdwalite. html]
Categories for the Description of Works of Art(CDWA)에서 핵심적인 요소들만을 추출하여 구축한 CDWA의 축약된 형태로 볼 수 있으며, 예술작품이나 실물자료에 대한 핵심적인 사항들을 XML 구문을 사용하여 기술해 준다.

Lightweight Information Describing Objects(LISO)
[http://network.icom.museum/cidoc/working-groups/lido/what-is-lido/]
박물관에 소장된 개체들에 대한 상세한 서지정보를 제공해 주기 위해 구축된 XML 기반의 메타데이터 표준으로, 예술작품, 건축물, 문화유산 등 모든 유형의 객체를 기술하는데 적용할 수 있는 다양한 요소들을 마련하고 있다.

찾아보기

한글색인

영문색인

정보자원의 기술과 메타데이터
Resource Description and Metadata

저자 | 남태우·이승민
펴낸곳 | 한국도서관협회
초판 발행 | 2014년 10월 15일
개정판 | 2018년 08월 10일
2쇄 | 2021년 09월 23일
등록 | 제2-723호(1979. 8. 18.)
주소 | 서울특별시 서초구 반포대로 201
전화 | 02-535-4868
팩스 | 02-535-5616
홈페이지 | http://www.kla.kr
인쇄 | ㈜대원문화사(031-947-9640)
ISBN | 978-89-7678-365-3 93020

정가 24,000 원

■ 이 도서의 국립중앙도서관 출판예정도서목록(CIP)은 서지정보유통지원시스템 홈페이지(http://seoji.nl.go.kr)와 국가자료공동목록시스템(http://www.nl.go.kr/kolisnet)에서 이용하실 수 있습니다.
(CIP제어번호: CIP2018022570)